JN075805

Seluba 知る・わかる・こころの旅を豊かにする
Buddhism Books
セルバ仏教ブックス

はじめての 「生と死から学ぶ 空海の思想」入門

土居夏樹 著

セルバ出版

はじめに

　「大師は弘法に奪われ、太閤は秀吉に奪わる」とことわざでも言われるとおり、弘法大師空海（774-835）の名前は有名でしょう。弘法大師が困窮する人々のために井戸や温泉を掘ってくださったというエピソードは、各地に残されています。また四国88か所霊場を巡拝する四国遍路には、弘法大師がお遍路さんと一緒にいてくださっているという「同行二人」の信仰があります。さらに、和歌山県北部にある高野山の奥の院には、いまも弘法大師が瞑想したまま生きておられるという「入定信仰」があり、今日でも弘法大師のいらっしゃる奥の院御廟の前は、熱心に手を合わせる人たちであふれかえっています。

　「お大師さん」、「お大師さま」と親しまれる弘法大師は、人々に寄り添い、苦しみから救ってくれる仏さまとして、多くの人の信仰を集めているのです。

　本書は、その弘法大師の著作を通して、弘法大師がいったいどのような思想を論じていたのか、現時点での筆者の理解をまとめたものです。その意味では、本書が取り扱っているのは、信仰の対象としての「弘法大師」ではなく、宗教家、思想家としての「空海」と言えるかもしれません。

　空海は、密教という新しい仏教を日本にもたらしたパイオニアです。その密教は、インドで興った仏教の歴史の中でも後期に現れてきた教えであり、当時の最先端の思想でした。本書では、その密教に触れた空海がいったいどのような思想を論じたのかについて、特に〈生〉と〈死〉に関する問題に焦点をあてて考えてみたいと思います。

　当たり前のことですが、私たちは生まれ、年を取り、やがて死んでいきます。それはどんなに財産があって権力を持っている人であっても、あるいはそうでない人であっても、等しく同じです。なぜ生まれ、なぜ死ぬのか。誰しもが直面するこの問題について、仏教は、そして最先端の教えである密教に出会った空海はどのように考えたのでしょうか。

　〈生〉と〈死〉から学ぶ空海の思想――。この拙い試みが、密教の思想、空海の思想に関心を持つ皆さまのお役に立ちますならば、望外の喜びでございます。

　　2023年2月

　　　　　　　　　　　　　　　　　　　　　　　　　　土居　夏樹

はじめての「生と死から学ぶ空海の思想」入門　目次

序　章

空海の "問い"

三界の狂人は狂ぜることを知らず
四生の盲者は盲なることを識らず
生まれ生まれ生まれ生まれて生の始めに暗く
死に死に死に死んで死の終わりに冥し
　　　　　　　（『秘蔵宝鑰』巻上）

〈私〉が存在する意味

　〈私〉はなぜ、この世に生まれたのでしょうか？　──古今東西、誰しもが一度は思い描く問い。それがこの問いではないでしょうか。

　当たり前のことですが、私たちは両親から生まれます。生物学・生殖学的見地からすれば、私たち人間は男女間の生殖行動に基づいて生まれる、と説明できるでしょう。

　しかしこの説明では、その生まれてきたのが、なぜ「他の誰でもない私」であるのか、ということは説明できません。この説明では、私であれ、その他の誰であれ、「人間」と呼ばれる生物がどうやって生まれてくるか、という生物学的な仕組みが説明されているに過ぎないからです。

　「〈私〉はなぜ、この世に生まれたのか？」──この問いは、他の誰でもよい誰かに向けられた問いではありません。この問いは私自身、つまり決して他の誰かと交換することのできない、この〈私〉に向けられています。

　要するにこの問いは、私が他の誰とも交換不可能な〈私〉として存在している理由に向けられた問い、と言えるでしょう。現在地球上には70億人もの人間がいると言われますが、それだけの人間がいたとしても、〈私〉はたった1人です。残りの69億9999万9999人は、決して〈私〉ではない。他の誰とも交換ができない存在、それが〈私〉です。したがって、その存在に「なぜ生まれたのか」と問いかけるということは、「〈私〉が存在する意味」を問うことにほかなりません。

　それでは、「〈私〉が存在する意味」への問いに、答えられる人がいるでしょうか？

　私たちのほとんどは、〈私〉が存在する──この場合の「存在する」は「生きている」と言い換えてもよいかもしれません──意味を知らないまま、日々生きているのではないでしょうか。と言うより、私たちは日々の暮らしや生活の中で、この問いを問うことを忘れている、と言ったほうがむしろ正解かもしれません。

　20世紀最大の哲学者と言われるM・ハイデッガー（1889-1976）は、他の誰とも交換ができないこの〈私〉のことを〈現存在（独 Dasein）〉と呼び、その本質を「自分自身に関わるというあり方で存在すること」すなわち〈実

存〉（独 Existenz）と規定しました。

> どういう存在者を分析することが課題になっているかといえば、それは
> われわれ自身がそれぞれ、その存在者なのである。この存在者の存在は、
> そのつど私の存在である。この存在者は、その存在において、みずから
> おのれの存在に関わり合っている。このように存在している存在者とし
> て、それはおのれ自身の存在へゆだねられている。
>
> 　　　　（『存在と時間』第 1 篇第 1 章第 9 節／細谷［1994：108］）

　ハイデッガー（図表 1 ）は私たちが「自分自身　【図表1　M・ハイデッガー】
固有のあり方へとかかわる」者である、と論じま
した。この「自分自身のあり方にかかわるという
あり方」を〈実存〉と言い、それが私、すなわち〈現
存在〉の本質であると論じています。このハイデッ
ガーの〈私〉＝〈現存在〉規定は、私たちが常に「私
はどのように生きるか」という問題に関わること
で存在している、ということを意味しています。
　しかしながら、私たちは日々の出来事の中で、
「〈私〉が存在する意味」への問いを問うことを忘れて生きています。
　ハイデッガーは、そのような私たちの日常的なあり方を「頽落」と呼びます。

> 現存在の存在構成には、頽落がそなわっている。さしあたってたいてい
> は、現存在は「世界」の中に自己を喪失している。……世間に溶け込ん
> でいることは、公開的既成解釈によって支配されていることを意味する。
> 発見され開示された事柄は、世間話、好奇心、および曖昧さによる歪曲
> と閉塞の状態におかれている。
>
> 　　　（『存在と時間』第 1 篇第 6 章第 44 節／細谷［1994：459-460］）

　難しい表現ですが、ここでハイデッガーは、私たちが他の誰とも交換がで
きない〈私〉という存在を、日常の中に喪失してしまっている、つまり、「私

が〈私〉として存在していることの意味」から目を逸らして生きている、ということを分析しているのです（竹田［2017］）。

　例えば「私はなぜ存在しているのだろう……そうだ、今夜はアイツと飲みに行こう」、「私はなぜ……あ、美容院に行こうかしら」というように、私たちは、毎日さまざまな事柄にかかわりながら生きています。

　「心を亡ぼすと書いて、忙しいと読む」などと言いますが、まさにそのとおりで、私たちは日々忙しく暮らしています。そんな日々の中では、「〈私〉はなぜ存在しているのか」などという問いについて、オチオチ考えている暇もありません。

　このように日々の諸事・世事に忙殺されて生きている私たちは、「私はなぜ、この世に生まれてきたのか」という問いの答えを知らないばかりか、その問いを問いかけることすら忘れたまま、毎日を生きていると言えるでしょう。

生の始めに暗く、死の終わりに冥し

　私たちは「〈私〉が存在する意味」を知らず、しかも日々の諸事・世事に忙殺されてそれを問うことすら忘れている——そのような私たちの生と死について、弘法大師空海（774-835。以下、空海と記します。図表2）。

　空海は『秘蔵宝鑰』の中で、次のように述べられています。

【図表2　弘法大師空海】

　三界の狂人は狂せることを知らず、
　四生の盲者は盲なることを識らず。
　生まれ生まれ生まれ生まれて生の始めに暗く、
　死に死に死に死んで死の終わりに冥し。

（『秘蔵宝鑰』巻上「大意序」）

【現代語訳】

　この世界に生きている愚かな者たちは自分自身が愚かであることを知らず、

> そこに生きる者たちは自分が目を閉ざしたな状態であることを理解しない。
> そういった者たちは何度生まれ変わってもその生の始まりを知らず、
> 何度死んでもその死の終わりを知らない。

「三界」というのは、私たちが生きているこの世界のことです。仏教では私たちの生きているこの世界を、欲界（欲望の世界）、色界（物質の世界）、無色界（精神だけの世界）に区分します。この「三界」については、後で詳しく触れますので、今は「私たちの生きているこの世界」という意味で理解しておいてください。

また「四生」とは、あらゆる生き物のことです。仏教では、あらゆる生き物は、胎生（母胎から生まれる）、卵生（卵から生まれる）、湿生（湿気から生じる）、化生（突如として生まれる）、という4種類の生まれ方をすると考えました。

この4つのうち、「湿生」と「化生」は馴染みがないかもしれません。「湿生」とはジメジメした所に発生するボウフラや虫などのことを指します。また「化生」とは、例えば地獄の亡者などのように、何かから生まれるのではなく、突如としてそこに生まれる者のことを言います。地獄の亡者は、別に地獄にいる両親から生まれるわけではありません。過去の行い（これを業と言います）によって、地獄に突如生まれるのです。こういった生まれ方を「化生」と言います。

いずれにしても、「四生」とはあらゆる生物のことです。したがって「三界」と「四生」とは、私たちが生きているこの世界と、そこで生きる私たちにほかなりません。

さて、その「三界」すなわちこの世界に生きる私たち「四生」は、日々の諸事・世事に忙殺され、「〈私〉が存在する意味」を問うことを忘れて生きています。空海はまさに、こういったあり方を「狂人は狂ぜることを知らず」や「盲者は盲なることを識らず」という、今日では差別的とも言える表現でもって言い表しています。

自分自身が存在する（生きている）意味を知らず、世事にかまけて狂奔したように生きている。そういった者たちは、自分自身が愚かな状態にある

ことも知らないし、「〈私〉が存在する意味」を見つめることから眼をそらして
いることにすら気づいていない。――空海はこういったあり方を、「狂」
や「盲」という言葉で表しています。

そういった愚かな状態にある者は、「生の始めに暗く、死の終わりに冥」い。
ここでは「暗」と「冥」という文字が使われていますが、どちらも「よく見
えない」、「知らない」という意味を持っています。この世界に生きる愚かな
者たちは、生の始めと死の終わりを知らない――言い換えるならば、こういっ
た者たちは、自分自身がなぜ生まれ、なぜ死ぬのかを知らない、ということ
にほかなりません。このようなあり方をする者のことを、「凡夫」と呼びます。

つまり空海は、私たちが〈私〉の存在の意味を知らないままに、しかもそ
れを問うことすら忘れて生きている、その凡夫としてのあり方を『秘蔵宝鑰』
の中でこのように表現しているのです。

その意味では空海もまた、古今東西誰しもが一度は問いかける「〈私〉は
なぜ、この世に生まれたのか」という問いに直面し、しかもそのことに向き
合った人物であった、と言うことができるのではないでしょうか。

本書のテーマと構成

空海の思想を通して、「〈私〉が存在する意味」について、空海がどのよう
に考えていたのかを探る――それが本書のテーマです。

そのために、本書では空海の著作のみならず、仏教・密教の経典や論書を
数多く用います。と言うのも、空海は仏教の思想の上に、自分自身の思想を
構築しているからです。

当然のことですが、空海当時は「存在とは何か」や「生きる意味とは」、「死
とは」といったことに関する西洋哲学は伝わっておりません――。と言うよ
りも、そもそも存在していません。

しかしそのことは、空海が「存在とは何か」や「生きる意味とは」、「死と
は」といった問題に対する哲学的思索を行っていない、ということを意味し
てはいません。空海はそれを、仏教や密教の思想を使って行ったのです。

したがってその意味では、「〈私〉が存在する意味」についての考察を空海
に求める場合、空海が前提とする仏教や密教の思想に関する知識を、たとえ

若干ではあっても持っておくことが必要です。

　そういった観点から、本書では、以下のような構成を通して、空海の思想における「〈私〉が存在する意味」について、ご一緒に考えていきたいと思います。

第１章　凡夫の生死

　仏教における生と死についての考えを、〈無明〉、〈我〉、〈縁起〉、〈世界〉といった観点から確認します。凡夫すなわち迷いの世界にある者は、どのように〈輪廻〉しているのでしょうか。また、その迷える者が住んでいる〈世界〉とは、いったいどのような構造になっているのでしょうか。このことについて、空海の著作をはじめ、経典や論書などを取り上げつつ、説明します。

第２章　仏陀の出現

　「〈私〉が存在する意味」を知らない凡夫の対極にいるのが、仏陀です。それでは、その仏陀とはどのような存在なのでしょうか。また、その出現にはいったいどのような意味があるのでしょうか。この章では、この仏陀とその出現について、釈尊の生涯や仏陀観の変遷、大乗仏教の思想に触れながら、密教経典に説かれる〈マンダラ〉の思想まで視野に入れ、「仏陀とは？　またその出現とは？」といった問題を読み解いていきます。

第３章　この身のままで仏陀と成る

　密教の、そして空海の思想で最も有名な即身成仏の思想を、『即身成仏義』という空海の著作の内容を中心に見ていきます。この身のままで仏陀と成ること、と訳される即身成仏の思想ですが、それはただ単に〈さとり〉を開くのが早い、ということのみを意味しているのではありません。この章では、『即身成仏義』に説かれる〈六大〉、〈四種マンダラ〉、〈三密〉といった概念の関連を中心に、即身成仏の思想を説明します。

第４章　生死の意味

　ここまでの３章を踏まえ、空海の思想の中では、生と死とがどのように論

じられることになるのかを見ていきます。空海の著作で論じられる〈縁起〉、
〈我〉、〈死〉といった問題を、第1章で取り上げた凡夫の生や死と比べなが
ら確認し、空海の思想においては「生と死」がどのような存在として捉えら
れているのか、そしてその死生観はどのようなものなのか、ということにつ
いて考えてみたいと思います。

　こういった各章を通して、「〈私〉が存在する意味」について、空海はいっ
たいどのように考えていたのか、ということを探る——それが本書のテーマ
です。

　なお、空海の著作や経典・論書といった仏教典籍を引用する際、空海の著
作に関しては空海の文章を味わっていただく意味で書き下し文と現代語訳
を、その他の経典や論書に関しては原則として現代語訳のみを掲載しました。
古代インドの言語であるサンスクリット語（skt.）や、東南アジアに伝わっ
たパーリ語（pāli.）で書かれた仏教典籍については、研究者による現代語訳
を引用しています。現代語訳されていて引用注記のないものは、筆者の試訳
になります。

空海略伝

　本書では、この「〈私〉はなぜ、この世に生まれたのだろうか」という問
いから、空海の思想を読み解くことを目的としています。そこでその前に、
空海の生涯のあらましについて、簡単に述べておきたいと思います（図表3
参照）。

　弘法大師空海（774-835）は、宝亀5年（774）に生まれました。その生
誕地については近年議論がありますが（武内［2006］）、通説では讃岐国多
度郡（現在の香川県善通寺市）で生まれたとされています。

　俗名は佐伯真魚。15歳で母方の叔父で、桓武天皇（737-806）の第3皇
子であった伊予親王（783?-807）の家庭教師であった阿刀大足について学
問をはじめ、18歳で都の大学に入学。24歳の時に、儒教・道教・仏教の三
教を比較して仏教の優位を主張した戯曲『聾瞽指帰』（後の『三教指帰』）を
著します。

　その後の動向は不明な点が多いのですが、延暦23年（804）、留学生と

して当時の中国・唐に留学しました。唐の都である長安に入った空海は、唐・永貞元年（805）に青龍寺の恵果和尚（746-806）から密教を受法します。

　正式に密教の継承者となった空海は、大同元年（806）に帰国。嵯峨天皇（786-842）との交流や日本天台宗の開祖である伝教大師最澄（766/767-822）との交流や決別を通して、自らが日本にもたらした真言密教の体制や教義を確立していきます。

　弘仁6年（815）には自らが持ち帰った密教経典や論書を諸国の寺院に書写するよう依頼する文書を出し、その中で従来の仏教に対する密教の優位性を主張しています（「諸の有縁の衆を勧めて秘密の法蔵を写し奉るべき文」〔略称、『勧縁疏』〕、『性霊集』巻第9）。

　弘仁7年（816）には紀伊国伊都郡（現在の和歌山県伊都郡）にある高野山を「修禅の道場」として嵯峨天皇から賜ります。

　さらに、天長元年（824）に「少僧都」として当時の日本仏教界を管理する僧綱の一員となり、同4年（827）には「大僧都」の位を賜りました。

　承和2年（835）、正月に宮中で「後七日御修法」を修し、さらには朝廷によって認められる年間の得度者（年分度者）を「真言宗」として3名出すことを許可されました。その直後、同年3月21日に高野山にて入定（瞑想に入ること）された、と伝えられています。

　高野山上では、今もなお空海が生きて奥の院の御廟で瞑想を続けている、という信仰があります。したがってその最後についても「入定した」と言い、「亡くなった」とは言いません。

　空海入定からおよそ90年後の延喜21年（921）、朝廷は空海に「弘法大師」の称号をお与えになりました。

　以後、「お大師さま」、「弘法さま」となった空海の存在は、我々日本人の心に深く刻み込まれています。

【図表3　空海略年譜】

宝亀5年（774）	誕生。俗名：佐伯真魚。
延暦7年（788）	15歳。阿刀大足について学問を始める。
10年（791）	18歳。大学に入る。
16年（797）	24歳。『聾瞽指帰』を執筆。

23年（804）		31歳。出家・入唐。
〃	5月	難波津を出発。
〃	8月	福州長渓県赤岸鎮に漂着。
〃	12月	長安入京。
唐・永貞元年（805）	2月	西明寺に住む。
〃	？	般若三蔵から梵語を習う。
〃	5月	青龍寺の恵果和尚を訪ねる。
〃	6月	胎蔵法灌頂。
〃	7月	金剛界灌頂。
〃	8月	阿闍梨位灌頂。
唐・元和元年806）	1月	恵果和尚、入寂。
〃	3月	長安出発。
〃	8月	明州出帆→帰国。
大同 元年（806）		帰国→大宰府へ。『御請来目録』提出。
4年（809）		入京。
弘仁3年（812）		高雄山寺で灌頂開壇。
6年（815）		『勧縁疏』を各地に送付。
7年（816）		高野山を下賜される。
14年（823）		東寺の管理を委ねられる。
天長元年（824）		僧綱入り。少僧都に補任される。
4年（827）		大僧都に補任される。
7年（830）？		『秘密曼荼羅十住心論』『秘蔵宝鑰』を執筆。
9年（832）		高野山上で万燈万華会。
承和2年（835）		62歳。
〃	1月	宮中御修法。年分度者3人を賜る。
〃	2月	金剛峯寺、定額寺に。
〃	3/21	御入定。
⋮		
延喜21年（921）		「弘法大師」の称号を賜る。

（曾根［2012］参照）

空海の主要な著作

　空海はその生涯で数多くの著作を残しています。しかしながら、その空海の主要な著作の中には、今日の学界で「本当に空海の著作なのか？」と疑問視されているものも少なからず存在しています。

　本書では、現時点では明確に「偽書」であることが確定しているもの以外、以下に紹介する著作については空海の著作として取り扱います。

①『御請来目録』（全1巻）

　空海が唐から持ち帰った経典や論書、曼荼羅、法具などを朝廷に報告するために著した目録です。

　新訳経典142部247巻、梵字真言讃42部44巻、論書32部170巻、図像10舗、法具9種、付属物13種の目録とともに、当時の中国における密教理解をうかがわせる記述や後の空海自身の思想につながる記述が見られることから、重要な資料と位置づけられます。大同元年（806）の著作です。

②『秘密曼荼羅教付法伝』（全2巻）

　空海自身が継承した密教の系譜を、師匠の恵果和尚まで記した著作です。大日如来・金剛薩埵・龍猛・龍智・金剛智・不空・恵果と続く密教の系譜を記すとともに、自らの密教継承の正当性を主張する内容となっています。

　なお、ほとんど同内容の『真言付法伝』（全1巻）という書物もありますが、こちらは今日では偽書とされます。この『真言付法伝』と区別して、今の『秘密曼荼羅教付法伝』は『広付法伝』と呼ばれます（もう一方の『真言付法伝』は『略付法伝』と呼ばれます）。

③『弁顕密二教論』（全2巻）

　従来の仏教を「顕教」と呼び、その主張との対比を通して、空海自身が継承し日本にもたらした密教の優位性を論じた著作です。

　この著作の中で空海は、密教は法身（〈さとり〉そのものである仏）が説いた〈さとり〉そのものの教えである、と定義しました。今の『弁顕密

二教論』では、その密教が、聞き手の素質にあわせて簡略に説かれた教え
である顕教よりも優れている、ということが論じられています。

④『即身成仏義』（全1巻）

　真言密教の重要な教義である「即身成仏」を論じた空海の代表的著作
です。従来の仏教では〈さとり〉を開くのに無限とも思える時間がかかる
とされていたのに対して、密教では「この身のままで〈さとり〉を開くこ
とができる」と主張しています。

　本書でも後半で取り上げますが、空海思想のエッセンスとも言える著作
です。

⑤『声字実相義』（全1巻）

　真言密教の言語観を論じた著作です。声と文字と実相（真実の姿）との
関係を論じるとともに、眼で見るもの・耳で聞くもの・鼻で嗅ぐもの・舌
で味わうもの・身で触れられるもの、心で考えられるものといった認識対
象すべてが「文字」であることを論じています。

　単なる言語思想に関するテキストではなく、真言密教の修行法と密接に
関わっています。

⑥『吽字義』（全1巻）

　真言密教で重要視される真言である「𑖮（吽／hūṃ）」字について論じ
た著作です。「𑖮」字を「𑖀（阿／a）」字、「𑖮（訶／ha）」字、「𑖂（汙／ū）」
字、「𑖦（麼／ma）」字の4字に分解し、それぞれの表面的な意味と真実
の意味を論じています。全体を通して難解な内容ですが、これも真言密教
の修行法を前提として書かれた著作です。なお、『即身成仏義』・『声字実
相義』・『吽字義』の3つを総称して「三部書」と呼びます。

⑦『秘密曼荼羅十住心論』（全10巻）、『秘蔵宝鑰』（全3巻）

　人の心の発展過程を十段階に分類し、それらに当時の儒教・道教・仏教
諸宗、そして密教を配当した空海の代表的著作です。『大日経』という密

教経典を下敷きに、縦横無尽に空海の思想が展開されています。

『秘蔵宝鑰』は、『秘密曼荼羅十住心論』執筆後にその要約として著されたと伝わっており、実際に『秘蔵宝論』の文中に『十住心論』の名称が見られます。『十住心論』・『秘蔵宝鑰』ともに、天長7年（830）頃の著作とされます。

⑧『般若心経秘鍵』（全1巻）

『般若心経』の内容を密教の立場から解釈した著作です。従来の『般若心経』は長大な『大般若経』の要約経典とする見解を否定し、これが「法マンダラ」すなわち曼荼羅であることを論じ、密教経典であると規定しています。

著された時期としては、弘仁9年（818）説と承和元年（834）説が主流でしたが、近年になって天長年間（824-834）説も出されています。

⑨『性霊集』（全10巻）

正式には『遍照発揮性霊集』と言います。空海の直弟子である真済（800-860）が、空海の漢詩文を集めて編纂したものです。真済の序文によれば、当初は全10巻であったようですが、平安時代中頃までには第8巻から第10巻の3巻分が散逸していたようです。

平安時代中期から後期にかけての仁和寺の済暹（1025-1115）が、空海の漢詩文を収集し、散逸していた第8巻から第10巻を『続遍照発揮性霊集補闕鈔』として再編集しました。

⑩『三教指帰』（全3巻）

儒教・道教・仏教の3つを比較して、仏教の優位性を主張した戯曲です。入唐前の延暦16年、空海24歳のときに著した『聾瞽指帰』を空海自身が再編集したものです。亀毛先生（儒教）・虚亡隠士（道教）・仮名乞児（仏教）の3人にそれぞれの教義を述べさせ、最終的には仮名乞児の奉ずる仏教がもっとも優れているとします。

空海無名時代の思想を知る上では、重要な著作です。

この他にも、書簡集である『高野雑筆集』（全2巻）や、経典のタイトルを密教的に解釈した『開題』と呼ばれる著作群などがあります。空海の著作は漢文で書かれていますが、書き下し文や現代語訳も多く出版されていますので、ぜひ直接お手に取ってみてください。

── コラム①密教を伝えた人たち ──

空海は805年、長安の青龍寺で恵果和尚から密教を授かり、その継承者となりました。空海が授かった密教の系譜には、「付法の八祖」と「伝持の八祖」という2種類があります。

○付法の八祖

①大日如来―②金剛薩埵―③龍猛菩薩―④龍智菩薩―⑤金剛智三蔵―⑥不空三蔵―⑦恵果和尚―⑧弘法大師（空海）

○伝持の八祖

①龍猛菩薩―②龍智菩薩―③金剛智三蔵―④不空三蔵―⑤善無畏三蔵―⑥一行禅師―⑦恵果和尚―⑧弘法大師（空海）

「付法の八祖」は、密教の経典に出てくる大日如来という仏さまと、その大日如来から密教を授かった金剛薩埵という存在も入れて、空海までの密教の継承を示した系譜です。もう1つの「伝持の八祖」は、大日如来と金剛薩埵を除き、密教の経典や文献を伝えた歴史上の人物のみで構成した系譜です。

前者は密教経典の『金剛頂経』系統の系譜、後者はそこに同じく密教経典の『大日経』系統の系譜を加えたものと言われます（松長［2001］）。

龍猛菩薩　　龍智菩薩　　金剛智三蔵　　不空三蔵

善無畏三蔵　　一行禅師　　恵果和尚　　弘法大師

第1章

凡夫の生死

それ生はわが好むに非ず、死はまた人の悪むなり。
然れどもなお生まれゆき生まれゆいて六趣に輪転し、
死に去り死に去って三途に沈淪す。

（『秘蔵宝鑰』巻上「大意序」）

1 生と死

生はわが好むに非ず、死はまた人の悪むなり……

　「私はなぜ、この世に生まれてきたのか」という問いにおいて問われているのは、「〈私〉が存在する意味」ですが、この問いにおいて取り上げられているのは、「私の人生」そのものです。

　人は生まれ、成長し、年を取って、やがて死にます。この生まれてから死ぬまでのすべてが、その人の〈人生〉です。したがってその意味では、「〈私〉が存在する意味」とは、「〈私〉の人生の意味」と言い換えてもよいのかもしれません。

　さて、空海は『秘蔵宝鑰』の中で、自分自身の存在する意味を知らない凡夫の〈生〉と〈死〉について、次のように述べています。

　それ生はわが好むに非ず、死はまた人の悪むなり。然れどもなお生まれゆき生まれゆいて六趣に輪転し、死に去り死に去って三途に沈淪す。

（『秘蔵宝鑰』巻上）

【現代語訳】

　さて、生まれることは〔仏教者である〕私の好むところではない。死ぬこともまた、人に忌避されるものである。しかしながら〔人々は〕なお生まれては死に、生まれては死にを繰り返して、六種類の生存状態を輪廻し続け、〔地獄・餓鬼・畜生という〕三種類の悪い生存状態に沈み込んでいる。

　すなわち、〈生〉──生まれること──も、〈死〉──死ぬこと──も、決して好まれるものではない。しかし人々は生まれては死に、死んでは生まれ変わることを繰り返しています。

　この生まれ変わり死に変わりする生存状態には6種類あるとされ、それを「六趣」または「六道」と言います（図表4）。

　「趣」も「道」も、古いインドの言葉であるサンスクリット語では gati という言葉で、「行きつく所」や「生存の状態」を意味します。

【図表4　六趣／六道】

・天趣／天道	……神々の世界	
・人趣／人道	……人間の世界	
・修羅趣／修羅道	……阿修羅の世界	
・畜生趣／畜生道	……動物の世界 ┐	三途（さんづ）
・餓鬼趣／餓鬼道	……餓鬼の世界 ├	三悪道（さんあくどう）
・地獄趣／地獄道	……地獄の世界 ┘	三悪趣（さんあくしゅ）

　後で詳しく述べますが、仏教では生きとし生ける者——これを衆生（しゅじょう）（skt. sattva サットヴァ）と言います——が、この6種類の生存状態を生まれ変わり死に変わりし続けている状態を〈輪廻（りんね）〉（skt. saṃsāra サンサーラ）と言いました。その「六道（六趣）」の内、地獄・餓鬼・畜生の3つの生存状態が、ここで言われている「三途」です。この地獄・餓鬼・畜生の3つは、特に苦しみが多いとされますので、「三悪道（さんあくどう）」や「三悪趣（さんあくしゅ）」とも呼ばれます。

　さて、この箇所で空海は、〈生〉も〈死〉も好むところではないにもかかわらず、凡夫はそれを繰り返し、六道、ひどい場合には地獄・餓鬼・畜生の三悪道に落ちている、ということを述べています。

　「それ生はわが好むに非ず、死はまた人の悪むなり」という空海の言葉は、「私はなぜ、この世に生まれてきたのか」という問いで取り上げられている私たちの〈人生〉が、苦しみに満ちたものであるということを言い表していると言えるでしょう。

〈苦〉という真理

　紀元前6〜5世紀頃の北インドにあらわれたゴータマ・ブッダは、シャカ族の出身であったことから、シャーキャ・ムニ（釈迦牟尼。シャカ族の尊いお方）と尊敬の念を込めて呼ばれました。

　今日の日本でも「お釈迦さま」などと呼ばれるゴータマ・ブッダ（以下、

<ruby>釈尊<rt>しゃくそん</rt></ruby>と記します）は、最初の説法で次のように説いたと伝えられています。

> 苦聖諦とは次のごとくである。誕生は苦であり、老いは苦であり、病は苦であり、死は苦であり、怨憎するものと会うのは苦であり、愛するものと別離するのは苦であり、求めて得られないのは苦であり、まとめて言えば、五取蘊は総じて苦である。
>
> （『律蔵』「大品」／宮元［2005：76］）

　これは、釈尊がかつて共に苦行をした5人の<ruby>比丘<rt>びく</rt></ruby>（出家修行者）に向かって説いた、<ruby>四諦<rt>したい</rt></ruby>（<ruby>四聖諦<rt>ししょうたい</rt></ruby>）の中の「<ruby>苦<rt>く</rt></ruby>（<ruby>聖<rt>しょう</rt></ruby>）<ruby>諦<rt>たい</rt></ruby>」に関する箇所です。この「諦」という文字は「真理」という意味ですので、四諦（四聖諦）とは「4つの（聖なる）真理」ということです。

【図表5　四諦】

- <ruby>苦諦<rt>くたい</rt></ruby>……すべてが苦悩であるという真理
- <ruby>集諦<rt>じったい</rt></ruby>……苦の原因が煩悩・執着であるという真理
- <ruby>滅諦<rt>めったい</rt></ruby>……煩悩・執着を滅ぼしつくして完全に静寂である境地という真理
- <ruby>道諦<rt>どうたい</rt></ruby>……煩悩・執着を滅ぼすための八正道という真理

　この四諦（四聖諦）では、苦とその原因、苦が滅び尽きた状態、苦を滅ぼすための方法が説かれています。この内の苦諦では、生まれること、老いること、病気になること、死ぬことなどといった、人生にまつわることがらすべてが〈苦〉であると説かれ、しかもそれが「聖諦」すなわち「聖なる真理」と述べられています。

　「〈苦〉であることが真理である」などと言うと、大変後ろ向きに聞こえるかもしれませんが、これは冷徹に人生を観察してみると、むしろそのとおりと言えるのではないでしょうか。

　今でも苦労することを「<ruby>四苦八苦<rt>しくはっく</rt></ruby>する」と言います。「日々の暮らしに四苦八苦している」、「生活が上手くいくように四苦八苦した」など、私たちの生活それ自体が〈苦〉であることを言い表した言葉ですが、その「四苦八苦」とはまさにこの釈尊の最初の説法で説かれた内容にほかなりません（図表6）。

【図表6　四苦・八苦】

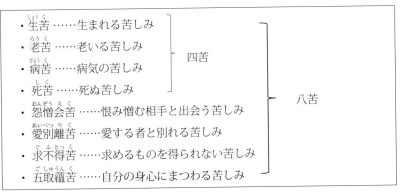

- 生苦(しょうく)……生まれる苦しみ ┐
- 老苦(ろうく)……老いる苦しみ ├ 四苦
- 病苦(びょうく)……病気の苦しみ │
- 死苦(しく)……死ぬ苦しみ ┘ ┐
- 怨憎会苦(おんぞうえく)……恨み憎む相手と出会う苦しみ │
- 愛別離苦(あいべつりく)……愛する者と別れる苦しみ ├ 八苦
- 求不得苦(ぐふとっく)……求めるものを得られない苦しみ │
- 五取蘊苦(ごしゅうんく)……自分の身心にまつわる苦しみ ┘

　釈尊は、生まれ、年を取り、病気になり、そして死ぬことを、「〈苦〉である」とお説きになりました。この場合の〈苦〉は、サンスクリットでは「duḥkha」と言い、「逼迫(ひっぱく)（身心に迫る）」とか「損悩(そんのう)（損ない悩ます）」ということを意味します。

　私たちは、自分自身で生まれたい、と望んで生まれてくるわけではありません（生苦）。若いままでいたいと願っても人は必ず年を取りますし（老苦）、病気だってなりたくてなるわけではありません（病苦）。そして、どんなに死にたくないと願ったとしても、死は必ず訪れます（死苦）。愛する人と別れること（愛別離苦）や、嫌いな相手に出会うこと（怨憎会苦）、欲しいものが手に入れることだって、思い通りにできるかと言えばできないでしょう（求不得苦）。

　こういった「思い通り」にならないことは、私たちに迫り、悩ませます。それは私たちが、私たちの身体や心に執着するから（五取蘊苦。五盛陰苦(ごじょうおんく)、五蘊盛苦(ごうんじょうく)とも）にほかなりません。

　このように釈尊は、「思い通りにならないこと」や「ままならないこと」を〈苦〉と呼びました。

　「誕生は苦であり、老いは苦であり、病は苦であり、死は苦である」――釈尊が最初の説法でお説きになられた真理（苦諦）は、「私はなぜ、この世に生まれてきたのか」という問いにおいて取り上げられる私たちの〈存在〉や〈人生〉が、思い通りにならないもの、ままならないもの、すなわち〈苦〉

23

である、ということを明らかに示しています。

　「それ生はわが好むに非ず、死はまた人の悪むなり」と述べる空海と、「誕生は苦であり、老いは苦であり、病は苦であり、死は苦である」とお説きになった釈尊。この２人の偉大な存在はともに、我々の〈人生〉の本質を冷徹に見据えていると言えるでしょう。

一切皆苦

　仏教では、私たちの生涯にまつわることすべてが〈苦〉である、と教えます。「一切皆苦」あるいは「一切行苦」とも言われるこの仏教の教えは、生きとし生ける者すべてが〈苦〉の中にいることを教えています。

　私はこのように裕福で、このように極めて快くあったけれども、このような思いが起こった、……。

　われもまた老いゆくもので、老いるのを免れない。……わたくしがこのように観察したとき、青年時における意気は全く消え失せてしまった……。

　われもまた病むもので、病を免れない。わたくしがこのように観察したとき、健康時における健康の意気は全く消え失せてしまった……。

　われもまた死ぬのもので、死を免れない。……わたくしがこのように観察したとき、生存時における生存の意気は全く消え失せてしまった。

（『アングッタラ・ニカーヤ』／中村［2017：13］）

　釈尊は、自身の若かりし日の悩みをこのようにお説きになっています。釈尊はシャカ族の王子様でした。裕福な日々を過ごし「極めて快くあった」青年釈尊が、ある日自分自身もまた年を取り、病気になり、そして死ぬことを免れ得ないと知って「意気は全く消え失せてしまった」状態になる。そういったことは、「思い通りにならないこと」、「ままならないこと」であるから、〈苦〉なのであると――。

　「いやいや、そんな苦しみなんて、余裕のある人の悩みでしょう」と思われる方もいらっしゃるかもしれません。しかし、本当にそうでしょうか。

　例えば、昔は楽々走ることができたのに、それがだんだんできなくなる。

健康のためにと公園をちょっと走っただけで息苦しくなります。そんなとき、すぐ横を大学生くらいの若者が駆け抜けて行くのが目に留まる。「いいなぁ、若い者は。いつも楽しそうで……」。そんな風に、若者は苦しみなどを感じていないように思われる方もいらっしゃるかもしれません。

ところが、その若者は実は大変な苦学生で、学費や生活費をやり繰りするのに日々追われている。そんな彼は、公園でランニングをしている年配者を見て、思います。「いいなぁ、年寄りは。楽そうで……」——結局のところ、生きとし生けるものは誰しも、1人ひとり〈苦〉の中で生きています。若者が楽しそうに見えても、年寄りが楽そうに見えても、それはあくまでもそう見えているだけで、本人には本人にしかわからない苦しみがあるのです。

また、愛する人と別れなければならないことは、どんな人にでも必ずやってきます。それが恋人や親しい友人と別れることなのか、家族との死別なのかは人それぞれでしょう。しかし、離別は必ず訪れます。

また学校や職場で嫌な人・虫の好かない人・ウマの合わない人に出会うことだってあるでしょう。お金がないとか時間がないとか、必要なものが足りないことだって、どんなに計画を立て慎重に過ごしていたとしても起こります。

生涯にまつわることすべてが〈苦〉である。「一切皆苦」という仏教の教えは、決して単なる空想的な犠牲や宗教的な理念ではなく、私たち1人ひとりが直面する日常的な事実を指して言われているのです。

腸を断つに堪えたり……

空海もまた、『性霊集』巻第1に収められた「山に入る興」という文章の中で、華やかな都を去って、行き来も不便で何もない高野山のような山奥を好んで過ごす理由を人から問われ、次のように答えています。

> 貴き人も賤しき人も撫て死に去んぬ。死に去り死に去って灰塵となる。……君知るやいなや、君知るやいなや。人此の如し、汝何ぞ長からん。朝夕に思い思えば腸を断つに堪えたり。
>
> （『性霊集』巻第1「山に入る興」）

【現代語訳】

貴い人も賤しい人も皆、死に去ってしまう。このようにすべての人は死
に去り死に去って灰塵に帰してしまう。……君は知っているのだろうか、
君は知っているのだろうか。人〔の一生〕とはこのよう〔に儚いもの〕
であるということを。それなのに、どうして君だけが死を免れ得ようか。
このことに思いをはせるならば、それは断腸の思いよりもはるかに辛く
苦しいものである。

　ここで空海は、どんなに繁栄したとしても最後には死に去ってしまう〈人
生〉の儚さに思いをはせ、「朝夕に思い思えば腸を断つに堪えたり」と表現
しています。非常に辛く苦しい思いをすることを「断腸の思い」と言いま
すが、ここで空海は、人生の儚さに思いをはせるならば、「断腸の思い」にす
ら耐えられるほどである、と述べているのです。

　つまり、空海にとって〈人生〉が儚いものであること、必ず死が訪れると
いうことは、「断腸の思い」よりもはるかに辛く苦しいことだったのではな
いでしょうか。もしそうであるならば、空海の悩みは、若かりし日の釈尊の
それと同じであったと言えるでしょう。

　私たちの人生——存在すること・生きていること——は〈苦〉である。こ
れは釈尊の最初の教えであり、空海の問題意識であったとともに、私たち1
人ひとりが日常的に直面する現実でもあるのです。

2　無明と我

無明

　それでは、どのようにして私たちはその〈苦〉である世界に生まれてくる
のでしょうか？　そのことについて釈尊は、次のようにお説きになっていま
す。

この生から他の生へと、くり返し輪廻転生に向かう人々は、
無明であるから、そうなるのである。

この無明というのは、大きな迷いであり、

だからこそ、長い間このように輪廻してきたのである。

（『スッタニパータ』729-730偈 / 前谷［2016：295］）

　釈尊の教えのなかでも最も古いものが含まれた経典の1つとされる『スッタニパータ』には、我々がこの世界に生まれてくる理由について、「無明であるから、そうなるのである」と説かれています。

　この〈無明〉（むみょう）（skt. avidyā（アヴィドゥヤー））とは、「明るさが無い」とあることからもわかるように、物事に暗い状態、つまり「無知であること」を意味します（水野［2006］）。

　上に引用した『スッタニパータ』でも、それは「大きな迷い」であると説かれていますが、この〈無明〉によって、人は〈輪廻（りんね）〉を繰り返し、この世に生まれてくる、と釈尊はお説きになっているのです。

　それでは、いったい何に「無知であること」が〈無明〉なのでしょうか。空海は『秘蔵宝鑰』巻上の中で、愚かな凡夫のあり方について、次のように述べています。

空華（くうげ）、眼（まなこ）を眩（くるめ）かし、亀毛（きもう）、情（こころ）を迷（まど）わして、実我（じつが）に謬着（びゅうぢゃく）して、酔心封執（すいしんふうしつ）す。

（『秘蔵宝鑰』巻上「大意序」）

【現代語訳】

空中に見えた華が目を眩ますように、また亀の体毛が心を惑わすように、存在しないものを実在すると誤って執着し、酔っぱらったような心はとらわれてしまっている。

　ここに出てくる「空華（くうげ）」や「亀毛（きもう）」というのは、〈ありもしないもの〉の代表例です。視界に黒いゴミや影、蚊のようなものが見えて、それが動き回るように感じる。実際は何も存在しないわけですが、チラチラと見えるそれのことを「空華」と言います（現代では「飛蚊症」でしょうか）。

　また亀には体毛がありませんので、「亀毛」というのは、やはり実際には存在しない「ウサギの角」とセットになって「亀毛兎角（きもうとかく）」と言われます。こ

ちらも「空華」同様、〈ありものしないもの〉のことを指しています（松長［2018]）。

　すなわち凡夫は、「空中に見える幻の華」や「亀の体毛」、「兎の角」といったような、本当は存在しないものを「実在する」と執着している。それはあたかも酔っ払いが〈ありもしないもの〉を見るようなものだ、というのがこの箇所の意味なのです。

　空海は『秘蔵宝鑰』の別の箇所で、こういった〈ありもしないもの〉に心がとらわれている凡夫のあり方について、

徒（いたずら）に妄想（もうぞう）の縄（なわ）に縛（しば）られて、空（むな）しく無明（むみょう）の酒（さけ）に酔（よ）えり。

（『秘蔵宝鑰』巻上）

【現代語訳】

ただただ妄想の縄に縛られ、むなしく無明の酒に酔っているようなものである。

とも述べています。つまり、我々がこの世界に生まれてくる理由である〈無明〉とは、空中の華や亀の体毛のようにありもしないものを実在すると思い込んでいる状態にほかなりません。

実体としての我（アートマン）

　ところで、その〈ありもしないもの〉について空海は、「実我（じつが）に謬着（びゅうちゃく）して……」と述べていました。つまり、「空華」や「亀毛」のように〈ありもしないもの〉とされているのは、この「実我」なのです。

　仏教以前からインド哲学では、我々人間も含めたすべての生物には〈実体〉がある、と考えました。この場合の〈実体〉とは、さまざまに変化するものの根底にあって、持続的かつ自己同一的なもののことを指します。そのような〈実体〉を、インド哲学では〈アートマン〉（skt. ātman）、すなわち〈我（が）〉と呼びました。

　この〈アートマン〉すなわち〈我〉は、「常・一・主宰（じょう・いつ・しゅさい）」なもの、すなわち、常に存在し（常（じょう））、単独なるもので（一（いつ））、他のものを支配する（主宰（しゅさい））、

と言われます。変化することなく、常にそれ自体として存在するもの、それが〈アートマン〉・〈我〉にほかなりません（中村［2000］、竹村［2004］）。

　少し前に、「私の墓標の前で泣くことはない。そこに私はいないから」といった内容の歌が大流行しましたが、埋葬されて身体はなくなってもなお、「私はそこにいない」と言っている「私」とは、いったい誰なのでしょうか。

　この場合の「私」は、魂とか霊魂とか呼ぶとわかりやすいでしょう。現実の私は生まれ、育ち、年を取って、死にます。しかし私の魂は、年を取ることもなく、死ぬこともありません。魂が老衰で大往生、などということはないでしょうから、現実の私は変化し消滅することがあっても、私の魂は変わらず、つまり年を取ったり死んだりすることなく——言い換えるならば、変化することなく——存在していることになります（図表7）。

　したがって、このような魂は、現実の私の根底にあって、持続的かつ自己同一的に存在している、と言えます。その意味では、「私の魂」こそが「私の実体」にほかなりません。

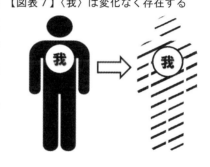

【図表7】〈我〉は変化なく存在する

　この「私の実体」のことを、インド哲学では〈アートマン〉すなわち〈我〉と呼んでいたわけです。

　この〈我〉には、2種類があるとされます。それは、「人我」と「法我」です（図表8）。

【図表8　2種類の〈我〉】

> ・人我……人間も含めた生物的存在の認識と行為の主体に関する実体
> ・法我……事物（＝法）に関する実体

「人我」は、認識と行為の主体に関する実体、すなわち私たちが自分の中に実在していると考えている〈我〉です。上で述べた、魂のような実体がそれにあたります。

　もう一方の「法我」は事物、言い換えるならば「存在するもの」に関する〈我〉です。事物に〈我〉がある、と言ってもピンと来ないかもしれません。

例えば、黒板で使う「チョーク」で考えてみましょう。

　もしも「チョーク」に〈我〉すなわち〈アートマン〉があるならば、その「チョーク」の実体はどんなに使ってもなくなりません。何故なら〈アートマン〉とは、「常」(常に存在する)だからです。私が死んで身体がなくなってもなお、〈私〉である「魂」のようなものがある、それが〈私〉の実体である、と言うように、すべての「物」には、その形態が変化し、なくなったとしてもなお、その本質として固定的な実体がある。それが「法我」です。

　この〈アートマン〉が存在すると考えることにより、その〈アートマン〉の働きが起こります。それを「我所」と言います。〈我〉が存在すれば、当然その〈我〉に所属するもの、言い換えると「私のもの」があることになります。何故なら〈我〉は「主宰」(他の物を支配する)だからです。

無我

　さて、釈尊は世間の人々について次のようにお説きになって、〈アートマン〉すなわち〈我〉を〈ありもしないもの〉である、と批判します。

> 自分でないものを自分であると思い込み、
>
> 名前や形のあるものに執着している神々とともなる世間を見よ。
>
> 彼は『これが真実である』と考えている。
>
> (『スッタニパータ』756偈／前谷［2016：311］)

　ここで「自分であると思い込み……」と説かれている「自分」とは、〈我〉すなわち〈アートマン〉です。つまり釈尊は、人々が〈実体〉つまり〈アートマン〉などでは決してないものを自分、すなわち〈アートマン〉であると思い込み、執着し、「真実である」と考えている、と批判しているのです。先に見た空海の「実我に謬着して……」は、まさにこの釈尊の〈アートマン〉批判と同じことを言い表しています。

　ところで、釈尊は「すべての物事には実体はない(諸法無我)」とお説きになりました。したがって、仏教では当然「私の実体」などというものは存在しないという立場をとっています。

釈尊は、〈我〉すなわち〈アートマン〉が存在するという見解——これを〈我見〉と言います——について、次のようにお説きになっています。

比丘たちよ、それは、色（肉体）があるによって、色を取するによって、また、色に執着するによって、我見は生ずるのである。
また受（感覚）……、想（表象）……、行（意志）……、
あるいはまた、識があるによって、識を取るによって、また、識に執着することによって、我見は生ずるのである。

（『サンユッタニカーヤ』22、第135経／増谷［2012：604］）

ここで「我見」と呼ばれているのが、私が〈私〉と思っているもの——つまり〈アートマン〉・〈我〉——が実在する、と思っている状態です。

釈尊はそういった〈我見〉が、色（肉体）・受（感覚）・想（表象）・行（意志）・識（意識）の５つに執着することで生じている妄想に過ぎない、とお説きになっています。要するに仏教では、私の背後に「私の実体」としての〈アートマン〉など存在しない、つまり〈無我〉であると考え、ただ色・受・想・行・識といったものがあるに過ぎない、と観察するのです。

五蘊——〈我〉の解体

それに執着することによって〈我見〉——〈アートマン〉・〈我〉が実在すると思うこと——が生じるとされた、色受想行識のことを、〈五蘊〉（skt. pañca-skhandha）と言います（図表9）。

この「蘊」とは「あつまり」の意味で、色（肉体）・受（感覚）・想（表象）・行（意志）・識（意識）の５種類があることから〈五蘊〉と呼ばれます。

【図表9　五蘊】

・色蘊（skt. rūpa-skhandha.）
肉体。この場合の「色」とは、英語の color の意味ではなく、物質の意味になります。眼・耳・鼻・舌・身といった感覚器官や、眼で見られるもの（狭義の色）・音声（声）・臭い（香）・味わい（味）・触れられるもの（触）とい

った感覚対象も〈色〉とされます。

・受蘊（skt. vedanā-skhandha）
　じゅうん　　　ヴェーダナー　スカンダ

　心のはたらきの１つで、苦や楽などの感覚・感受作用です。外界が触れた
ことを受けて何らかの印象を感じることを指します。

・想蘊（skt. saṃjñā-skhandha）
　そううん　　　サンジュニャー　スカンダ

　これも心のはたらきの１つであり、表象・想起作用です。「表象」とは、感
受（受）したものを、心の中に思い浮かべることです。

・行蘊（skt. saṃskāra-skhandha）
　ぎょううん　　サンスカーラ　スカンダ

　これも心のはたらきです。「行」にはたくさんの意味がありますが、「行蘊」
という場合は、何かを行おうとする意志、すなわち意思作用（思）がその
はたらきの代表とされます。また、前に出てきた受（感覚）と想（表象）、
そして次の識（意識）のはたらきを除いたすべてがここに含まれます。

・識蘊（skt. vijñāna-skhandha）
　しきうん　　　ヴィジュニャーナ　スカンダ

　これも心のはたらきであり、意識、すなわち分別や判断、認識といった作用
のことです。また、その主体すなわち認識する主体も意味します。

　この〈五蘊〉のうち、〈色蘊〉は身体・物質を、〈受蘊〉・〈想蘊〉・〈行蘊〉・〈識
蘊〉は心・精神を表しています。私たちが〈私〉と思っているものは、決し
て実体としての〈我〉・〈アートマン〉などではなく、この〈五蘊〉に過ぎな
いというのが、仏教の〈無我〉説にほかなりません。

　しかも、その〈五蘊〉もまた、実体として存在しているわけではありません。

　比丘たちよ、色（肉体）は苦である。苦なるものは無我である。無我な
るものは、わが所有にあらず、わが我にあらず、またわが本体にあらず。
まことに、かくのごとく、正しき智慧をもって観るがよい。受（感覚）
は苦である……想（表象）は苦である……行（意志）は苦である……識
（意識）は苦である。苦なるものは無我である。無我なるものは、わが

　釈尊は〈五蘊〉について、それらは「苦である、無我である、わが本体で
はない」とお説きになっています。〈五蘊〉は実体であると見なすばかりで
はなく、むしろそういった〈五蘊〉を実体として「執着することによって、
我見は生ずるのである」と説かれていたように、〈五蘊〉を実体としての〈我〉
と見なすことこそが〈無明〉にほかならないと言えるでしょう。

　例えば、私がお菓子を見て「美味しそう、食べてみよう」と思ったとしま
す。お菓子を見ている眼などの肉体としての器官は〈色〉です。「美味しそう」
と思うのは〈受〉、そのお菓子のことを思い浮かべるのは〈想〉、「食べてみよう」
と意志するのは〈行〉、お菓子をお菓子として認識するのは〈識〉になりま
す（図表10）。

　この場合、ただ色・受・想・行・識
という五蘊が経験されるだけであり、
それらの主体としての〈実体〉すなわ
ち〈アートマン〉は必要ありません。

【図表10】我の解体

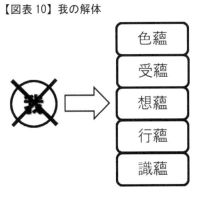

　私たちは、お菓子を見て「美味しそ
うだな」と思うとき、いちいち「〈私〉
が～と思う」などとは考えません。あ
るのはただその時々の経験です。その
背後に実体としての〈アートマン〉の
実在する理由は存在しないのです。

　したがって、経験の主体である〈私〉を、実体として実在すると考えると
いうことは、〈五蘊〉に過ぎないものを〈実体〉と思い込んでいる、言い換
えるならば「自分でないものを自分であると思い込」む（30頁参照）こと
と言えるでしょう。

　空海が愚かな凡夫のあり方を「実我に謬着して」いると述べているのは、ま
さに、こういった〈五蘊〉の教えを知らない〈我見〉の状態にほかならないのです。

3　縁起と業

縁起

　釈尊は、私たちがこの世界に生まれる理由を、「無明であるから、そうなるのである」とお説きになっています。

　この「〜によってある」ということを、仏教では〈縁起〉(skt. pratītya-samutpāda) と呼びます。〈縁起〉とは「縁って起こる」という意味であり、あらゆる物事は、さまざまな直接的な原因や間接的な原因による結果として発生する、ということです。

　この〈縁起〉は仏教の根本です。『自説経』(pāli. udāna) というお経には、釈尊がその〈縁起〉の内容を、

此有れば彼有り、此生ずれば彼生ず。

（『自説経』／ 増永 [1937：85]）

と説いています。つまり〈縁起〉とは、あらゆる物事は「原因」（因、skt. hetu）に依存した「結果」（果、skt. phala）として発生するという因果関係として説明されているのです。

　この〈縁起〉を、例えば両親と子どもの関係で考えてみましょう。もしも子どもが〈アートマン〉のような実体であるならば、その子どもは「常にそれ自体として存在している」、言い換えるならば、「両親の存在に関わりなく〈子ども〉として生まれている（＝存在している）」ことになります。

　しかし、そんなことはあり得ません。子どもは必ず両親から生まれるからです。両親から生まれない子どもなどは、上で触れた〈アートマン〉・〈我〉同様、〈ありもしないもの〉にほかなりません。

　したがって、この場合、父母は〈因〉、子どもは〈果〉になります。ただし、両親がいれば必ず私が生まれるかというと、そうではありません。と言うのも、父と母が出会って結ばれていなければ、父と母が存在しても、それだけでは私は生まれないからです。ですから、私が生まれるためには、父と母と

34　第1章　凡夫の生死

いう直接的な原因と、その父と母とが出会い結ばれるという間接的な原因が必要になります（図表 11）。この場合、直接的な原因を〈因〉、間接的な原因を〈縁〉（skt. pratītya）と言います。今日でも、結婚相手や交際相手に出会うことを「ご縁」と言いますが、これは直接原因である本人どうしはすでに存在しており、あとは間接的な原因である〈縁〉を待つのみ……、ということでしょう。

　いずれにしても、両親という原因（〈因〉や〈縁〉）から子どもという結果（〈果〉）が生まれる。このように〈因〉や〈縁〉に依存することによって〈果〉が生じるという関係を、仏教では〈縁起〉と言うのです。

　仏教では、この〈縁起〉を教義の根本とします。物事は〈縁起〉によって存在するのであって、〈アートマン〉・〈我〉のように何にも依ることなく、それ自体で〈実体〉として存在するのではありません。

【図表 11　因と果】

父　母
因　因
果
子ども

生者必滅

　さて、釈尊は『スッタニパータ』の中で、その〈縁起〉したものについて、次のようにもお説きになっています。

> 生まれたものたちが死なない手立てはない。
> 老いては、死ぬのである。
> 実にこれが、いのちあるものの定めである。
>
> 　　　　　　　（『スッタニパータ』575 偈 / 前谷［2016：245］）

　当たり前といえば当たり前ですが、生まれたものは年老い、最後には必ず死にます。この「生まれたもの」、すなわち「〈縁起〉したもの」は必ず死ぬということを、「生者必滅」と言います。しかも、これは必ずしも生物に限りません。

　「形あるものはいつか壊れる」と言いますが、生まれた者が必ず死ぬのと同じように、発生したものは必ず消滅する、ということを意味しています。

そして、消滅する以上、それは常に存在しているとは言えません。「常に存在する」——これを〈常住〉(skt. nitya) と言います——とは、過去、現在、未来を通していつまでも変化することなく留まっていること、永久にそのように存在すること、不変であることを指すからです。しかしながら〈縁起〉によって生じたもの・発生したものは、必ず変化し、必ず滅び、なくなります。また、原因が変われば当然結果も変わるわけですから、〈縁起〉したものは〈常住〉とは言い得ません。したがって、〈縁起〉によって生じたものは「常住ではない」、つまり、〈無常〉(skt. anitya) である、と言われます。

平家一門の栄光と滅亡を描いた『平家物語』の冒頭に、「祇園精舎の鐘の声、諸行無常の響き有り」とあることは有名です。平清盛のときに頂点を極めた平家一門でも、最後は壇之浦の合戦で滅亡しました。このように、あらゆる物事は発生し、移ろい変わりゆき、最後には滅び去ること、このことを仏教では、〈諸行無常〉と言います。

あらゆる物事は〈縁起〉、すなわち「これが有ればそれが有る」という因果関係で生じたものであり、そうである以上は必ず変化し、最後には死・消滅するものだから「常住ではない」、すなわち〈無常〉と言われるのです。

十二因縁

私たちは、〈無明〉——物事が因果関係において生じていると考えず、〈アートマン〉が実在すると思い込むこと——によって〈縁起〉し、この世界に生まれ、年を取り、やがて死んでいく。

〈縁起〉をその根本教義とする仏教において、「生まれる」とは〈縁起〉によって生じることであり、その限りにおいて生じた私たちは必ず死ぬ、ということにほかなりません。したがって、「無明であるから、そうなるのである」と言われる私たちの生と死は、〈無明〉を起点とする〈縁起〉によって説明されます。

仏教における代表的な〈縁起〉説に〈十二因縁〉があります。〈十二支縁起〉あるいは〈十二縁起〉とも呼ばれますが、その名の通り、12 の項目によって〈苦〉の発生のメカニズムを説いたものです（図表 12）。

『自説経』には、釈尊が成道後に〈縁起〉を次のように観察したと説かれ

ています。

> 即ち無明に縁りて行あり。行に縁りて識あり。識に縁りて名色あり。名色に縁りて六入あり。六入に縁って触あり。触に縁りて受あり。受に縁りて愛あり。愛に縁りて取あり。取に縁りて有あり。有に縁りて生あり。生に縁りて老死・憂・悲・苦・悩・絶望あり。この苦聚の生起はそれ是の如し。
>
> （『自説経』／増永［1937：85-86]）

　ここでは、生や老死、憂い・悲しみ・悩み・絶望といった〈苦〉の発生について、それが無明から生・老死までの 12 の項目（支分）からなる〈縁起〉による、と述べられています（水野［2006]）。

【図表 12　十二因縁】

①無明（skt. avidyā）——根本的な無知。〈ありもしないもの〉を実在すると思い込んでいる状態のことです。

②行（skt. saṃskāra）——もともとの意味は組みあわせること。そこから形成作用を指します。

③識（skt. vijñāna）——認識作用。認識主体である心を指す場合もあります。

④名色（skt. nāma-rūpa）——認識対象（色・声・香・味・触・法）。精神的現象と物質的現象。心と身体。

⑤六処（skt. ṣaḍ-āyatana）—認識器官（眼・耳・鼻・舌・身・意）。

⑥触（skt.sparśa）——認識主体と認識対象と認識器官が接触すること。

⑦受（skt. vedanā）——感受作用。〈五蘊〉の〈受〉と同じです。

⑧愛（skt. tṛṣṇā）—渇愛。激しい欲望や欲求。

⑨取（skt. upādāna）——執着。外界の対象に執着することです。

⑩有（skt. bhava）————存在。

⑪生（skt. jāti）————生まれること。

⑫老死（skt. jarā-maraṇa）—老いと死。

〈十二因縁〉では、「これが有ればそれが有る」という〈縁起〉の形式通り、〈苦〉の発生のメカニズムが説明されています。

　実体としての〈私〉が実在するという思い込み（①無明）から、さまざまな形成作用が（②行）がはたらき、その結果、「あれ」とか「これ」とかいった認識（③識）が起こります。あれやこれやの違いによって個々の認識対象（④名色）が生じ、それを認識する感覚器官（⑤六処）が生じます。さらにその認識対象と感覚器官の接触（⑥触）が生じ、それによって感受作用（⑦受）が起こります。その結果、感受されたものへの欲求（⑧愛）が生じ、それが高じて自分のものとして取り込もうとする執着（⑨取）になります。そういった執着の結果、この世界に存在すること（⑩有）となり、生まれ（⑪生）、そして年老い死んでいきます（⑫老死）。

　この⑪生や⑫老死が、釈尊の最初の説法で説かれた苦諦において、「誕生は苦であり、老いは苦であり、病は苦であり、死は苦である」（『律蔵』「大品」）と説かれていた、〈四苦〉や〈八苦〉にほかなりません。

　釈尊は、私たちがこの〈苦〉である世界に生まれる理由を、「無明であるから、そうなるのである」と説いていました。その意味では、この〈十二因縁〉では、まさに無明から生、そして老死へと続く、私たちの「人生」の流れとでもいえる内容が説かれていると言えるでしょう。

三世両重の因果

　ところで、仏教徒たちはこの〈十二因縁〉を、過去世・現在世・未来世の〈三世〉にわたる因果関係として説明しています。〈十二因縁〉を、過去・現在・未来における二種類の原因と結果に区分するという意味で「三世両重の因果」と呼ばれるこの説明では、〈十二因縁〉のそれぞれの関係が次のように説明されています（城福［2002］）。

　この「三世両重の因果」の基本は、〈十二因縁〉を過去世・現在世・未来世の〈三世〉との関係で論じる解釈である、という点です。この「過去世」とは生まれる前のいわゆる「前世」にあたり、「現在世」は今の生涯すなわち「現世」、そして「未来世」は死んだ後に生まれ変わる「来世」にあたります（図表13）。

①無明と②行を過去世における「因」として、③識から⑦受までの現在世の「果」（すなわち〈苦〉）がある。これを「第一重の因果」とします。この「第一重の因果」は、過去世から現在世の因果関係を示します。

次に⑧愛から⑩有までを現在世における原因として、未来世における〈苦〉の⑪生と⑫老死という結果が起こる。

これを「第二重の因果」とします。この「第二重の因果」は、現在世と未来世に至るまでの因果関係を示しています。

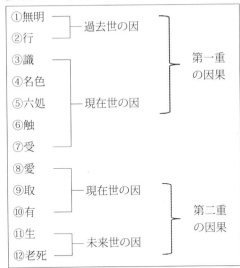

【図表13　三世両重の因果】

①無明
②行 ── 過去世の因

③識
④名色
⑤六処 ── 現在世の因
⑥触
⑦受

｝第一重の因果

⑧愛
⑨取
⑩有 ── 現在世の因

⑪生
⑫老死 ── 未来世の因

｝第二重の因果

このように、過去・未来・現在という三世における２種類の因果関係、つまり二重の因果関係として〈十二因縁〉を説明するので、「三世両重の因果」と呼ばれるのです。

この「三世両重の因果」の外にも、「二世一重の因果」と呼ばれる説明もありますが、いずれにしても〈十二縁起〉を〈三世〉に配当して解釈する背景には、仏教における〈輪廻〉（skt. saṃsāra）の思想の存在があります。

煩悩・業・苦——三道

生命ある者は生まれ、老い、死んでいきます。〈十二因縁〉でも「生によって老死がある」と説かれ、『スッタニパータ』で「生まれたものたちが死なない手立てはない」と説かれていたように、生まれた者は必ず死を迎えます。

しかしながら仏教では、死んだらそこで終わりではなく、また生まれ、やがて死に、そしてまた生まれ……という生まれ変わりを繰り返す、と考えます。この生と死のサイクルが、〈輪廻〉にほかなりません。

ところで、大乗仏教を代表する思想家の１人であるナーガールジュナ（skt.

39

Nāgārjuna、龍樹）が著した『因縁心論』という書物では、この〈輪廻〉と〈十二因縁〉の関係が、次のように述べられています。

---

〔1〕 十二種類の支分は依存関係によって生じたもの（縁生）である、と牟尼（仏陀）によって説かれたが、それらは煩悩と業と苦の三者にことごとく収まる。

〔2〕 第一と第八と第九が煩悩である。第二と第十が業である。残りの七つが苦である。十一のもの（法）は、ただ二者に収まる。

〔3〕 三から二が生じる。二から七が生じる。七から三が生じる。このようにまさしく生存の輪は、つぎからつぎへと転ずる。

（『因縁心論』／瓜生津 [2004：374]）

　ここで「十二種類の支分」と言われているのが〈十二因縁〉です。『因縁心論』では第1頌（〔1〕）で、〈十二因縁〉のそれぞれの項目（「支分」）が相互依存の関係によって発生したもの——つまり、〈縁起〉したもの——であると仏陀がお説きになったと述べ、その上で「それらは煩悩と業と苦の三者にことごとく収まる」、すなわち〈十二因縁〉の一々の項目は〈煩悩〉と〈業〉と〈苦〉の3種類に分類できる、としています。

【図表14　三道】

〈煩悩〉（skt. kleśa）…… 私たちの身心をかき乱し、煩わせ、悩ます心の作用のことです。「惑」とも呼ばれます。代表的な〈煩悩〉に、「貪」（むさぼり）、「瞋」（怒り）、「癡」（愚かさ・無明）がありますが、この「貪瞋癡」を総称して「三毒」と言います。

〈業〉（skt. karman）… 行為のことです。またその行為の習慣化による潜勢力も指します。「因業」とか「宿業」とか言ったりするのは、その潜勢力の意味になります。
サンスクリットの動詞√kṛ（つくる・行う）から派生した名詞です。

〈苦〉（skt. duḥkha）…　前にも述べましたが、「思い通りにならないこと」を指します。また、生まれ、年を取り、病気になり、そして死ぬという、「人生」にまつわるすべての事がらが〈苦〉であるとされます。

　この〈煩悩〉・〈業〉・〈苦〉の３種類は、「三道」とも呼ばれ（図表14）、〈煩悩〉に基づいて〈業〉すなわち行為が生じ、〈業〉によって〈苦〉が結果として引き起こされる、という因果関係、言い換えるならば〈縁起〉の関係にあるとされます）。
　さて、『因縁心論』では第２頌（〔2〕）では、〈十二因縁〉の１つひとつをこの〈煩悩〉・〈業〉・〈苦〉の「三道」に配当しています。そこで今の第２頌にしたがって、〈十二因縁〉を「三道」に配当したのが図表15になります。

【図表15　〈三道〉と〈十二因縁〉の関係①】

〈煩悩〉……　①無明、⑧愛、⑨取。
〈業〉……　②行、⑩有。
〈苦〉……　③識、④名色、⑤六処、⑥触、⑦受、⑪生、⑫老死。

　この「三道」の関係について、『因縁心論』第３頌（〔3〕）では「三から二が生じる。二から七が生じる。七から三が生じる」と述べています。この場合の「三」は〈煩悩〉、「二」は〈業〉、「七」は〈苦〉を指します。
　「三道」は、〈煩悩〉とそれに基づく〈業〉すなわち行為、それによって引き起こされる〈苦〉という〈縁起〉の関係、あるいは因果関係にある、と説明しました。
　つまりこの三者の関係は、〈煩悩〉によって〈業〉が起こり、〈業〉によって〈苦〉である生死が起こる、すなわち〈煩悩〉→〈業〉→〈苦〉という関係になります（梶山［1992］）。

〈三道〉と〈輪廻〉
　私たちは、何らかの思いに基づいて行為を行い、その結果を引き受けます。

例えば、財布の中にお金があると思い込んで飲み食いをしたのに、財布を開いてみたらお金がなくて無銭飲食で警察にご厄介になった、などという場合、お金があるという思い込みが〈煩悩〉、飲み食いという行為が〈業〉、無銭飲食で警察の留置場に送られるのは〈苦〉にあたります。「三道」の〈煩悩〉→〈業〉→〈苦〉という〈縁起〉関係は、まさにこういった思い・行為・結果の関係を示しているわけです。

　さて、『因縁心論』第3頌（〔3〕）の内容を、〈十二因縁〉にあてはめてみると、次のようになります（図表16）。

【図表16　〈三道〉と〈十二因縁〉の関係②】

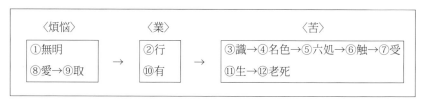

　ここからも明らかなとおり、『因縁心論』第3頌では、①無明から始まり⑦受で終わる「三道」と、⑧愛から始まり⑫老死で終わる「三道」との、二種類の「三道」が説かれていることがわかります。

　「三道」は縁起関係・因果関係とされますので、ここでは「両重の因果」が説かれていることがわかります。

　つまりこの『因縁心論』第3頌の説明は、先に見た「三世両重の因果」の説明（39頁、図表13参照）を踏まえているのです（梶山［1992］）。この「三道」の場合は、「三世両重の因果」における原因を〈煩悩〉と〈業〉に細分化している点が異なっているだけです。

　ところで、『因縁心論』第3頌には、「七から三が生じる」とあります。つまり「三道」は、〈煩悩〉から〈業〉が生じ、〈業〉から〈苦〉が生じる。そしてまたその〈苦〉から〈煩悩〉が生み出されるという関係である、と言うのです。

　このように「三道」は、「〈煩悩〉→〈業〉→〈苦〉

【図表17　繰り返される〈三道〉】

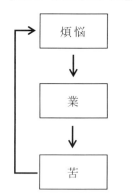

→〈煩悩〉→〈業〉→〈苦〉……」というように、延々と繰り返されていきます（図表17）。この「延々と繰り返されていく」ということ——何度でも生老病死の〈四苦〉が発生すること——こそが、〈輪廻〉にほかなりません。

〈十二因縁〉の説明である「三世両重の因果」が、過去世・現在世・未来世の三世にわたる因果関係であり、その背景には仏教における〈輪廻〉の思想が関係しています。それと同様に、やはり〈十二因縁〉の分類法である「三道」も〈輪廻〉にかかわるものであることがわかります。

今の『因縁心論』の第3頌で「このようにまさしく生存の輪は、つぎからつぎへと転ずる」と述べられているのも、まさにこの生涯が死を迎えて終わっても、その生涯で生じた〈煩悩〉に基づく〈業〉によって、さらに次の生に向けて縁起し続けるという、私たちの〈輪廻〉というあり方なのです。

三業と十悪

釈尊は自身の最初の説法で、「誕生は苦であり、老いは苦であり、病は苦であり、死は苦である」という真理——〈苦諦〉をお説きになりました。すなわち私たちは〈無明〉に基づいて、生まれ、年を取り、病気になり、そして死んでいきます。これが〈縁起〉の思想です。しかもその生と死は繰り返されます。それが〈輪廻〉の思想です。

ところで、私たちがどのように生まれるのかを決定する原因には、〈煩悩〉と〈業〉があります。今まで見てきた〈十二因縁〉では、②行と⑩有が〈業〉に配当されますが、〈業〉はサンスクリットの動詞語根√kṛ（つくる・為す）から派生した名詞ですので、「行為」を意味します（平岡［2016］）。

空海は『秘密曼荼羅十住心論』巻第1の中で、凡夫、つまり〈我〉が存在すると考えている愚か者の〈業〉について、次のように述べています。

これこの羝羊凡夫の所動の身口意の業は皆これ悪業なり。身の悪業に三有り。謂く殺・盗・婬なり。口の悪業に四有り。謂く妄語・綺悪・離間・無義、これなり。意の悪業に三有り。謂く貪・瞋・癡、これなり。……十悪を本として無量の悪業あり。この悪業に乗じて無量の悪報を感ず。

（『秘密曼荼羅十住心論』巻第1）

【現代語訳】

この欲望にとらわれている凡夫が行う身体的・言語的・心的行為は、す
べて悪しき行為である。身体的な悪しき行為には三種類がある。それは
殺すこと、盗むこと、みだらな行為を行うこと、である。言語的な悪し
き行為には四種類がある。それは嘘をつくこと、乱暴な言葉を発すること、
二枚舌、無意味なことを話すこと、がそれである。心的な悪しき行為に
は三種類ある。それは貪り、怒り、愚かさ、がそれである。……この十
種類の悪しき行為を根本として、数えきれない悪しき行為がある。これ
らの悪しき行為によって、数えきれないほどの悪しき報いを受ける。

「羝羊」というのは「雄羊」のことです。仏教では「雄羊」は食べる・眠る・
生殖活動をするといった、欲望にまみれた愚かな生き物とされますが、ここで
はその雄羊の在り方が、愚かな凡夫のあり方と重ね合わせられているのです。

　そのような凡夫の〈業〉すなわち行為について、それはすべて悪しき行為
（悪業）である、と空海は述べています。その悪しき行為とは、「身口意の業
は皆これ悪業なり」と言われていますが、この「身口意の業」とは、身業（身
体的行為）・口業（言語的行為）・意業（心的行為）のことで、まとめて〈三
業〉と呼ばれます。

　身口意の〈三業〉における悪しき行為は、〈十悪〉と呼ばれます（図表
18）。私たちは、私たちの生命を維持し欲求を満たすために、他の生命を断
ったり、他人の物を奪ったり、邪な性生活を行ったりします。また私の体面
を保つために、嘘をついたり、怒鳴ったり、二枚舌を使ったり、無意味なこ
とをくだくだ話したりすることもあります。さらに、必要以上のものを求め
たり、怒ったり、誤った見解を持ったりもします。

【図表18　三業と十悪】

①身業……身体的行為。身の悪業としては、殺生（殺す）・偸盗（盗む）
　　　　　・邪婬（みだらな行為）の３種類が代表。
②口業……言語的行為。口の悪業としては、妄語（嘘をつく）・麁悪
　　　　　（悪口とも。乱暴な言葉を発すること）・離間（両舌とも。二枚舌）・

無義（無意味なことを話す）の４種類が代表。
③意業……心的行為。意の悪業としては、貪欲（貪り）、瞋恚（怒り）、愚癡、
　　　　邪見とも。愚かさ）の３種類が代表。

　この〈三業〉、特に〈十悪〉という悪しき行為の背景には、「〈私〉は実体
として存在する」という仏教的には誤った見解、〈我見〉があります。自分
自身が〈アートマン〉・我として存在すると誤って思い込むので、私たち
は自分──〈我〉とそれ以外のものとの関わりの中で、自分以外のものを〈我〉
の所有物すなわち自分のためのもの、と思い直すのではないでしょうか。
　いわゆる「我利我利亡者」とは、まさにすべてを自分の利益のための道具、
と考える人と言えます。その考えの背景には、自分自身や自分の欲望の対
象となるものが実体として存在するという思い込みがあります。そして存
在する以上、それは自分に属する、それを自分のものにしたい、という誤
った観念が生じて、その結果、身口意の〈三業〉による〈十悪〉がなされ
るのです。
　さて、「身三・口四・意三」と言われる〈十悪〉の結果について、空海は
「この悪業に乗じて無量の悪報を感ず」と述べています。「報」とは「むくい」
のことですから、これは「悪しき行為によって悪しき報いを受ける」といっ
た意味になります。
　「因果応報」や「自業自得」といった言葉があるように、自分の行為の結
果は自分で受けなければなりません。自分自身の〈業〉の結果は、他人に代
わってもらうことはできないのです。
　この世界に生きているものはみなさまざまな〈業〉をつくり、自らその結
果を受け取ります。その結果とは、「三界の狂人は狂ぜることを知らず」や、
「然れどもなお生まれゆき生まれゆいて六趣に輪転し、死に去り死に去って
三途に沈淪す」と述べられていた、三界や六道において繰り返される「生と
死」であり、それこそが、〈輪廻〉にほかならないのです。
　そして、自らがその輪廻の中にいるということに気がつかず、〈我〉が実
在すると思い込んで欲望のままに悪業をつくり続ける存在が、私たち凡夫に
ほかなりません。

コラム②苦から逃れる八つの方法―八正道―

　釈尊最初の説法で説かれた「四諦（四聖諦）」。

　その四諦の４番目である「道諦」では、〈苦〉の原因となる煩悩や執着を滅ぼすための８種類の実践、「八正道」が説かれています。

　ここでは〈苦〉から逃れるために実践すべき真理として、「八支よりなる聖なる道」が説かれています（水野［2006]）。

　　①正見　　：正しい見解、信仰
　　②正思惟　：正しい意志、決意
　　③正語　　：正しい言語的行為
　　④正業　　：正しい身体的行為
　　⑤正命　　：正しい生活法
　　⑥正精進　：正しい努力、勇気
　　⑦正念　　：正しい意識、注意
　　⑧正定　　：正しい精神統一

　正しい見解を持ち、正しい意志のもと、正しい言語的行為、身体的行為をおこない、正しい生活を送り、正しい努力、正しい意識、正しい精神統一を実践する。そうすれば〈苦〉の原因となる煩悩や執着を滅ぼし、〈苦〉から逃れることができる。釈尊は最初の説法の中で、このように説いています。

　このときに注意すべきなのは、「正しい」という言葉の意味です。ここで「正」と訳されているのは、「sammā」という言葉ですが、この言葉は「とりまとめて」とか「完全に」といった意味の言葉でもあります。

　とすれば、釈尊が説いた「正見」すなわち「正しい見解」とは、「偏ることのなくありとあらゆる方向からの見方」であり（前谷［2016]）、「正語」は「偏ることのない（調和のとれた）言語的行為」とも言うことができるでしょう。

4 〈輪廻〉の世界

五輪

　私たちは、自分自身が〈実体〉として存在すると思い込み、それに執着してさまざまな〈業〉をつくります。その結果、〈苦〉としての生を受ける。ここまで確認してきた〈無明〉と〈縁起〉の教説は、まさにこの構造を説明するものでした。その〈苦〉としての生を受けた私たちが、日々の生活を送っている環境としての世界が三界であり、その生存状態——あり方——が六道です。

　その三界も六道も、インド伝来の仏教的世界観では、〈五輪〉と〈須弥山世界〉を中心に語られます。そこで、〈五輪〉と〈須弥山世界〉、そして〈三界〉、〈六道〉について確認しておきたいと思います（主に定方［1973］、［2011］を参照）。

　〈五輪〉とは、空輪・風輪・水輪・金輪・火輪の５つの輪状（円筒状）のもののことです。

　この〈五輪〉について、空海は『十住心論』巻第１の中で、詩文を用いて次のように述べています。

太虚は辺際無し　　　　　　風量は三千に等し

水輪は厚さ八億なり　　　　金地は広さ前に同じ

火大は何れの処にか有る　　遍く四輪の辺に満てり

五輪は何に因ってか出づる　衆生の業の然らしむるなり

(『秘密曼荼羅十住心論』巻第１)

【現代語訳】

虚空である空輪には限りがない

風輪の大きさは三千大千世界に等しい

水輪の厚さは八億ヨージャナである

金輪である大地の広さは水輪と同じである

火輪はどこにあるのか

あまねく他の四輪の周辺に遍満している

これら五輪は何よって出現するのか
生きとし生ける者の〈業〉がそうさせるのである

言葉だけではわかりにくいか
もしれませんが、第1句目の「太
虚」というのは、「虚空」すな
わち「空間（スペース）」のこ
とです。空間としての全宇宙、
それが「虚空」ですが、ここで
はそれを〈空輪〉と呼びます。
この〈空輪〉は「辺際無し」と
あるように、端（はし）っこや際（きわ）がない。
つまり限りがありません。

【図表19　五輪】

〈火輪〉は四輪の
周辺に満ちている

〈金輪〉　　　3億2万

〈水　輪〉　　　8億

〈風　輪〉　　　16億

〈空　輪〉　　　単位：yojana

　その限りなく広大な〈空輪〉に〈風輪〉があらわれます。〈風輪〉の大きさは、「三千に等しい」とありますが、この「三千」とは〈三千大千世界（さんぜんだいせんせかい）〉の略です。

　この「三千大千世界」については後で触れますので、今は「あらゆる世界」とか「全世界」といった意味で押さえておけばよいでしょう。つまり、〈風輪〉の大きさは、あらゆる世界・全世界に等しい、というのが第2句の意味になります。

　その〈風輪〉の上に「厚さ八億ヨージャナ」の〈水輪〉があります。「ヨージャナ（skt. yojana）」とは距離の単位で、1ヨージャナは――諸説ありますが――約7kmとも言われます。とすれば、〈水輪〉の厚さは56億kmといったところでしょうか。

　〈水輪〉の上に同じ広さの〈金輪〉が乗っています。第4句目に「金地は……」とあるように、この〈金輪〉は「大地」にあたります。「広さ前に同じ」とありますから、〈金輪〉の大きさは〈水輪〉と同じです。

　次の第5句と第6句では、〈火輪〉はどこにあるのかが質問され、それが「四輪の辺に満てり」すなわち〈空輪〉・〈風輪〉・〈水輪〉・〈金輪〉の周辺に満ちている、と述べられています。

　最後の第7句と第8句では、〈五輪〉すなわち私たちの世界がなぜ出現す

るのか、が質問され、それが「衆生の業の然らしむるなり」——生きとし生ける者の〈業〉によって出現するのである、と答えられています。

　仏教では〈業〉に、他人と共通しない個々人の〈業〉である〈不共業〉と、他人と共通して皆でつくる〈業〉である〈共業〉があると考えます。この世界は〈共業〉、つまり私たちが共通してつくる〈共業〉によって出現するのです。

〈須弥山〉世界

　さて、私たちが住んでいる場所は、今の〈金輪〉の上に、須弥山（skt. sumeru）を中心として存在しています。

　仏教の世界観では、世界の中心に「須弥山」がある、と考えます。須弥山は「妙高山」とも訳されますが、仏教の世界観では私たちが日々生活を送っている環境としての世界は、この須弥山を中心とする〈須弥山世界〉であると考えるのです。

　〈須弥山世界〉では、須弥山の周りを8つの山脈が取り囲み、それぞれの山脈と山脈との間に海があります。須弥山を取り囲む8つの山脈の内、一番外側に位置する山脈は「鉄囲山」と呼ばれ、〈金輪〉の外縁部にあたります。

　その「鉄囲山」と須弥山を囲む7番目の山脈との間の海上には、須弥山から見て東南西北の位置に、4つの陸地（四大洲）があります（図表20）。

【図表20　四大洲】

- （東）勝身洲（skt. pūrvavideha-dvīpa）

  須弥山から見て東側に位置する、半月形の島（大陸）です。
- （南）贍部洲（skt. jambu-dvīpa）

  須弥山から見て南側に位置する逆三角形（台形）の島（大陸）です。
- （西）牛貨洲（skt. āvaragodanīya-dvīpa）

  須弥山から見て西側に位置する満月形（円形）の島（大陸）です。
- （北）倶盧洲（skt. uttra-kuru-dvīpa）

  須弥山から見て北側に位置する方形（四角形）の島（大陸）です。

この「四大洲」の内、南の〈贍部洲〉は、インド亜大陸に形が似ています。今の〈須弥山世界〉は、インド以来の世界観ですから、インド人たちは自分たちがいる世界をインド亜大陸の形で考えたのでしょう。私たちが暮らしている環境としての世界は、この〈贍部洲〉になります（図表21）。

このように、私たちが、〈煩悩〉と〈業〉によって受けた〈苦〉としての生の場所、すなわち私たちが日々暮らしている環境としての世界は、〈五輪〉とその上に乗る〈須弥山世界〉です。

その〈五輪〉は、「衆生の業の然らしむるなり」——つまり、生きとし生ける者の〈共業〉によって出現します。これは言い換えるならば、私たちは私たちの行為によってつくり上げられた世界に住んでいる、ということです。

三界

私たちは、私たちの行為によってつくり上げられた世界の中に住んでいます。これは言い換えるならば、私たちは、自分が実体として存在すると思い込んで行為するさまざまな〈業〉によって、〈輪廻〉——〈苦〉である生死を繰り返すこと——の中に存在している、ということにほかなりません。これが仏教の——その意味では空海の——世界観です。

【図表21　須弥山世界】

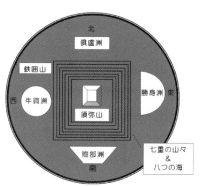

この、私たちが〈輪廻〉する「場」、すなわち私たちが私たちの行為によってつくり上げ、そこで生を受けて人生をおくる「世界」が、三界と六道です。

すでに少し触れましたが、三界とは、欲界・色界・無色界であり、空海が「三界の狂人は狂ぜることを知らず」と述べていたように、凡夫はこの三界で〈輪廻〉を繰り返しているとされます。

この三界は階層的になっており、下から順番に、欲界→色界→無色界となります（図表22）。

【図表22　三界】

無色界		非想非非想処（有頂天）	
		無所有処	
		識無辺処	
		空無辺処	
色界	第四禅	色究竟天	空中
		善見天	
		善現天	
		無熱天	
		無煩天	
		無想天	
		広果天	
		福生天	
		無雲天	
	第三禅	遍浄天	
		無量浄天	
		少浄天	
	第二禅	極光浄天	
		無量光天	
		少光天	
	初禅	大梵天	
		梵輔天	
		梵衆天	
欲界	六欲天	他化自在天	
		化楽天	
		都支多天（兜率天）	
		夜摩天	
		忉利天	地上
		四大王天	
	四大洲	東勝身洲	
		南瞻部洲	
		西牛貨洲	
		北俱盧洲	
	三悪趣	畜生	地下
		餓鬼	
		地獄	

①欲界

　三界の最下層にあたる欲界（skt. kāma-dhātu）は、欲望を有する者が住む世界です。

　地獄・餓鬼・畜生・修羅・人と天（神々）の一部（六欲天）が含まれますので、六道のほとんどはこの欲界に属します。物事に対する欲望が存在している、とされます（図表23）。

【図表23　欲界】

〔地下〕**地獄**

　　　　餓鬼

〔地上〕**畜生**

　　　　人

　　　　四大王天　：ここから神々の世界（天）です。「四大王天」は〈須弥山〉の中腹にある、四天王（持国天・増長天・広目天・多聞天）の住むところです。

　　　　忉利天　：三十三天とも。〈須弥山〉の頂上にあり、帝釈天（skt.Indra）が住んでいます。この忉利天と前の四大王天は〈須弥山〉、つまり地面の上にありますので、「地居天」と呼ばれます。

〔空中〕**夜摩天**　：夜摩（skt. Yāma）は時間のことであり、またこの夜摩天の神々は五感の対象による快楽を受けるとされます。もともとはヴェーダ文献の Yama（死者の王）で、それが仏教に取り入れられました。この夜摩天から色界の頂上までは、空中にあるので、「空居天」と呼ばれます。

　　　　都支多天　：兜率天・知足天とも。この都支多天では、神々が満足するとされます。次の生涯で仏陀と成ることが決定している者は、この都支多天（兜率天）に生まれます。

　　　　化楽天　：楽変化天とも。この化楽天では、神々が自ら欲する快楽をつくり出して自らそれを享受するとされます。

　　　　他化自在天：この他化自在天では、他の神々があらわした欲望において自由自在であるとされます。欲界の頂上で、この他化自在

天と次の色界との間には波旬（skt.Pāpīyas）という魔王の宮殿があると言われます。

四大王天から他化自在天までは、欲界にあるので「六欲天」と呼ばれます。

②色界

2番目の色界（skt. rūpa-dhātu）は、感覚的な欲望から離れた清らかな物質（色／skt. rūpa）だけの世界で、「四禅天」とも呼ばれます。「禅」とは「禅定（skt. dhyāna）」のことで「静慮」とも言い、「瞑想」を意味します。

下から順番に初禅→第二禅→第三禅→第四禅と進みます（図表24）。

【図表24　色界の諸天】

〔初　禅〕	梵衆天	：大梵天に所属する神々の住む場所です。
	梵輔天	：同じく大梵天に属する、梵衆天より上位の神々の住む場所です。
	大梵天	：インドにおける最高神の一柱、ブラフマー（skt.Brahmā）の住む場所です。
〔第二禅〕	少光天	：ここから第二禅です。第二禅のほかの領域と比べて光が少ないので「少光」と名づけます。
	無量光天	：光明の量がはかりつくせないので「無量光」と呼ばれます。
	極光浄天	：光音天とも言います。放った清らかな光が遍満するとされます。
〔第三禅〕	少浄天	：ここからは第三禅です。第三禅のほかの領域よりも認識による安楽（＝浄）が少ないので、「少浄」と呼ばれます。
	無量浄天	：認識による安楽が増大して量りつくせないので「無量浄」と呼ばれます。
	遍浄天	：認識による安楽が遍くいきわたるので「遍浄」と呼ばれます。

〔第四禅〕無雲天	：ここからは第四禅です。第四禅未満では雲が密集しているのですが、ここからは雲が存在しないので「無雲」と呼ばれます。
福生天	：すぐれた福徳を備えた凡夫が生まれるところです。
広果天	：凡夫の至る境地として、最も勝れたところです。
無想天	：広果天よりもさらに勝れたところであり、想念を滅する最初の段階なので「無想」と呼ばれます。
無煩天	：無繋天とも。繁雑な煩悩を取り除く最初の段階になります。これより以下、色究竟天までの五つの天を「五浄居天」と言い、聖者の境地とされます。
無熱天	：もろもろの激しい苦悩を離れた境地とされます。
善現天	：禅定による功徳が現れやすい段階です。
善見天	：観察する働きが極めて清らかで透徹する段階です。
色究竟天	：阿迦尼吒天（skt. akaniṣṭhāḥ-deva）とも。物質性の世界である色界の最上位であり、これ以上物質は存在しません。「空居天」はここまでです。

③無色界

　最後の無色界（skt. ārūpa-dhātu）は、物質も離れた精神だけの世界です。物質性を完全に離れているので、空間の概念はあてはまりません。下から順番に、空無辺処→識無辺処→無所有処→非想非非想処の４つがあり（図表25）、最後の非想非非想処は三界の最頂部になりますので、「有頂天」とも呼ばれます。

【図表25　無色界】

空無辺処	：物質が存在しない無限性についての瞑想の境地です。
識無辺処	：認識作用の無限性についての瞑想の境地です。
無所有処	：何も存在しない無の境地です。
非想非非想処	：想念がないとも、ないでもないともという瞑想の境地です。

この三界という世界観は、「禅定」すなわち瞑想との関係で説明されます。感覚的な欲望の境地（欲界）を離れてはいますが、まだ物質性を残した瞑想の境地（色界）と、その物質性をも離れた瞑想の境地（無色界）、というように、三界をステップアップしていくことが、そのまま瞑想の境地の深まりとなっています。

　釈尊は修行時代、アーラーラ・カーラーマという仙人のもとで「無所有処」の境地を、ウッダカ・ラーマプッタ仙人のところで「非想非非想処」の境地を得たとされます。しかし釈尊はそれらの境地には留まらず、さらに修行を続けました。つまりこの三界は――いかに最高の無色界であったとしても、〈輪廻〉の範囲内なのです。

三千大千世界・十方世界

　ところで、（大乗仏教以前の）初期の仏教の世界観では須弥山を中心に、日・月・四大州・六欲天・初禅天を含めた範囲を「一世界（または小世界）」とし、この「一世界」が 1000 個集まった世界を「小千世界」と呼びます。さらに、その「小千世界」が 1000 個集まった世界を「中千世界」、この「中千世界」が 1000 個集まったものを「大千世界」と言い、この 3 種類の「千世界」を総称して「三千大千世界」と呼んでいます（図表 26）。

【図表 26　三千大千世界】

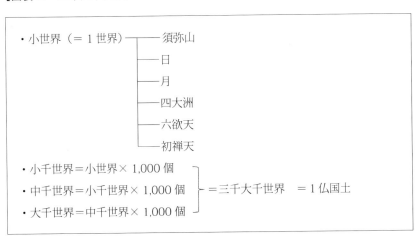

一説では、この「三千大千世界」は 1 人の仏陀が人々を教え導く範囲とされ、「1 三千大千世界＝1 仏国土」となります。「世界が 1000 個」などと言われてもピンときませんが、それほど広大な範囲を教え導く仏陀という存在が偉大である、と言いたいのでしょう。なお、私たちが生きているこの「三千大千世界」を総称して「娑婆（skt. sahā / sabhā）世界」とも言います。

　また時代が進んで大乗仏教が隆盛してくると、この三千大千世界が東・西・南・北の四方、北東・南東・南西・北西の四維、上・下の二方の合計 10 方向に数え切れないほど存在するとして、「十方世界」や「十方微塵世界」という世界観も説かれるようになります。

六道

　三界が瞑想的観点から私たちが生きる世界を説明したものであるならば、六道は私たちが生きる世界を、その生存状態——あり方——から説明したものと言えます。

　六道とは、地獄・餓鬼・畜生・修羅・人・天の六種類の生存状態のことです。「地獄」というと、私たちは「地獄」という場所のことだと考えてしまいがちですが、この場合は「地獄」という場所はもちろん、そこでの生存状態も指しているのです（図表 27）。

【図表 27　六道輪廻図】

①天道（skt. deva-gati）

　神々の世界。またそこに住む神としての生存状態。欲界の六欲天、色界の四禅天だけでなく無色界も含みます。

　神々の世界は、私たち人間に比して安楽に満ちた長寿の世界とされますが、「天人五衰」という言葉もあるように、仏教では神々であっても年を取り、

死んで生まれ変わりますので、やはり〈苦〉の世界と言えます。

②人道（skt. manuṣya-gati）

私たち人間の世界。またそこに住む人間としての生存状態。「天道」と今の「人道」は「善趣」と呼ばれます。

③修羅道（skt. asura-gati）

修羅は阿修羅とも言います。インドの神話では阿修羅は帝釈天と戦い続けている状態とされます。こういった状態のために人間よりも〈苦〉が多いとされ、六道では「人道」の下に位置づけられます。ただし「修羅道」を天道の一部とし、「五道（五趣）」とする説もあります。

④畜生道（skt. tiryagyoni-gati）

「傍生」とも言われますが、天や人、修羅、そして餓鬼・地獄の住人以外の生物、つまり獣や鳥、魚などを指します。「龍」なども畜生（傍生）に含まれます。弱肉強食といった常に生存のために追われる状態とされます。

⑤餓鬼道（skt. preta-gati）

餓鬼としての生存状態。餓鬼は常に飢えた状態にいる鬼です。水を飲もうとして河に近づいたり、何かを食べようとして食べ物に近づいても、炎が燃え上がって飲食ができないなどの〈苦〉を受ける、とされます。

⑥地獄道（skt. naraka-gati）

言わずと知れた、最も〈苦〉の多い状態です。「八熱地獄」と「八寒地獄」があるとされます。

「八熱地獄」は南贍部洲の地下に、「八寒地獄」は鉄囲山の外、あるいは八熱地獄のそばにあると言われます。

この地獄ではさまざまな刑罰によって責め苛まれて苦しむことになります。それぞれの地獄でどのような苦しみを受けるかについては諸説あるようです。

十界

　この〈三界〉・〈六道〉といった仏教の世界観は、〈十界〉として説明されることもあります。

　「十界」とは、仏界・菩薩界・縁覚界・声聞界・天界・人界・阿修羅界・傍生界、餓鬼界、地獄界の十種類の世界のことで、凡夫が〈輪廻〉する〈六道〉の世界に、声聞・縁覚という初期仏教の修行者や、大乗仏教の修行者である菩薩、そして仏陀の世界を加えたものです（図表 28）。

　この〈十界〉を凡夫・仏陀で分類するならば、仏界のみが〈さとり〉の世界であり、あとの九界は迷いの世界であると言えるでしょう。

【図表 28　十界】

・仏　　界：仏陀の世界。
・菩薩界：大乗仏教の修行者である菩薩（skt. bodhi-sattva）の世界。
　　　　　「〈さとり〉を求める心」である菩提心（skt. bodhi-citta）を起こすことで修行を積み、最終的には釈尊と同じように〈仏陀〉となることを目指します。その大乗仏教の修行者のことを、菩提薩埵（skt. bodhi-sattva）と言い、省略して「菩薩」と呼びます。
・縁覚界：初期仏教の修行者である縁覚（skt. pratyeka-buddha）の世界。
　　　　　縁覚は〈十二因縁〉を観察して一人でさとる修行者のことで、独覚とも辟支仏とも呼ばれます。
・声聞界：縁覚と同じ初期仏教の修行者である声聞（skt. śrāvaka）の世界。
　　　　　声聞は字のごとく、釈尊（仏陀）の教えを聞いて、そのとおりに実行する修行者です。この声聞と縁覚がしたがう教えを、〈声聞乗〉と〈縁覚乗〉と言い、両者をあわせて〈二乗〉と呼びます。
・天　　界：神々の世界。
・人　　界：人間の世界。
・阿修羅界：阿修羅の世界。
・傍生界：畜生の世界。動物の世界。
・餓鬼界：餓鬼の世界。
・地獄界：地獄の世界。

つまり〈十界〉とは、凡夫が生死を繰り返している〈三界〉・〈六道〉という世界観に、そこから脱け出して〈涅槃〉に入ることを目指す仏教修行者や仏陀、さらには非生物までも加えた、仏教の世界観なのです。

三悪道

　〈六道〉は、生まれ変わり死に変わりする〈輪廻〉の領域です。すでに触れたように、「この無明というのは、大きな迷いであり、だからこそ、長い間このように輪廻してきたのである」と釈尊が説かれた〈輪廻〉とは、この六道における生と死のサイクルにほかなりません。

　私たちは、私たちの〈業〉によって世界をつくり上げ、六道輪廻の世界で〈苦〉である生と死と繰り返しています。その六道の内、地獄道・餓鬼道・畜生道は特に〈苦〉が多いため「三悪道」、「三悪趣」などと呼ばれます。

　空海は、この三悪道と私たちのつくる〈業〉との関係について、〈十悪〉の１つである「殺生業」の例を挙げて説明しています。長文なのですが、大変わかり易い内容ですので、紹介いたします。

> かくのごとくの十種の悪業は、一一にみな三悪道の果を招く。しばらく初めの殺生業についてこれを説かば、衆生の皮宍角等を貪するによるが故に、有情の命を断ち、彼をして苦痛を受けしむるが故に、地獄の苦を感ず。その血宍に味著するによるが故に、餓鬼の果を感ず。一切衆生は皆これ我が四恩なり。無明愚癡によるが故に、彼の血肉を愛してその命根を断つ。この愚癡の罪に坐するが故に、畜生の果を感ず。
> ……殺生の業の三悪趣の果を招くがごとく、余業の報もまたまたかくのごとし。
>
> （『秘密曼荼羅十住心論』巻第１）
>
> 【現代語訳】
> このような十種類の悪しき行為は、その一つ一つに地獄・餓鬼・畜生の三種類の世界に生まれるという悪しき結果を招く。しばらく最初の殺生という行為についてこれを説明すると、生き物の皮や肉、角などを貪ることによるから、生き物の生命を断ち、その生き物に苦痛を与えるから、

地獄道に生まれて苦しみを受けるのである。その生き物の血肉の味に執着するから、餓鬼道に生まれ変わるという結果を受ける。すべての生きとし生ける者は、みな自分にとって恩義のある相手である。それなのに根本的な愚かさによって、その生き物の血肉に執着してその生命を断つ。この愚かさの罪によって、畜生道に生まれ変わるという結果を受ける。……生き物を殺すという悪しき行為が地獄・餓鬼・畜生の三種類の悪しき世界に生まれるという結果を招くように、その他の悪しき行為も同様である。

　ここで空海は〈十悪〉という悪しき行為の結果は、地獄・餓鬼・畜生という3種類の世界に生まれることである、と説明しています。
　その〈十悪〉と「三悪道」との関係を、「殺生業」を例にあげて説明すると、まず、生き物の血肉や角などに執着してその生き物を殺せば、その生き物に苦痛を与えることになります。その結果、その人は地獄道に生まれて苦しみを受けることになります。またその血肉の味に執着すれば餓鬼道に生まれ変わるし、本来恩義のある相手の血肉に執着してその生命を断てば畜生道に生まれ変わることになる。
　空海はこのように述べ、〈十悪〉すなわち悪しき〈三業〉によって三悪道への生まれ変わりという結果を招くことになる、と述べています。

三界唯心

　ところで、凡夫が〈輪廻〉を続けている三界について、大乗仏教の経典である『華厳経』では、「三界唯心」──すなわち、「世界は自分の〈心〉がつくり出したものである」──と説いています。

　三界は虚妄であって、ただ心のつくり出したものである。〈十二因縁〉はすべて心によって存在する。

（『華厳経』巻第 25 「十地品」）

　ここで「虚妄」と言われているのは「空虚ないつわり」のことです。つまり『華厳経』では、三界はただ〈心〉によってつくられたものに過ぎない──言い

換えるならば、世界は〈心〉の表れである、ということを説いているのです。

　しかも、〈心〉が表し出すのはそれだけではありません。この箇所では、凡夫の生や死の発生を説く〈十二因縁〉もまた、「心によって存在する」と説かれています。つまり『華厳経』では、世界もそこに住む衆生も、ただ〈心〉によってつくり出されたもの・表し出されたものである、と説いているのです。

　「世界は〈心〉によって表し出されたものである」。空海は、入唐前の延暦16年（797）、24歳のときに著した『三教指帰』巻下で、地獄と天界といった六道について触れ、次のように述べています。

業を作すこと善ならざるときには、牛頭・馬頭、自然に涌き出でて報ずるに辛苦を以てす。心を用うること苟に善なるときには、金閣・銀閣、倏忽として翔り聚まって授くるに甘露を以てす。心を改むること已に難きのみ、何ぞ決定せる天・獄有らんや

（『三教指帰』巻下）

【現代語訳】
行為がよくないときには、牛頭・馬頭といった地獄の獄卒が自然に地面からあらわれ出てきて、その悪しき行為の報いとして辛く苦しい思いを与える。心の持ち方が本当によいときには、黄金でつくられた宮殿や銀でつくられた宮殿が天空からたちまち飛びあつまってきて、その善い心の持ち方の報いとして長命をもたらすすばらしい飲み物を与える。心を改めることが大変難しいのであって、定まった場所としての天国や地獄があるわけではない。

　「牛頭」や「馬頭」というのは、地獄で地獄に落ちた者に罰を与えて苦しめる獄卒です。一方の「金閣」や「銀閣」とは、天すなわち神々の世界の宮殿や楼閣のことです。

　そういった地獄の獄卒や神々の世界の宮殿が、自分自身の行いや〈心〉のあり方によって、自然とたちまちに出現する──ここで空海は、私たちの〈業〉によって、地獄や天界といった世界が出現する、と述べています。

したがって「何ぞ決定せる天・獄有らんや」——地獄や天界といった場所が固定的にあるわけではない、というのが、空海の世界観なのです（村上［1998］）。

地獄は何れの処にか在る……

　空海は、地獄や天界といった六道や三界は、自分自身の〈心〉のあり方によって「今・ここ」に出現するものと考えています。世界やそこに住む者が、自分自身の〈心〉によって表し出されているという、この空海の主張は、まさに『華厳経』の「三界唯心」の思想と同じと言えるでしょう。

　「世界は〈心〉によって表し出されたものである」——空海が、天長7年（830）、57歳の時に著したとされる『秘密曼荼羅十住心論』巻第1では、地獄の場所について次のように述べています。

地獄は何れの処にか在る　孰ら観ずれば自心の中なり

（『秘密曼荼羅十住心論』巻第1）

【現代語訳】

地獄はいったいどこにあるのだろうか　よくよく観察すれば、〔それは〕自分の心の中にあるのである

　ここで空海は、「地獄は自分自身の〈心〉の中にある」と述べています。従来の世界観では、地獄は地下にあると考えられていました。しかし空海は、地獄は〈心〉の中にある——言い換えるならば、自分自身の〈心〉がつくり上げる〈世界〉である、と述べているのです。

　こういった世界観は、空想的に思えるかもしれません。しかし考えてみると、私たちは日常的にこういった世界を経験しているのではないでしょうか。

　例えば、私たちは同じ体験をしているから他人も同じように受け取っている（はずだ）、と思いがちです。ところが実際は、同じ体験をしていても、それがある人には楽しく感じるものであり、ある人には苦痛を感じるものである、ということはあり得ます。その場合、その2人が同じ場所・同じ空間にいたとしても、楽しく感じている人にとってそこは天使に囲まれた天国のような場所に見えているかもしれません。一方、苦痛を感じている人にと

っては、その同じ場所が、地獄の獄卒に責め苛まれる地獄のような場所なのではないでしょうか……。

「何ぞ決定せる天・獄有らんや」——この世界観を、空海は密教を学ぶ以前の『三教指帰』から、『秘密曼荼羅十住心論』に至るまで、持ち続けていました。このことは「世界は〈心〉によって表し出されたものである」という「三界唯心」の思想が、空海の確信であったことを明らかに物語っています。

〈輪廻〉の生死

〈無明〉すなわち、ありもしない実体としての〈我〉を実在と思い込むことによってつくられた〈業〉の結果、私たちは「三界六道」の世界で〈輪廻〉を繰り返しています。そのような私たちの状態を、空海は『秘蔵宝鑰』巻上で次のように述べています。

我を生ずる父母も生の由来を知らず、生を受くる我が身も亦死の所去を悟らず。過去を顧みれば冥冥として其の首めを見ず。未来に臨めば漠漠として其の尾りを尋ねず。

（『秘蔵宝鑰』巻上「異生羝羊心」）

【現代語訳】

私を生んだ両親も、なぜ生まれるのかその理由を知らず、生を受けた我が身も死んでどこに行くのかを知らない。過去を振り返れば暗くてその始まりを見ることができない。また未来を望んでも漠然としてその終りがわからない。

私を生んでくれた両親も、なぜ私が生まれたのかという理由を知らず、生まれてきた私も死後どうなるのかを知らない。三界六道の〈輪廻〉を繰り返している私たちには、私たちの〈生〉の始めもわからなければ、〈死〉の終りもわからない。

三界六道を〈輪廻〉し続けている者にとっては、確かに生の始めも死の終わりもないでしょう。それはあたかも車輪のようにグルグルと回り続けているようなものだからです。回転している車輪には、どこが始まりで、どこが

終わりで、ということが言えません。それと同じように、〈輪廻〉の生死にもその始めや終わりを求めることができないでしょう。

「過去を顧みれば冥冥として其の首めを見ず。未来に臨めば漠漠として其の尾りを尋ねず」（『秘蔵宝鑰』巻上）——その始めも終わりも求められない〈輪廻〉の生死。それは言い換えるならば、なぜ生まれたのか、死んでどこに行くのかも知らない、凡夫の生と死にほかなりません。

凡夫の生と死

仏教の教えでは、凡夫はありもしない実体としての〈我〉を実在すると思い込むことによってつくられた〈業〉の結果として、三界六道といった〈輪廻〉の世界の中に生まれます。

〈輪廻〉の世界の中に生まれた凡夫は、当然、年をとって老い、病気になり、やがて死んでいきます。しかしそれで終わりではありません。その生涯でなした〈業〉の結果として、また〈輪廻〉の世界に生まれ、老い、病になって、死んでいく。釈尊が「〈苦〉である」と説かれた「生老病死」を何度も何度も繰り返すことが、凡夫の生と死である〈輪廻〉の生死です。

そのような凡夫の生と死を、空海は「生まれ生まれ生まれ生まれて生の始めに暗く　死に死に死に死んで死の終わりに冥し」（『秘蔵宝鑰』巻上）と表現していました（8〜10頁参照）。と同時にその凡夫のあり方は、自分自身が存在する意味を知らないあり方、とも言えます。自分がなぜ生まれてきたのか、言い換えるならば、自分がこの世に存在する意味を知らないまま生まれ、老い、病気になり、やがて死に、また生まれ……、を繰り返し続ける。

空海の考える凡夫の生死、すなわち〈輪廻〉の生死とは、まさにこの「〈私〉の存在する意味」を知らないままに生死を繰り返している状態だったのではないでしょうか。

しかもその〈世界〉は、自分自身の〈心〉によって作りあげられたものに過ぎません。凡夫は、自分自身が存在する意味を知らないまま、自分の〈心〉によって作り上げた〈世界〉に陥って〈輪廻〉を繰り返し、生老病死という〈苦〉を受け続けている。これこそが空海の言う「凡夫の生死」にほかならないのです。

コラム③ 地獄の世界

　〈輪廻〉の生死の中で、もっとも恐ろしいとされるのが、やはり地獄の世界でしょう。本文中でも紹介しましたが、空海の『秘密曼荼羅十住心論』巻第1には、「八大地獄」に関する『正法念処経)』というお経に基づいた記述が紹介されています。「八大地獄」には「八熱地獄」と「八寒地獄」がありますが、ここでは有名な「八熱地獄」を紹介しましょう。

　なお、この「八熱地獄」は、下に行けば行くほど（①→⑧）、罪が重く苦しみが大きいとされます。

○八熱地獄

①等活地獄（skt. Saṃjīva-naraka）

　　善人を殺した者が落ちる地獄です。空海が参考にした『正法念処経』には、「この地獄に堕ちた者は、亡者同士で殺し合いをさせられ、死ぬとまた生き返らせられて、殺し合いを繰り返させられる」と説かれています。

②黒縄地獄（skt. Kālasūtra-naraka）

　　善人の殺生に加えて、盗みを犯した者が落ちる地獄です。『正法念処経』には、「この地獄に堕ちた者は、鉄のトゲが付いた黒い縄で縛られ、切り刻まれる。その後、蘇生させられてまた刃物で切り刻まれたり、真っ赤に焼けた鉄の服を着せられたりする」と説かれています。

③衆合地獄（skt. Saṃghāta-naraka）

　　殺生・盗みに加えて邪な性欲（邪淫）にふけった者が落ちる地獄です。『正法念処経』には、「この地獄に堕ちた者は、身体を炎熱の鉾やキリなどで突き刺されるなどの刑罰を受ける」と説かれています。

④号叫地獄（skt. Raurava-naraka）

　　殺生・盗みに加えて、飲酒の罪を犯した者が堕ちる地獄です。また、出家者や修行者に飲酒させた者も、この地獄に堕ちます。

65

『正法念処経』には、「この地獄に落ちた者は、火あぶりや釜茹で、熱で溶けた赤銅を飲まされるなどの刑罰を受ける」と説かれています。

⑤大叫地獄（skt. Mahāraurava-naraka）

殺生・盗み・邪淫・飲酒に加えて、妄語（嘘・偽りを話すこと）を犯した者が堕ちる地獄です。『正法念処経』には、「この地獄に堕ちた者は、舌を抜かれるなどの刑罰を受ける」とあります。「嘘をつくと、地獄で舌を抜かれるぞ！」と言われるのは、この大叫地獄のことです。

⑥炎熱地獄（skt. Tāpana-naraka）

殺生・盗み・邪淫・飲酒・妄語に加えて、邪見を犯した者が落ちる地獄です。『正法念処経』には、「仏教の教えに背く見解を持ったり、それを広めたりした者が堕ちる地獄で、この地獄に落ちた者は炎で焼き尽くされるなどの刑罰を受ける」と説かれています。

⑦極熱地獄（skt. Pratāpana-naraka）

殺生・盗み・邪淫・飲酒・妄語・邪見に加えて、修行者を誘惑するなどしてさまたげ、道をそらさせた者が堕ちる地獄です。『正法念処経』には、「この地獄に堕ちた者は、灼熱の炎で焼かれたり、鉄の棒でつらぬかれたりするなどの刑罰を受ける」と説かれています。

⑧無間地獄（skt. Avīci-naraka）

五逆罪（父、母、阿羅漢（聖者）を殺す、仏陀の身体に傷をつけて血を流させる、僧団を仲違いさせる）という最も重たい罪を犯した者が落ちる地獄で、「阿鼻地獄」とも呼ばれます。「阿鼻叫喚」の「阿鼻」がこの地獄の名前からとられていることからもわかるように、この地獄は苦しみが最も大きいとされます。『正法念処経』には、「この地獄に堕ちた者は、焼かれたり切り刻まれたりなどの苦しみが間断なく続く」と説かれています。

第2章

仏陀の出現

衆生は狂迷して本宅を知らず。
三趣に沈淪し四生に跉跰す。
苦源を知らざれば還本に心無し。
聖父其の是の如くなるを愍れんで其の帰路を示す。
（『秘密曼荼羅十住心論』巻第1）

1 釈尊の生涯

仏陀——目覚めたお方

　〈無明〉によって〈業〉をつくり、六道を輪廻して〈苦〉である生死を繰り返し、しかもそれを自覚できない……。仏教では、凡夫の生と死をこのように説明しています。空海はそういった凡夫の生涯を、「過去を顧みれば冥冥として其の首めを見ず。未末に臨めば漠漠として其の尾りを尋ねず」（『秘蔵宝鑰』巻上）と述べ、「なぜ生まれてきたのか」を知らない、つまり「〈私〉が存在する意味」を知らない状態である、と述べていました。

　その凡夫にむけて説き示されたのが、仏陀の教え、すなわち仏教です。空海は『秘密曼荼羅十住心論』巻第1において、次のように述べています。

衆生は狂迷して本宅を知らず。三趣に沈淪し四生に跉蹄す。苦源を知らざれば還本に心無し。聖父其の是の如くなるを愍れんで其の帰路を示す。

（『秘密曼荼羅十住心論』巻第1）

【現代語訳】

生きとし生ける者は愚かさに迷って帰るべき本当の場所を知らない。地獄や餓鬼、畜生の三悪趣に沈み込んで四種類の生まれ方にさすらい陥っている。苦しみの根源を知らなければ、本源に還るという想いもない。仏陀は凡夫がこのようであることを哀れに思われ、その本源への帰り道をお示しになられた。

　輪廻を繰り返している凡夫は、〈苦〉の源——自分自身がなぜ生まれてきたのかということ——を知りません。したがって帰るべき本当の場所も知らず、またそこに還ろうとする思いもない。このような凡夫を哀れに思われて、「聖父」である仏陀は、本源への帰り道すなわち仏陀の教えをお説きになりました。

　仏陀は、サンスクリットの「buddha」という言葉を、漢字の発音で示した音写語です。この「buddha」は、サンスクリットの動詞語根√ budh（目覚める）

の過去分詞形で「目覚めた」「目覚めた人」を意味します。つまり仏陀とは、目覚めたお方、といった意味になりますが、それではいったい何に目覚められたのかと言うと、それが〈さとり〉にほかなりません。

　この〈さとり〉は、サンスクリットでは「bodhi（ボーディ）」という言葉で、「菩提（ぼだい）」と音写されます。この「bodhi」も先の「buddha」と同様に、動詞語根√ budh（ブドゥフ）（目覚める）の派生語です。

　さて、釈尊は「〈仏陀〉とはどのような存在であるのか」ということについて、次のようにお説きになっています。

> 《あらゆる時の流れ》に思いを巡らせ、
> 《輪廻と生死のふたつ》に思いを巡らせて、
> 塵（ちり）を離れ、汚れなく、清らかで、
> 再び生まれることを滅しつくした人——
> 彼を《目ざめた人（ブッダ）》という。
>
> 　　　　　　　（『スッタニパータ』517偈／前谷［2016：217］）

　ここでは「あらゆる時の流れ」と「輪廻と生死のふたつ」に思いを巡らせ、「塵」や「汚れ」に喩えられる〈無明〉や〈煩悩〉を滅ぼして「再び生まれることを滅しつくした人」、つまり、〈輪廻〉のサイクルから脱した人、それが〈仏陀〉である、と釈尊ご自身がお説きになられています。

　その〈仏陀〉には、「如来十号（にょらいじゅうごう）」と呼ばれるさまざまな異称・別称があります（図表29）。

【図表29　如来十号】

①如来（にょらい）	：真理の世界からやって来たお方、という意味の呼び名とされます。サンスクリット語の「tathāgata（タターガタ）」は、「如去」（真理の世界に去っていくお方）とも訳されますが、「如来」のほうがポピュラーです。
②応供（おうぐ）	：供養を受ける資格のあるお方、の意。サンスクリット語では「arhat（アルハット）」。音だけを漢字で表す「音写語」では、「阿羅漢」

と音訳されます。

③正徧知（しょうへんち）
：「正しくよく覚ったお方」の意味。

　　サンスクリット語では「samyak -sambuddha（サムヤック サムブッダ）」で、「三藐三仏陀（さんみゃくさんぶつだ）」と音訳されます。

　　また、〈さとり〉のことを「anuttara-samyak-sambodhi（アヌッタラ サムヤック サムボーディ）」（無上正等覚）と言い、「阿耨多羅三藐三菩提（あのくたらさんみゃくさんぼだい）」と音訳されます。

④明行足（みょうぎょうそく）
：サンスクリット語の「vidyācaraṇa-sampanna（ヴィドゥヤーチャラナ サンパンナ）」は、智慧（明／vidya（ヴィドゥヤー））と実践（行／caraṇa（チャラナ））とを備えたお方、という意味です。

⑤善逝（ぜんぜい）
：サンスクリット語の「sugata（スガタ）」は、「善く逝く」という意味。

　　真実に涅槃に去りゆき、生まれ変わる輪廻の世界に再びおちいることのないお方、という呼称です。

⑥世間解（せけんげ）
：サンスクリット語は「lokavid（ローカヴィッド）」。世間をよく理解しているお方、という意味です。

⑦無上士（むじょうし）
：サンスクリット語の「anuttara（アヌッタラ）」は、この上なく最上最高のお方、という意味です。「阿耨多羅（あのくたら）」と音訳されます。

⑧調御丈夫（ちょうごじょうぶ）
：サンスクリット語は「puruṣadamya-sārathi（プルシャダムヤ サーラティ）」。すべての人をよく訓練するお方、という意味です。

⑨天人師（てんにんじ）
：サンスクリット語は「śāstā devamanuṣyānām（シャースター デーヴァマヌシヤーナーム）。神々（天／deva（デーヴァ））や人々（人／manuṣya（マヌシヤ））の教師、という意味の呼称です。

⑩仏
：上でも触れたように、目覚めた人の意味。サンスクリット語の「buddha（ブッダ）」は、「浮屠（ふと）」や「浮図（ふと）」とも音訳されました。

　　なお、日本語で「仏」を「ほとけ」と読むのは、「浮屠家（ぶるとけ）」から来たとする説もあります。

⑪世尊（せそん）
：この世で最も尊い方、という意味。サンスクリット語である「bhagavat（バガヴァット）」は「婆伽梵（ばがぼん）」や「薄我梵（ばがぼん）」などと音訳されます。

　「如来十号」なのに11種類ありますが、「最初の如来はカウントしない」という説や「最後の仏と世尊をセットで数える」という説があるようです。
　いずれにしても〈仏陀〉とは、真理の世界からやってきて（①如来）、供養されるのにふさわしく（②応供）、正しくよくさとり（③正遍知）、智慧と

実践を備え（④明行足）、輪廻の世界におちいらず（⑤善逝）、世間をよく理解し（⑥世間解）、この上なく（⑦無上士）、すべての人々を訓練し（⑧調御丈夫）、神々や人々の教師である（⑨天人師）、目覚められた（⑩仏）、この世で最も尊いお方（⑪世尊）、というイメージで語られる存在である、と言うことができるでしょう。

仏陀の特徴

　また〈仏陀〉には、〈仏陀〉にしか備わっていない特性（徳）と、身体的特徴が備わっているとされます。〈仏陀〉独自の徳について大乗仏教では、「十八不共仏法」として以下の 18 種類をあげます。これには諸説あるのですが、今は『大智度論』という本に記されている「十八不共仏法」を紹介しましょう（図表 30）。

【図表 30　十八不共仏法】

①身無失　　　　　　：身業（身体的活動）の過失を離れている。
②口無失　　　　　　：口業（言語的活動）の過失を離れている。
③念無失　　　　　　：意業（心的活動）の過失を離れている。
④無異想　　　　　　：すべての人々に平等の心を持つ。
⑤無不定心　　　　　：あらゆる場合において心が乱れることなく定まっている。
⑥無不知已捨　　　　：まだ知らないことを捨て去らない。
⑦欲無減　　　　　　：人々を救おうとする意欲が減退しない。
⑧精進無減　　　　　：人々を救うことに精進努力して減退することがない。
⑨念無減　　　　　　：過去・現在・未来のさまざまな教えを念じて減退しない。
⑩慧無減　　　　　　：すべての智慧を備えていて尽きることがない。
⑪解脱無減　　　　　：すべての執着を完全に離れて減退することがない。
⑫解脱知見無減　　　：すべてをありのままに知ることができる。
⑬一切身業随智慧行　：智慧によって身体的活動を現す。
⑭一切語業随智慧行　：智慧によって言語的活動を現す。
⑮一切意業随智慧行　：智慧によって心的活動を現す。
⑯智慧知過去世無礙　：過去についてすべてのことを正しく知り、滞らない。

⑰智慧知未来世無礙：未来についてすべてのことを正しく知り、滞らない。

⑱智慧知現在世無礙：現在についてすべてのことを正しく知り、滞らない。

あらゆる活動において過失がなく、執着を離れ、すべての智慧を備えてすべてをありのままに知るという徳を持った存在、それが〈仏陀〉です。しかもその活動は、「⑦欲無減」や「⑧精進無滅」にあるように、人々を救済することをその目的としています。

こういった特性を持つ存在であればこそ、〈仏陀〉は人々の信仰を集めてきたと言えるでしょう。

仏陀の身体的特徴

「十八不共仏法」が〈仏陀〉の内面的な特性・性質を表しているのに対して、〈仏陀〉の身体的特徴として言われるのが、「三十二相八十種好」です。これは32種類の仏陀の身体的特徴（三十二相）と、80種類の付随的な特徴（八十種好）を指します。

そのすべてを挙げることはできませんが、今は「十八不共仏法」同様、『大智度論』に記された「三十二相」を見ておきましょう（図表31）。

【図表31　三十二相】

①足下安立相　　：足の裏が平らで地面に触れないところがない。

②足下二輪相　　：足裏に輪形の相〈千輻輪〉がある。

③長指相　　　　：指が長い。

④足跟広平相　　：かかとが広く、平らである。

⑤手足指縵網相　：手足の指の間に水かきのような膜がある。

⑥手足柔軟相　　：手足が柔らかい。

⑦足趺高満相　　：足の背が高く隆起している。

⑧伊泥延膊相　　：ふくらはぎが鹿のように丸く繊細な形をしている。

⑨正立手摩膝相　：まっすぐ立つと、手が膝をなでられるほど長い。

⑩陰蔵相　　　　：男性器が体内に収まっている。

⑪身広長等相　　：身長と両手を広げた長さが等しい。

⑫毛上向相　　　　　：身体の毛がすべて上向きに生えている。

⑬一一孔一毛生相　：１つひとつの毛穴から青い毛が生えている。

⑭金色相　　　　　　：身体が金色である。

⑮丈光相　　　　　　：身体から四方に一丈の光を放つ。

⑯細薄皮相　　　　　：皮膚が細やかで薄く、身体に塵がつかない

⑰七処隆満相　　　　：両手・両足・両肩・頭頂の肉が隆起している。

⑱両腋下隆満相　　　：両腋の下の肉が高からず低からず隆起している。

⑲上身如師子相　　　：身体が獅子のように威厳がある。

⑳大直身相　　　　　：身体が人々の中で最も大きく真っ直ぐである。

㉑肩円好相　　　　　：両肩が円満である。

㉒四十歯相　　　　　：40 本の歯がある。

㉓歯斉相　　　　　　：40 本の歯が緊密に整っている。

㉔牙白相　　　　　　：ヒマラヤの雪よりも白い牙がある。

㉕師子頬相　　　　　：両頬が獅子のようである。

㉖味中得上味相　　　：何を食べても素晴らしい味として感じる。

㉗大舌相　　　　　　：舌が顔を覆い、髪際に届くほど大きいが、口中 に収まる。

㉘梵声相　　　　　　：発する音声が心地よく遠くまで届く。

㉙真青眼相　　　　　：青蓮華のように眼が青い。

㉚牛眼睫相　　　　　：牛のように睫毛が長く、整っている。

㉛頂髻相　　　　　　：頭頂が髻のように盛り上がっている。

㉜白毛相　　　　　　：両眉の間に右に渦巻いて光を放つ白い毛（白毫）がある。

　手足の指の間に水かきのような膜があり、腕は膝下に届くほど長く、舌が大きい——こういった「三十二相」の身体的特徴をすべて図示すれば、おそらく〈仏陀〉は怪物のような姿になってしまうのではないでしょうか。しかもさらに付随的な特徴である「八十種好」もあるわけですから、想像するだけでも恐ろしいことになりそうです。

　しかし、この１つひとつの身体的特徴には、〈仏陀〉という存在の偉大さを示す意味が含まれています。

　例えば「⑤手足指縵網相」は、人々を苦しみの世界からすくい上げるとき

に指の間からこぼしたりすることがない、という〈仏陀〉の救済活動の完全さを意味しています。また「㉗大舌相」は、〈仏陀〉が自在に説法することを舌の大きさなどで表していると思われます。

なお、付随的な特徴とされる「八十種好」は、この「三十二相」をさらに細かく分類したものとも言われ、重なる部分も多くあります。

いずれにしても、「三十二相」や「八十種好」といった身体的特徴を備えた──「相好具足の身」と言います──お方、それが〈仏陀〉です。

その〈仏陀〉は、人々が六道輪廻の世界に陥ってそこから抜け出さずにいる状態を哀れに思われ、そこから抜け出すための教えをお説きになります。

空海が「聖父其の是の如くなるを愍れんで其の帰路を示す」（『秘密曼荼羅十住心論』巻第1）と述べるとき、「聖父」と呼ばれる仏陀は、「〈私〉が存在する意味」を知らない人々に、その「存在する意味」に至る道を示されるお方、言い換えるならば、「〈私〉が存在する意味」を知っているお方、として表現されているのです。

八相成道

〈さとり〉を開いて輪廻の世界から抜け出し、人々を教え導く「仏陀」として、私たちが最初に思い描くのは、仏教の開祖であるお釈迦様・釈尊ではないでしょうか。

釈尊は、俗名をゴータマ・シッダールタ（skt. Gautama-Śiddhārtha ／漢. 瞿曇悉達多）と言い、釈迦 (skt. Śākya) 族の王子として、紀元前6〜5世紀頃に北インドに生まれた、と伝えられます。両親は浄飯（skt. Śuddhodana）王と摩耶（skt. Māyā）夫人。お生まれになった場所はカピラ城（skt. Kapila-vastu）です。

シッダールタ王子は、何不自由なく育ちます。結婚して子どももうけていた彼は、生まれ、年老い、病になり、死ぬという〈苦〉すなわち「生老病死」について思い悩み、29歳のときに王族の地位を捨てて出家します。その後6年間の苦行を経て、35歳のときに菩提樹の下で〈さとり〉を開き、仏陀となられました。

仏陀となられた釈尊は、以来さまざまな教えをお説きになりました

が、80歳のときにクシナガラ（skt. Kuśinagara）という場所の沙羅双樹の下
で、もはや生まれ変わることのない境地である〈涅槃〉に入られます。仏
陀は輪廻のサイクルから解脱していますから、その最後について「死んだ」
とか「亡くなった」とは言いません。「涅槃を完成した」——般涅槃（skt.
parinirvāyin）——と言います。

　釈尊の般涅槃後、弟子たちが釈尊の教えを伝承し、その教えは「仏教」つ
まり「仏陀の教え」として、2500年後の現代まで続いているのです。

　ところで、この釈尊の生涯を8つの場面にまとめた、「八相成道」という
ものが伝わっています。「八相示現」とも呼ばれるこの伝承には、多分に神
話的要素が含まれていますが、釈尊がどのような生涯を送られたかをうかが
う上で大変ポピュラーなものですので、紹介しておきたいと思います。

①下天

　釈尊はこの世に生まれる前に兜率天にいらっしゃいました。そこから6
つの牙をはやした白象に乗って地上にやってこられたとされます。兜率天
は都支多天とも言い、欲界の六欲天の1つです。

②入胎

　白象に乗って兜率天から降りてきた釈尊は、シャカ族の浄飯王の妃で
ある摩耶夫人の右脇から胎内に入ります。

③誕生

　釈尊は、摩耶夫人の右脇から生まれました。伝統的には4月8日のこ
ととされます。このとき、シッダールタ王子(釈尊)は周囲を七歩あるいて、
「天上天下唯我独尊」と言ったと伝えられています。摩耶夫人は王子を生
んで7日目にお亡くなりになり、王子は摩耶夫人の妹であるマハープラ
ジャーパティー（skt. Mahā-prajāpatī）に育てられます。

④出家

　シャカ族の王子として暮らしていたシッダールタ王子（釈尊）は、幼

い頃から生涯について悩んでいたようです。釈尊の苦悩を示す有名なエピソードとして、「四門出遊」が知られています。シッダールタ王子が居城の東西南北の門から外へ遊びに行こうしたとき、それぞれの門で老人・病人・死者・修行者の姿を見て、生まれた以上、年老い、病気になり、死ぬことは避けられないという〈苦〉に悩み、その〈苦〉から抜け出すために出家して修行者になります。

　出家したシッダールタ（釈尊）は、アーラーラ・カーラーマ（skt. Ālāra-Kalama）やウッダカ・ラーマノッタ（skt. Uddaka-Rāmaputta）といった仙人（宗教家／思想家）のもとで瞑想修行を行いますが満足せず、そこを去ります。

⑤降魔

　その後、5人の仲間（五比丘）とともに6年間に及ぶ苦行を行いますが、激しい苦行も〈苦〉の解決には至らないと知り、苦行を放棄します。ガヤー（skt. Gayā）近くの川のほとりの樹の下で、シッダールタ（釈尊）は瞑想に入りました。

　その姿を見たスジャーター（skt. Sujātā）から乳粥を捧げられます。「〈さとり〉を開くまで、この場所から立たない」と決意して瞑想に入ったシッダールタ（釈尊）に対して、悪魔（skt. Māra）の軍勢が襲いかかります。しかしシッダールタ（釈尊）はこれら悪魔の軍勢をすべて退けます。

⑥成道

　悪魔の軍勢を打ち倒したシッダールタ（釈尊）は、ついに〈さとり〉を開いて、「再び生まれることを滅しつくした人」すなわち「仏陀」に成ります。釈尊35歳、伝統的には12月8日のこととされます。

　この釈尊が〈さとり〉を開かれたとき、その下に坐っておられた樹のことを菩提樹（skt. bodhi-druma / bodhi-vṛkṣa）と言い、その場所のことを菩提道場（skt. bodhi-maṇḍala）と言います。

　この成道の後、釈尊は49日間にわたってその〈さとり〉を楽しまれたと伝えられます。このことを〈法楽〉（skt. dharma-rati / dharma-saṃbhoga）と言

います。

⑦説法（せっぽう）

　仏陀と成って法楽を楽しんだ釈尊は、「鹿野苑（ろくやおん）」（現サールナート）に向かい、かつての苦行仲間である五比丘のもとを訪れて、最初の説法をしました。その内容が「四聖諦（ししょうたい）」であることは、前に述べたとおりです。インドには輪状の武器（skt. cakram（チャクラム））がありますが、仏教の教えを煩悩を打ち砕く武器と見なして、「法輪（ほうりん）」と呼びます。

　したがって説法、すなわち教えを説くことはその法輪を回転させること、「転法輪（てんぼうりん）」とも言われます。特に、釈尊が一番初めに五比丘に行った説法は、「初転法輪（しょてんぼうりん）」と呼びます。

⑧入滅（にゅうめつ）

　初転法輪以来、釈尊は各地でさまざまな相手にさまざまな教えをお説きになられましたが、80歳のとき、クシナガラの地で涅槃（ねはん）（skt. nirvāṇa（ニルヴァーナ））に入られます。「nirvāṇa（ニルヴァーナ）」は、煩悩の炎を「吹き消すこと」あるいは煩悩の炎が「吹き消されている状態」という意味であり、釈尊は完全に静寂で2度と生まれ変わることのない境地——涅槃に入られたのです。2月15日のこととされます。

　兜率天（とそってん）から降りて来て、母親の右脇から生まれた赤ん坊が、生まれた直後に「天上天下唯我独尊」と言葉を発するなどというエピソードは、余りにも神話的・おとぎ話的に思われるかもしれません。釈尊が偉大であったため、その生涯が神話化されたと考えるべきでしょう。現代では「歴史的ブッダ」・「人間ブッダ」といった観点から、こういった神話的要素は取り除かれる傾向にあります。

　ただ、そういう科学的・学術的視点に基づく釈尊観は、2500年以上の仏教の歴史の中ではごくごく最近になって導入された視点であり、それ以外の時代はずっとこの「八相成道（はっそうじょうどう）」のほうがポピュラーだったことにも注意が必要です。

少なくとも、釈尊からおよそ 1300 年後の空海の時代、釈尊は「古代イン
ドにおける歴史上の一人物」である以上に、〈さとり〉を開き、この世界に
〈救い〉をもたらされたお方」だったのです。

釈尊の説法躊躇

　釈尊によってもたらされた〈救い〉とは何でしょうか。宗教的な〈救い〉
の意味には、さまざまな内容が考えられますが、仏教的に考えるならば、釈
尊がもたらした最大の救いは「仏陀の教えが説かれたこと」にほかなりませ
ん。仏陀が説かれた教えがあるから、人々は〈苦〉の世界から脱け出すこと
ができます。

　空海は『秘密曼荼羅十住心論』巻第 1 で、私たちが「苦源を知らざれば
還本に心無し」という状態にあることを哀れまれた仏陀によってその「帰
路」が示された、と述べていました。

　仏陀によって示された「帰路」、つまり〈さとり〉にいたる教えによって、
私たちは〈本源〉──「〈私〉の存在する意味」──にたどり着くことができ、
苦しみの源を知って取り除くことができるのです。とすれば、仏陀によって
教えが説かれることそれ自体が、仏教における〈救い〉と言えるのです。

　釈尊が、五比丘の前にあらわれて「四聖諦」を説いたとき──すなわち
「初転法輪」を行ったとき──から、「仏陀の教え」すなわち「仏教」の歴史
が始まります。その釈尊の生涯において、先に紹介した「八相成道」では省
略されている重要な場面があります。それは、⑥成道と⑦転法輪との間にあ
った、「説法躊躇」と「梵天勧請」というできごとです。

　釈尊は菩提樹下で〈さとり〉を開いて仏陀と成りました。仏陀となった釈
尊は、それから 49 日（7 日間 × 7 回 = 7 週間）の間、〈さとり〉の悦び─
─法悦・法楽──に浸ります。その後、釈尊は次のような思いを起された、
と伝えられています。

　　私が証得したこの真理（ダンマ、法）は、深遠で、見がたく、知りがたく、
　　寂滅しており、妙勝であり、考察しがたく、微妙であり、智者のみが知
　　り得るものである。……だから私が真理を説いたとしても、他の人が私

　釈尊がさとられた真理は深遠で見がたく、智者・賢者だけが知ることができるものでした。したがってそれを人々に向かって説いても、誰もそれを理解せず結局のところ、徒労があるだけであろう――釈尊はこのように思われた、と『律蔵』「大品」という書物に記された釈尊の伝記には記されています。この釈尊の思いを、「説法躊躇」と言います。

　この釈尊の「説法躊躇」は、仏教の歴史においては重要な事態でした。と言うのも、もし釈尊がこのまま誰にもその教えを説かずにいたら、どうなっていたでしょうか。「仏陀の教え」である今の「仏教」は確実に存在していなかったでしょう。さらに、釈尊はすでに〈さとり〉を開いた仏陀として〈輪廻〉から解脱しています。

　ですから、誰にもその教えをお説きにならないまま〈涅槃〉に入られていたら、もはやこの世界、つまり六道輪廻の世界には戻っていらっしゃいません。とすれば、釈尊が〈さとり〉を開いて仏陀と成ったとして――事実、そうなられたのですが――そのことを私たちはどうやって知ることができたでしょうか。

　この「説法躊躇」は、「仏陀の教え」すなわち「仏教」が存在し得たかどうか、ということに関わる重要な場面であったのです。

梵天の要請――梵天勧請

　釈尊の伝記の中でも最も古いものの１つである『律蔵』「大品」によれば、釈尊が説法を躊躇されたとき、この世界（娑婆／skt. sahā）の主である梵天（skt. Brahmā）は「このままでは世界が滅びてしまう」との思いを起こし、釈尊に向かって、次のように請い願った、とあります。

　尊いお方よ、幸いあるお方が真理をお説きくださいますように。清祥（スガタ、善逝）が真理をお説きくださいますように。生まれつき汚れ

の少ない衆生もいます。彼らは真理を聞かなければ退歩しますが、〔聞けば〕真理を了知する者となるでありましょう……

（『律蔵』「大品」／宮元［2005：39］）

　ここで梵天は、世の中には釈尊の教えを聞いて〈さとり〉を開くことができる「生まれつき汚れの少ない衆生」もいる、と述べ、説法を躊躇する釈尊に説得を試みています。この梵天の願いに対して、釈尊は2度にわたり「ノ　　」と答えます。しかし、くじけない梵天の3度目の願いを受け、思い直されます。

　時に、幸あるお方は、梵天の懇請を知り、衆生への憐れみによって、目覚めた人の眼をもって世間を観察された。幸あるお方は、目覚めた人の眼をもって世間を観察しながら、衆生に、汚れの少ない者たち、汚れの多い者たち、利根の者たち、鈍根の者たち、善い姿の者たち、醜い姿の者たち、教えやすい者たち、教えにくい者たちがいて、ある人々は、来世と罪過との怖れを知って生きていることを見られた。

（『律蔵』「大品」／宮元［2005：41-42］）

　釈尊は、「〈さとり〉に至る教えをお説きください」という梵天（図表32）の懇請——これを「梵天勧請」と言います——によって、ご自身がさとられた真理にいたる教えを説くことを決意されます。

【図表32　梵天】

　ここで重要なのは、「どうせ説いても無駄だ」と思われていた釈尊が、梵天の懇請で思い直されたのは、「衆生への憐れみによって」である、ということです。この仏陀がすべての生きとし生けるものをあわれに思う心のことを、〈大悲〉（skt. mahā-karuṇā）と言います（中村［2010］）。つまり釈尊は、〈大悲〉によって、涅槃に赴くこと——この世界から消滅することを思いとどまられたのです。

　その「衆生への憐れみによって」釈尊はご自身のさとられた真理の内容を言葉になさいます。その最初の説法が、ともに苦行を行った5人の修行仲間、

五比丘に対してなされたこと、その内容が「四聖諦」であったことは、すでに触れました。

釈尊が「説法躊躇（せっぽうちゅうちょ）」と「梵天勧請（ぼんてんかんじょう）」を経て、五比丘の前に現れたとき——それは仏陀が、〈輪廻〉の世界で苦しむ人々の前に姿を現したときでもあります。釈尊は梵天の勧請によって〈大悲〉を思い起こし、教えを説くべく立ち上がられました。そして五比丘の前に現れ、「誕生は苦であり、老いは苦であり、病は苦であり、死は苦である……」とお説きになりました。この瞬間から「仏陀の教え」である仏教がはじまったのです。

空海が「聖父其の是の如くなるを愍（あわ）れんで其の帰路（きろ）を示（しめ）す」（『秘密曼荼羅十住心論（じゅうじゅうしんろん）』巻第 1）と述べるとき、「聖父（しょうふ）」と呼ばれる仏陀は、「〈私〉が存在する意味」を知ってそれをお示しくださるお方、として表現されています。しかしそれは、今の「梵天勧請」で見たように、仏陀が生きとし生ける者を「愍れ」に思うことによって人々の前に姿を現し、教えを説くことを通してなされるのです。

対機説法（たいきせっぽう）

釈尊は仏陀と成られ、五比丘の前で最初の説法（初転法輪（しょてんぼうりん））を行って以来、40 年以上もの間、さまざまな場所でさまざまな教えをお説きになりました。その釈尊の教えは伝統的に〈八万四千（はちまんしせん）の法門（ほうもん）〉と言われます。この場合の「八万四千」とは、実際の数ではなく「数が多い」・「数えきれない」ことを意味しています。また「法門」とは、「真理（法）にいたる入口（門）」すなわち「教え」という意味です。

教えの数がこのように「数えきれない」と言われるのは、釈尊が聞き手の素質や理解力——これを「機根（きこん）」と言います——にあわせて、その教えをお説きになられたからです。

人の数だけ迷いがあり、素質がある……。釈尊はその 1 人ひとりにあわせた教えをお説きになられています。『ダンマパダ・アッタカター』という文献に出てくる「キサーゴータミー説話」と呼ばれるエピソードを通して、そのことを見てみましょう。

キサーゴータミーという女性が赤ん坊を亡くした悲しみに取り乱し、赤ん

坊を生き返らせてもらおうと、釈尊のもとを訪れます。すると釈尊は、キサーゴータミーに赤ん坊を生き返らせることを約束します。ただし、誰も死者を出したことのない家から芥子の実を貰ってくることがその条件でした。

　彼女は釈尊に赤ん坊を生き返らせてもらうためにいろいろな家を回って、芥子の実を貰おうとするのですが、どの家でも亡くなった方がいて、釈尊の条件に適う家がありません。やがて彼女は気づきます——生まれた者は必ず死ぬということに。その後キサーゴータミーは出家し、〈苦〉の世界から解脱しました（及川［2016］）。

　「キサーゴータミー説話」として伝えられるこのエピソードは、釈尊が相手の機根（きこん）にあわせて教えを説くことを示す代表的なものと言えるでしょう。

　釈尊は『スッタニパータ』において「生まれたものたちが死なない手立てはない」とお説きになりました。しかし赤ん坊を亡くし、悲しみに暮れていたキサーゴータミーに直接そのことを説いても、おそらくは受け入れなかったのではないでしょうか。

　そこで釈尊は赤ん坊を生き返らせること、そしてその条件として死者を出したことがない家から芥子の実を貰ってくることを伝えたのでしょう。結果、彼女は「生まれたものたちが死なない手立てはない」ということをさとることになります。

　このように、釈尊は相手の素質・機根に応じて教えをお説きになられました——こういう釈尊の説法の仕方を、「対機説法（たいきせっぽう）」と言います——。「生まれたものたちが死なない手立てはない」ということを教えるだけでも、相手の状態や素質にあわせて「芥子の実を集めてきなさい」と説くのですから、その教えの数は無量——つまり「八万四千の法門」になるでしょう。

解脱（げだつ）と涅槃（ねはん）

　さて、聞き手の素質に合わせた「対機説法」によって釈尊がお説きになられたのは、「六道輪廻」——〈苦〉のサイクル——から抜け出すことをその目的とする教えです。

この無明というのは、大きな迷いであり、

だからこそ、長い間このように輪廻してきたのである。

しかし、明（目ざめ）の世界に至った人々は、再び生存に向かうことはないと。

（『スッタニパータ』730 偈／前谷［2016：295］）

ここで釈尊が説かれているように、「明（目ざめ）の世界」に至ること、すなわち〈さとり〉を開いて「六道輪廻」から抜け出し、生まれ変わることのない境地に入ること、これこそが仏教の基本になります。

【図表33　六道輪廻と解脱／涅槃】

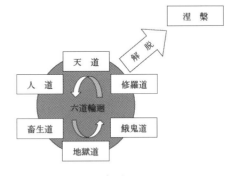

この「六道輪廻から抜け出すこと」を〈解脱〉（skt. mukta）と言い、生まれ変わることのない境地を〈涅槃〉（skt. nirvāṇa）と言います（図表33）。

前に少し触れましたが、「四聖諦」の内の第 4 番目の「滅諦」は、「煩悩・執着を滅ぼしつくして完全に静寂である境地という真理」である、と述べられていました。この「滅諦」が〈涅槃〉にあたります。「nirvāṇa」は、「吹き消すこと」あるいは「吹き消されている状態」という意味であり（水野［2006］、城福［2002］）、〈煩悩〉の火が吹き消された状態、つまり〈苦〉としての生死が〈縁起〉しない状態にほかなりません。

〈諸法無我〉、〈諸行無常〉、〈一切皆（行）苦〉とともに、仏教を仏教たらしめる教義とされる〈涅槃寂静〉とは、まさにこの煩悩の炎が吹き消され、したがって〈苦〉としての生（生まれること）が起こらない状態なのです。

自灯明・法灯明

釈尊最後の説法を記録した『大パリニッバーナ経』によれば、釈尊はおよそ 40 年以上もの期間、教えを説き続けられました。その釈尊は、最期のときに次のようにお説きになっています。

> アーナンダよ。今でも、またわたしの死後にでも、誰でも自らを島とし、
> 自らをたよりとし、他人とたよりとせず、法を島とし、法をよりどころ
> とし、他のものをよりどころとしない人々がいるならば、かれらはわが
> 修行僧として最高の境地にあるであろう……
>
> （『大パリニッバーナ経』／中村［2010：66]）

　釈尊は、長年付き従った弟子のアーナンダ（skt. Ānanda／阿難）に向かって、
自らの般涅槃後の修行者は、自分自身と〈法〉（skt. dharma）すなわち釈尊
の説かれた「教え」や「真理」をよりどころとするように説かれました。こ
こで「自らを島とし……、法を島とし……」とある箇所は、別の経典では「灯明」
となっており、「自灯明／法灯明」と呼ばれます（中村［2010］、竹村［2004］）。
　さらに『大パリニッバーナ経』によると、釈尊の最後の教えは、

> さあ、修行者たちよ。お前たちに告げよう、「もろもろの事象は過ぎ去
> るものである。怠ることなく修行を完成させなさい」と。
>
> （『大パリニッバーナ経』／中村［2010：168]）

であったと伝えられます。すべてのものは過ぎ去っていくのであるから、怠
けることなく修行の完成を目指しなさい。そのときに「よりどころ」となる
のは、先に挙げた「自灯明」と「法灯明」にほかなりません。
　自分自身と、仏陀の教えを「よりどころ」、すなわち指針として、修行を
続けなさい──これが、釈尊の最後の教えでした。こうして、仏陀として人々
の前に表れた釈尊は、完全に生まれ変わることない境地、すなわち〈涅槃〉
へと赴かれたのです。
　釈尊は、仏陀となって生老病死の苦から解放されています。したがって輪
廻の世界での次の生存につながる「死」からも離れていますので、その最後
は「死んだ」とは言いません。「煩悩・執着を滅ぼしつくして完全に静寂で
ある境地」すなわち〈涅槃〉を完成された、「般涅槃（skt. parinirvāyin / pāli.
parinibbāna）」した、と言います。
　この〈涅槃〉に入れば、輪廻の世界であるこの世界からは完全に消滅しま

すので、「般涅槃」のことを「入滅」とも言います。釈尊の般涅槃後、その身体は荼毘に付されました。遺骨——これを舎利（skt. śarīra）と言います——は8分割され、各地の仏塔（skt. stūpa）に収められて礼拝の対象となります（杉本［2007］、平岡［2015］）。

　釈尊はこの世を去りました。後に残された仏弟子たちは、釈尊が各地でさまざまな人に対して説いた教えを集約し、まとめるために集まります。「結集」とよばれるその編集作業の成果として、釈尊の教えの記録である「経典（skt. sūtra）」が編纂されました。釈尊ご自身が「法を島とし……」と遺言された「釈尊の教え」は、「経典」として成文化されていったのです。

　こうして、空海が「聖父其の是の如くなるを愍れんで其の帰路を示す」と述べた仏陀の教えは、「経典」というテキストとして残されることとなりました。その結果、今日まで仏陀の教えは伝えられています。

　しかしその一方で、これら「経典」の編纂によって、仏陀観そのものに大きな変化がもたらされるようになります。そこで次節では、その仏陀観の変遷をうかがうことにしましょう。

2　仏陀観の変遷

過去七仏

　釈尊入滅後、残された弟子たちは「自らを島とし……、法を島とし……」という釈尊の遺訓をまもり、修行を続けてきました。しかし、どんなことでもそうでしょうが、創始者がいなくなった後、というのはいろいろ問題が起こります。その最たるものは、何と言っても指導者の不在でしょう。

　釈尊という仏陀はすでにこの世を去りました。釈尊から直接教えを受けた弟子たちはいるとしても、やはり仏陀にまさる指導者はいないわけです。さらに、その直弟子たちもやがて年を取り、この世を去っていきます。とすれば、残された仏弟子たちにとっては、確実な指導者は不在のままです。

　こういった事態に対し、仏弟子たちの中で新しい「仏陀」解釈が登場してきます。その解釈の背景には、釈尊がよりどころとするようにと遺訓された「法」すなわち「釈尊の教え」があります。

釈尊は〈さとり〉を発明したわけではありません。釈尊は〈真理〉をさとることによって、仏陀と成りました。その意味では、釈尊以外にもその〈真理〉をさとって仏陀と成った者がいることは、原理的に可能です。

　そういった観点から、「釈尊が現れるはるか過去にも仏陀と成った方がおられた」という「過去仏」の信仰が生まれてきます（梶山［2012a］）。特に有名なのが、「過去七仏」（図表34）の信仰です。

【図表34　過去七仏】

①毘婆尸（skt. Vipaśyin / pāli. Vipassin）仏
②尸棄（skt. Śikhin / pāli. Sikhin）仏
③毘舎浮（skt. Viśvbhū / pāli. Vessabhū）仏
④拘留孫（skt. Krakucchanda / pāli. Kakusandha）仏
⑤拘那含牟尼（skt. Kanakamuni / pāli. Konāgamana）仏
⑥迦葉（skt. Kāśyapa / pāli. Kassapa）仏
⑦釈迦牟尼（skt. Śākyamuni / pāli. Sākyamuni）仏

　これらの仏陀は、釈尊（⑦）とそれ以前にこの世に出現した仏陀（①～⑥）とされます。釈尊も私たちからすれば過去の仏陀ですので、「過去七仏」と言います。この「釈尊も数いる仏陀の一人であった」という信仰は、かなり早くからあったようです。

説かれた〈真理〉は同じ

　『大本経』では、毘婆尸仏（①）の生涯が釈尊によって説かれています。興味深いのはこの毘婆尸仏の生涯が釈尊の「八相成道」と重なる、という点です（梶山［2012a］）。

　『大本経』では毘婆尸仏が、兜率天から母胎に入り、生まれた後に七歩歩いて「わたしは世界の最高者である」と宣言し、老人・病人・死者・出家者を見て出家します。その後、毘婆尸仏は〈縁起〉をさとって仏陀となり、大梵天（skt. Mahābrahma）の懇願を受けて説法を行い、8万歳の寿命を終えた、と『大本経』には説かれています（岡野［2003］）。細部には異なる点も見受け

られますが、この『大本経』の毘婆尸仏の生涯が、釈尊の生涯と重なること
は明らかです。

　しかも『大本経』では、毘婆尸仏のさとりの内容が「縁起」であり、その
最初の説法が「四聖諦」であったと説かれています。つまり過去七仏の最初
の仏陀である毘婆尸仏がさとったのも、釈尊と同じ「縁起」であり、説かれ
た教えも「四聖諦」すなわち苦・集・滅・道の４つの真理なのです。

　このように、釈尊以前の仏陀も釈尊同様に縁起をさとり、四聖諦を説いて
いるということは、釈尊のさとった〈真理〉が不滅であり、釈尊以前から、
そして釈尊以後も存在するということを物語っています（吹田［1993］）。

　このことについて、初期の仏教教団の長老（pāli. thera）の詩（skt. /pāli.
gāthā）をあつめた『テーラ・ガーター』には次のように説かれています。

サラバンガ長老の詩

その道によって〔過去の仏である〕ヴィパッシーが行き、その道によっ
て〔同じく過去の仏であった〕シキーとヴェッサブーとカクサンダとカ
ッサパとが行ったところのその直き道によって、〔あなた〕ゴータマは
行かれました。

七人の目ざめた人々（七仏）は、妄執を離れ、執着することなく、消滅
のうちに没入しておられる。真理そのものとなった、これらの立派な人々
が、この真理を説かれたのである。

（『テーラ・ガーター』／中村［1982：111］）

　『テーラ・ガーター』に収められるサラバンガ長老の詩には、釈尊以前の
６人の仏陀と同じ道──すなわち、教え──によって、釈尊も涅槃に行った、
と歌われています。ここではさらに「真理そのものとなった、これらの立派
な人々が、この真理を説かれたのである」とあり、釈尊以前の６人の仏陀も、
そして釈尊も、同じ〈真理〉の教えをお説きになった、と歌われています。

　釈尊はすでに涅槃に入られました。「ゴータマは行かれました」とサラバ
ンガ長老が歌っているのは、偉大な指導者であり教師であった釈尊がすでに
この世にはいない、ということにほかなりません。

しかしその教えによって示された〈真理〉は不滅であり、釈尊以前もそして釈尊以後も、〈真理〉として存在しています。

　「法を島とし……」と釈尊が説かれたその〈教え〉〈真理〉こそが、釈尊入滅後の仏弟子たちの指針であり、指導者・教師であったのです。

法身としての真理

　釈尊の入滅後、残された仏弟子たちは釈尊の〈教え〉を成文化しました。「法を島とし……」という釈尊の遺訓は、成文化されたテキストすなわち〈経典〉という形態で継続されていくことになりました。

　紀元前２世紀頃のギリシア系の王メナンドロス１世と仏教僧ナーガセーナとの間の問答を記した『ミリンダ王経』（pāli. Milinda Pañha ／漢 .『弥蘭陀王問経』）には、すでにこの世にいない仏陀が「無上なる者」であるとどうやって知ることができるのか、というミリンダ王（メナンドロス１世）の問いに対して、ナーガセーナが次のように答えています。

「大王よ、かつてティッサ長老という書写師がありました。かれが死んでから多年を経過しましたが、かれが〈かつて存在していたこと〉はどうして知られるのでしょうか？」

「尊者よ、〈かれののこした〉書写物によってです」

「大王よ、それと同様に、法を見るものは尊き師を見るのです。何となれば、大王よ、法は尊き師の説きたもうたものだからです」

（『ミリンダ王経』／中村・早島［1963：199-200］）

　ここでは、残された書写物、すなわち経典などのテキスト、そしてそれらのテキストが示すところの〈教え〉が「法」と呼ばれ、それを見るものは「尊き師」である仏陀を見る、と説かれています。その理由は、「法は尊き師の説きたもうたものだから」です。

　つまりナーガセーナは、仏陀の説かれた教えを見ることは仏陀を見ることにほかならない、と述べているのです。このように、『テーラ・ガーター』のサラバンガ長老の詩で歌われていた「真理」の教えすなわち「法」こそが、

釈尊滅後の〈仏陀〉として位置付けられていったのです（梶山［2012a］）。

　この〈教え〉としての〈仏陀〉のことを、後世の仏教徒たちは「skt. dharma-kāya」と呼びました。「dharma」は〈法〉、「kāya」とは〈集まり〉や〈身体〉のことで、訳すると〈法身〉になります。

　この〈法身〉は、「真理の教え」をその身体としていますから、釈尊滅後も存在し続ける〈仏陀〉です。そうでなければ釈尊の〈教え〉は、釈尊滅後になくなってしまうことになってしまうからです。

　しかも、その〈教え〉は過去七仏が共通してさとった〈真理〉を、聞き手の素質・機根に応じて説き示す「対機説法」によって説かれたものです。その意味では、個々の〈教え〉は聞き手の素質・理解力――聞き手の〈機根〉――によって異なったとしても、そこで説かれている内容は、この〈真理〉にほかなりません。こういった観点から、〈法身〉は「真理の教え」であるだけでなく、〈真理〉そのものも意味するようになっていきます。

　この仏陀たちがさとった〈真理〉としての〈法身〉は、永遠不滅であり、かつ不変であると考えられました。と言うのも、仏陀たちがそれをさとって仏陀となったところの〈真理〉が変化したり生滅したりしてしまうと、それ以降の仏教徒はさとることができなくなってしまうからです。

法身と色身

　このような〈法身〉に対して、釈尊は「色身（skt. rūpa-kāya）」と呼ばれるようになります。「rūpa」とは「眼に見えるもの」のことで〈色〉と訳されます。「kāya」は上と同じ〈集まり〉や〈身体〉のことですので、「rūpa-kāya」を訳すると〈色身〉になります。この場合の「色」とは、この場合の「肉体」を指します。つまり〈色身〉とは、現実に肉体を持った〈仏陀〉なのです。

　しかし、形あるもの（色）は、縁起によって生じて変化し、最終的には滅します。これは、釈尊ご自身が説かれた「諸行無常」の道理にほかなりません。事実、〈色身〉――肉体をもった仏陀――である釈尊も、80歳の生涯を終えて般涅槃され、この世界から姿をお消しになりました。

　つまり、〈法身〉は釈尊以前・以後も変わらず存在する〈仏陀〉であり、〈色身〉は「諸行無常」の道理によって生じ滅する〈仏陀〉である、ということ

になります。

〈色身〉としての〈仏陀〉である釈尊は涅槃に行ってしまわれました。しかし〈法身〉としての〈仏陀〉である〈真理〉や〈教え〉は、釈尊以前も釈尊以後も、変わらず存在し続けている──こうして〈仏陀〉に、無常である〈色身〉と常住不変なる〈法身〉という２つの身体が論じられるようになったのです。

この〈法身〉と〈色身〉という２種類の〈仏陀〉について、紀元後になって興隆してきた大乗仏教では、さらにその関係が変化していきます。すなわち、〈仏陀〉と呼ばれ得るのは、〈色身〉の仏陀ではなく〈法身〉である、という点が強調されるようになるのです（梶山［2012a］）。

鳩摩羅什（skt. Kumārajīva、344/350-413/409）が翻訳した、初期の大乗経典のひとつに数えられる『摩訶般若波羅蜜経』巻第27「法尚品」には、次のように説かれています。

善男子よ、諸々の仏陀は、色身をもって見るべきではない。諸々の仏陀の法身は〔どこかから〕来るということもなく、〔どこかへ〕去るということもない。諸々の仏陀の来る場所とか、去る場所とかいったこともまた〔法身の場合と〕同じである。

善男子よ、〔このことは〕たとえるならば、幻術使いがさまざまに象や馬や牛や羊や男や女といった幻覚を作り出すようなものである。このようなさまざまなものを、あなたはどのように考えるのか。これらの幻覚はどこから来て、どこへ去っていく〔という〕のか。

（『摩訶般若波羅蜜経』巻第 27「法尚品」）

ここでは仏陀を、肉体を持った〈色身〉と見てはならない、仏陀の〈法身〉はどこから来て、どこへ去るということもない、と説かれています。またここでは、幻術使いが現しだす幻覚の喩えが示されています。

このときに説かれているのは、肉体を持った〈色身〉としての仏陀とは、〈法身〉が現し出した幻覚のようなものである、ということです。つまり、〈法身〉こそが本当の仏陀であり、〈色身〉は〈法身〉から現れた幻覚のような存在

に過ぎない、と説かれているのです。

　釈尊以前も存在し釈尊以後も存在し続ける〈法身〉、〈色身〉としての仏陀は
その〈法身〉が現し出した幻覚のようなものに過ぎない──。釈尊から始まっ
た仏教が、その釈尊をも複数存在する〈仏陀〉の1人と考えるようになってい
たとき、釈尊も〈法身〉から現れた〈色身〉の1人となっていったのです。

二身説から三身説へ

　このように、釈尊以後の仏教徒が〈よりどころ〉とするべき仏陀の身体に
ついて、それをどのように考えるのかということが議論されるようになりま
した。この、仏陀の身体に関する議論を「仏身論」と言います。「仏身論」は、
今まで見てきたように、まずは〈色身〉と〈法身〉という2種類の仏身につ
いての「二身説」でした。

　時代が下ると、永遠不滅の〈真理〉である〈法身〉と、釈尊のように肉体
を持ってこの世に現れ、「諸行無常」の道理にしたがう〈色身〉との中間的な〈仏
身〉が考えられるようになってきます。これを「三身説」と言います。

　この「三身」とは、一般的には(1)法身・報身・応身の三身が言われます
が、その他にも(2)自性身・受用身・変化身、(3)法身・応身・化身といった組
み合わせもあります。いずれにしても、「二身説」における〈法身〉と〈色
身〉との間に、中間的な仏身を設けて3種類としていることから、「三身説」
と呼ばれます（武内［1995]）。

①法身（skt. dharma-kāya）

　自性身（skt. svabhāva-kāya）とも呼ばれます。「二身説」でも論じられ
ていた通り、〈真理〉そのものである仏陀の身体です。なお、〈法身〉は〈真
理〉であるため、それ自体として〈ありのままに〉存在しているとされます。

②報身（skt. saṃbhoga-kāya）

　受用身・応身とも呼ばれます。修行の結果〈さとり〉を開き、仏陀とな
ってその報いを楽しんでいる状態の仏陀のことです。この報身（受用身）
には、〈さとり〉の功徳──これを〈法楽〉と言います──を自分自身で

味わう「自受用（報）身」と、〈さとり〉の功徳である〈法楽〉を他者の救済に用いる「他受用（報）身」がいるとされます。

③応身（skt. nirmāṇa-kāya）

　変化身・化身とも呼ばれます。衆生を救済するために応現・化現した身体、という意味です。「二身説」における〈色身〉がこれに当たります。「三身説」では、「二身説」における〈法身〉と〈色身〉との間に、「報身（受用身・心身）」という中間的な仏身を設けています。この「報身」は、修行の報い（功徳）を受ける仏身であり、〈真理〉としての〈法身〉よりも具体的である、とされます。

　このように「三身説」では、色身にあたる仏身として、報身と応身を設けています。したがってその意味では、「三身説」は、「二身説」の〈色身〉をさらに細分化したものと言えるでしょう。

法身から出現する仏身

　さて、この「三身説」について無著（310?-390?、skt. Asaṅga）造・玄奘（602-664）訳『摂大乗論』巻下では、次のように述べています。

> この〔三身の〕中の自性身は、これは諸々の如来（仏陀）の法身である。すべての法が自由自在に展開する〈よりどころ〉となるからである。
> 受用身とは、法身を〈よりどころ〉とし、諸々の仏陀〔の説法〕の聴衆が集まる会場に顕れる。清浄な仏国土と大乗の法楽を享受するからである。
> 変化身もまた法身を〈よりどころ〉とし、兜率天の宮殿に現れてから〔そこで〕没し、〔この世界に〕生を受け、欲望を享受し、城〔を出て〕出家し、外道のところに行って苦行を修め、〈さとり〉を開いて〔仏陀となり〕、教えを説き、偉大なる涅槃に入るからである。
>
> （無著造・玄奘訳『摂大乗論』巻下）

　ここでは、自性身が「諸々の如来（仏陀）の法身である」と述べられ、す

べての法はこの法身（ほっしん）をより所とする、と述べられています。

　次の受用身（じゅゆうじん）（報身（ほうじん）・応身（おうじん））は、その法身を〈よりどころ〉とし、「諸々の仏陀〔の説法〕の聴衆が集まる会場」である「清浄な仏国土（しょうじょうなぶっこくど）」に顕現する仏身とされます。

　これは、阿弥陀如来（あみだにょらい）や薬師如来（やくしにょらい）といったさまざまな仏陀を想定していると思われます。阿弥陀如来は西方の極楽浄土（ごくらくじょうど）におられ、薬師如来は東方の瑠璃光浄土（るりこうじょうど）におられると伝えられていますが、そういった「浄土」が、ここでは「清浄な仏国土」と述べられているのです。

　なお、阿弥陀如来は法蔵菩薩（ほうぞうぼさつ）という修行者が成仏した結果として現れた仏陀であり、その意味では「修行の結果〈さとり〉を開き、仏陀となった仏身」すなわち報身（ほうじん）（受用身（じゅゆうじん））に当たります。この阿弥陀如来はサンスクリット語では「Amitāyus（アミターユス）」または「Amitābha（アミターバ）」と呼ばれますが、この内の「Amitāyus」は「無量寿（むりょうじゅ）」つまり「寿命が限りない」という意味です。

　「報身は〈法身〉と〈色身〉の中間的存在である」と述べましたが、永遠不滅の〈法身〉と「諸行無常」の道理にしたがって生滅する〈色身〉との中間にあって、仏陀となることで永遠性を獲得した仏身が、この報身（受用身・応身）にほかなりません。

　最後に、変化身（へんげしん）（応身（おうじん）・化身（けしん））について、『摂大乗論（しょうだいじょうろん）』では、受用身（報身・応身）と同様に「法身を〈よりどころ〉とし」ている、と述べています。この変化身は兜率天（とそつてん）からやってきて生まれ、出家修行して〈さとり〉を開いて仏陀となり、教えを説いて涅槃（ねはん）を完成する、と述べられていますので、明らかに歴史上の仏陀である釈尊を指しています。

　この変化身（応身・化身）が「法身をそのよりどころとしている」という『摂大乗論』の指摘は、先に述べた「釈尊も〈法身〉から現れた〈色身〉」である、という「二身説」の構図と合致しています。

　このように受用身（報身）も変化身（応身）も、自性身（法身）をそのよりどころとして現れる「仏身」です。したがって、受用身（報身）も変化身（応身）も、自性身（法身）から出現する「仏身」ということができるでしょう（武内［1995］、平岡［2015］）。

　釈尊が残された「法を島とし……」という遺訓は、その「法」が〈真理の

教え〉から〈真理〉そのものへと解釈され
ていくにつれ、仏陀の身体（仏身）の問題
として展開していきました。

【図表35　二身説と三身説】

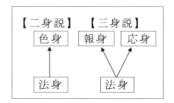

　ここまで見て来たように、その「三身」
や「二身」として論じられている〈仏身〉
とは、釈尊滅後の仏教徒たちが、釈尊に代
わる指導者として求めた「よりどころ」、言い換えるならば、新たなる「仏
陀のあり方」だった、と言うことができるでしょう（図表35）。

機に逗えり……

　釈尊は在世中、聞き手の素質や理解力、すなわち〈機根〉に応じた説法を
行いました。前にも触れたように、これを「対機説法」と言います。
　対機説法で説かれた釈尊の教えは、その説法の聴衆の機根の数だけ存在す
るわけですから、後に「八万四千の法門」と呼ばれるほど膨大になります。
　さて、釈尊入滅後に論じられた「仏身論」においても、それぞれの仏身は
〈機根〉に対応するとされます。
　このことについて、空海は『弁顕密二教論』の中で次のように述べてい
ます。

　夫れ仏に三身有り。教は則ち二種なり。応化の開説を名づけて顕教と曰う。
言顕略にして機に逗えり。法仏の談話之を密蔵と謂う。言秘奥にして実
説なり。

（『弁顕密二教論』巻上）

【現代語訳】

そもそも仏陀には三種類の身体があり、その教えは二種類である。報身
や応身といった身体の仏陀が説いた教えを名づけて顕教という。その言
説は表面的で簡略であり、〔聞き手の〕素質に応じている。法身の説いた
教え、これを密教という。その言説は秘密で奥深く、真実を説き示して
いる。

ここで空海は、「応化の開説を名づけて顕教と曰う。言顕略にして機に逗えり」と述べています。報身（受用身・応身）や応身（変化身・化身）は、教えを説いて導く——これを「教化」と言います——する聞き手・衆生の〈機根〉が決まっているのです。

　大乗仏教では、「菩提薩埵（skt. bodhi-sattva)」、略して「菩薩」と呼ばれる修行者が、〈さとり〉を開いて仏陀となることを目指して修行します。その修行のプロセスとして代表的なもの（図表36）では、全部で52段階あるとされます（水野［2006]）。

【図表36　大乗菩薩の修行プロセス（52位）】

妙覚	：完全に仏陀の〈さとり〉を得た位（52）。
↑	
等覚	：次の段階で〈さとり〉を得て仏陀に成る位（51）。
↑	
十地	：仏の智慧が発生し、衆生を教化利益する10段階（41〜50）。
十回向	：自分の修行した功徳を人々にまわし向ける10段階（31〜40）。
十行	：人々への利他行を修行する10段階（21〜30）。
十住	：心を仏陀の教えに安住させる10段階（11〜20）。
↑	
十信	：仏教のへの信仰が固まる10段階（1〜10）。

　大乗仏教の修行者である菩薩は、十信の初め（初信）から始めて、最後の妙覚で〈さとり〉を開いて仏陀になります。したがって、上の段階に上がれば上がるほど、仏陀に近づく、言い換えるならば〈機根〉が勝れていくことになります。

　諸説ありますが、この52段階の内、十信から十回向まで、つまり「十地未満」は「凡位（凡夫の位）」とされ、「十地以上」は「聖位（聖者の位）」

とされます。凡位の菩薩より聖位の菩薩のほうが、当然〈機根〉が優れているわけです。先に仏身にはそれぞれの仏身が教化する衆生の〈機根〉が決まっている、と述べましたが、そのときの〈機根〉は「凡位」か「聖位」かで大別されことになります。

　すなわち、応身（変化身・化身）は、凡位の菩薩（十地未満の菩薩）をその教化の対象とします。また、応身が具体的には歴史上の仏陀である釈尊を指すことから、その教化の対象は必ずしも大乗仏教の菩薩とは限りません。釈尊ご自身が出会われたように、仏教をそもそも信じていない、つまり初信にも入っていない仏教以外の宗教の信者——これを〈外道〉と言います——や、大乗仏教の修行者（大乗菩薩）以外の仏教徒もまた、応身が教化する対象になるのです。

　一方、報身（受用身・応身）は、聖位の菩薩（十地以上）の菩薩をその教化の対象とします。ただし、自受用（報）身は〈法楽〉を自分自身で味わっている状態の仏身ですから教えを説きません。教えを説くのは、〈法楽〉を他者の救済に用いる他受用（報）身になります。この他受用（報）身には、阿弥陀如来や薬師如来と言った「清浄な仏国土」すなわち〈浄土〉の仏陀が当てられます。

　その〈浄土〉に住んでいる者は、私たちの世界——〈浄土〉に対して〈穢土〉と言います——よりもよいところに住んでいる者ですから、その〈機根〉も優れています。

　したがって、その教えの内容は当然、応身が説くそれよりも高度なものとなります（図表37）。

【図表37　教化の対象】

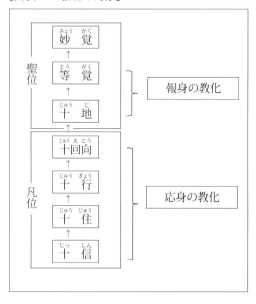

法身は説法しない

　それでは、法身はどうかと言いますと、法身は〈真理〉そのものですから、教えを説くということはありません。そもそも、教えを説く——説法が成立する——には、教えを説く者とその教えを聞く者とが、同じ時間・同じ場所に居合わさなければなりません。

　仏陀の教えの記録である〈経典〉は、例えば『妙法蓮華経』（略称は『法華経』、鳩摩羅什訳、skt. Saddharma-puṇḍarīka-sūtra）が、

是の如く我聞けり。一時、仏は王舎城の耆闍崛山の中に住したまい、大比丘衆、万二千人と倶なりき。

（『妙法蓮華経』巻第1「序品」）

【現代語訳】

このように私は聞きました。ある時、仏陀は王舎城の耆闍崛山の中にいらっしゃって、一万二千人の僧侶と一緒でした。

とはじまるように、大体が「是の如く我聞けり」（このように私は聞きました）で始まります。それに続けて「一時、世尊は○○において」といったように、その教えがいつ、どこで、だれに向かって説かれたのか、が記されています。

　これは、説法という行為が、時間と空間を限定しなければ行われない、ということを意味しています。

　このことは、日常的な会話においても言えると思います。会話が成立するには、会話を行う者同士が、同じ時間・同じ場所に居合わせる必要があります。スマートフォンなどの情報機器が発達した現代においても、通信機器を介して同じ時間・同じ場所でなければ、会話・通話は成立しません。

　しかしながら法身は、仏陀がそれをさとって仏陀となったところの〈真理〉そのものですから、特定の時間や特定の空間にその存在は固定されません。もしも法身が時間と空間に限定されてしまうならば、ある特定の時間・特定の場所にしか〈真理〉が存在しないことになってしまうからです。さらに、説法という行為が成立するには、説法をする者と説法を聞く者とが対面してなければなりません。しかし法身は〈真理〉そのものです。

もしこの法身と対面できる者がいるとすれば、それは〈真理〉をさとる仏陀以外にあり得ません。ただし、仏陀はすでに〈さとり〉を開いているのですから、〈さとり〉を開くための〈教え〉を聞く必要はありません。

　こういった理由から、「法身は説法をしない」というのが大乗仏教の常識でした。しかし空海は『弁顕密二教論』巻上で「法仏の談話之を密蔵と謂う」と述べ、密教は法身が説いた教えである、と主張しています。ここに空海の主張する密教の特色があるとされるのですが、今は釈尊入滅後、「仏身論」として仏陀観が変遷していったこと、そしてそれは、〈真理〉である法身から報身や応身といった仏身が現れるという形が基本であり、その報身や応身はそれぞれに対応する〈機根〉の者に教えを説く、ということを押さえておいてください（図表38）。

【図表38　仏身論】

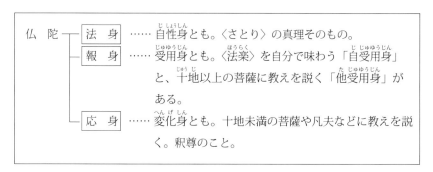

仏　陀　── 法　身　……　自性身とも。〈さとり〉の真理そのもの。
　　　　　── 報　身　……　受用身とも。〈法楽〉を自分で味わう「自受用身」と、十地以上の菩薩に教えを説く「他受用身」がある。
　　　　　── 応　身　……　変化身とも。十地未満の菩薩や凡夫などに教えを説く。釈尊のこと。

　いずれにしても、釈尊入滅後の仏教徒たちは「仏陀とは何か」という問題について、思索を深めていきます。

　その結果、釈尊がさとった〈真理〉そのものである〈法身〉という「仏身」が考えられ、釈尊も含めた姿形を備えた「仏身」は、その〈法身〉から出現した仏陀として考えられるようになったのです。

3　神変

光明を放つ

　「〈真理〉である法身から報身や応身といった仏身が現れる」、「報身や応

はそれぞれに対応する〈機根〉──能力や素質の者に教えを説く」ということを確認しましたが、この仏身論における構図が、「仏陀の出現」に密接に関わっていることは明らかでしょう。

　ところで、仏陀が衆生を苦しみの世界から救済するためにさまざまな姿で現れることを、「神変（skt. vikurvita）」と言います。この〈神変〉について辞典を引くと、

> じんぺん【神變】仏・菩薩が衆生の教化のため、超人間的な力によって種々のすがたや動作を現すことをいう。衆生を救うために、衆生の素質、能力にしたがっていろいろなすがた、形に変じること。不思議な力を示すこと。
>
> （中村元『仏教語大辞典』）

とあり、仏陀が衆生の素質や能力に応じた姿で現れること、と説明されています。仏陀が聞き手の素質や能力に応じて出現し、教えを説くこと──それが〈神変〉にほかなりません。

　その〈神変〉について、大乗仏教の経典では、仏陀（大体の場合は釈尊）が説法を開始する直前に示すさまざまな不思議な現象として描き出しています（梶山［2012b］）。

　鳩摩羅什訳『摩訶般若波羅蜜経』巻第1「序品」には、釈尊が「般若波羅蜜」の教えを説く直前に示した〈神変〉が、次のように説かれています。

> その時に、世尊は自分自身で説法座をしつらえ、結跏趺座して身体をまっすぐにし、思いを面前に掛け、三昧王三昧〔という瞑想〕に入った。すべての瞑想は悉くその〔三昧王三昧という瞑想の〕中に入った。
> この時に世尊は、瞑想から静かに立ち上がり、すべてを見通す眼によって世界を観察して、身を挙げて微笑み、足裏の模様（千輻輪）の中から600万億の光明を放ち、……両眼、両耳、白毫相や肉髻〔といった三十二相の一つひとつ〕から、それぞれ600万億の光明を放たれた。
> このさまざまな光から大光明が現れ、あまねく三千大千世界（1仏国土）を照らし出し、〔さらにこの〕あまねく三千大千世界より東方にある数

えきれないほどの仏陀の国土を照らし出した。南方・西方・北方・東南方・南西方・西北方・北東方と、上方・下方〔すなわち十方の仏陀の国土〕もまたまた同様であった。

もしも衆生がいて、この光明に照らし出されるならば、〔その衆生は〕必ず阿耨多羅三藐三菩提（この上無く完全な〈さとり〉）を獲得する〔のである〕。

（『摩訶般若波羅蜜経』巻第1「序品」）

　ここでは、世尊（釈尊）が説法の直前に三十二相（72頁、図表31参照）から光明を放つ、という〈神変〉が説かれています。釈尊から放たれた光明は、あまねくすべての「三千大千世界」すなわち「十方の仏陀の国土」を照らし出す、とあります。このように、釈尊の放つ光明が全宇宙・全世界とそこにいる仏陀たちを現し出すというのが、大乗経典における〈神変〉にほかなりません。

　しかもここでは、釈尊の放つこの光明に照らし出された衆生は、必ず「阿耨多羅三藐三菩提」を獲得する、と説かれています。この「阿耨多羅三藐三菩提」とは、サンスクリット語の「anuttara-samyak-sambodhi」の音写語で、漢訳すると「無上正等覚」、すなわち「この上無く完全な〈さとり〉」という意味になります。つまり、この光明をあびた者は、ただそれだけで「〈さとり〉を開くこと」が決定すると言うのです。

　このときその場に居合わせた衆生は、特にこれといった努力などを行っていません。ただ釈尊の放つ光明によって照らし出されているだけです。

仏陀の常身

　『摩訶般若波羅蜜経』巻第1「序品」では、今の光明を放つ〈神変〉以外にも、釈尊が示すさまざまな〈神変〉が説かれています。『摩訶般若波羅蜜経』の注釈書である『大智度論』では、この釈尊が示す〈神変〉を6段階に分類していますので、今はこれにしたがって示すと、次のようになります（梶山［2012b］）。

　①三十二相から光明を放つ。
　②一々の毛孔（毛穴）から光明を放つ。

③常光明（仏陀たちの身体に常に備わっている光明）を放つ。

④舌が拡大して光明を放ち、その光明から仏陀の分身が現れて教えを説く。

⑤三千大千世界を震動させる。

⑥光明を放ち、威厳ある仏陀としての身体を示す。

　この6段階の内、特に最後の⑥「光明を放ち、威厳ある仏陀としての身体を示す」では、〈神変〉によって示された魅力的な仏陀の身体を見た神々によって花やお香による供養がなされ、すべての神々や人々は「仏陀は私のために教えをお説きになられる」と考えます。そして十方世界にいるすべての仏陀・すべての衆生を目の当たりにする、と説かれています。

　このとき神々や人々に示された仏陀の身体について、『大智度論』ではそれを「不信心の者に常身を示して信じ理解することを獲得させる」と論じています。つまり『大智度論』では釈尊の〈神変〉について、信仰心のある者は光明によって〈さとり〉に至り、信仰心のない者には「仏陀の常身」を示す、と解釈しているのです。この「仏陀の常身」とは、仏陀としての通常の身体という意味でしょうから、今の〈神変〉は、不信心の者に「仏陀としての通常の身体」を現し出して教えを説き、信じさせ理解させる、ということでしょう。

　さて、『大智度論』では〈神変〉によって示されるこの「仏陀の常身」について、

その時に三千大千世界の衆生はみな大いに喜んでこう言った。「これは本当に仏陀の身体である。仏陀が初めて〔この世に〕お生まれになった時、初めて〔〈さとり〉を開いて〕仏陀となられた時、初めて教えを説かれた時、〔それを目の当たりにした者は〕みな、この〔仏陀の〕身体についてこのように考えた。これは本当に仏陀の身体である」と。

（『大智度論』巻第9）

と説明しています。つまり、〈神変〉によって示される「仏陀の常身」は、仏陀が生まれたとき、〈さとり〉を開いたとき、教えを説かれたときに示されていた、と言うのです。

101

この箇所で注意すべきなのは、「仏陀の常身」すなわち「仏陀としての通常の身体」が示されるのは〈さとり〉を開いて仏陀となってからだけではなく、それ以前の「仏陀が初めて（この世に）お生まれになったとき」にすでに示されている、という点でしょう。

　と言うのも普通、私たちは仏陀を、「修行によって〈さとり〉を開いて〈仏陀〉となったお方」と考えます。釈尊の生涯を８つの場面に配当した「八相成道（はっそうじょうどう）」でも、シッダールダ王子が仏陀となるのは「⑥成道（じょうどう）」においてでした（76頁参照）。

　しかしここでは、仏陀が〈神変〉によって示す「仏陀の常身」が「仏陀が初めて（この世に）お生まれになったとき」にすでに示されていると述べられています。つまり、仏陀は〈さとり〉を開く前に、すでに仏陀としてこの世に現れていたことになります。

　仏陀が〈さとり〉を開いて仏陀になる前から〈仏陀〉として現れている。これは一体どういうことなのでしょうか？

久遠実成（くおんじつじょう）の仏陀

　初期大乗経典の１つに数えられる『法華経（ほけきょう）』巻第６「如来寿量品（にょらいじゅりょうぼん）」では、釈尊が次のようにお説きになられています。

> 汝らよ、よく聞きなさい、如来の秘密と不思議な力を。この世間のすべての神々や人々、阿修羅はみな、『今の釈迦牟尼如来（しゃかむにによらい）は、釈迦族の宮殿を出て、ガヤーという都市の近くの道場で瞑想を実践し、この上ない〈さとり〉を得た（＝仏陀に成った）』と思っている。しかし善き者たちよ、私は実際には仏陀と成ってから、無量無辺百千万那由他阿僧祇劫（むりょうむへんひゃくせんまんなゆたあそうぎこう）というときが経っているのである。
>
> 　　　　　　　　　　　　　　　（『法華経』巻第６「如来寿量品」）

　ここで釈尊は、聴衆に向かって「如来（にょらい）の秘密（ひみつ）」を説き示すとして、実はご自身が「無量無辺百千万那由他阿僧祇劫（むりょうむへんひゃくせんまんなゆたあそうぎこう）」の昔から仏陀と成っているのであって、釈迦族の王子として生まれ、出家・修行して〈さとり〉を開いた、と

世の中の人々が思っているのとは違う、と説かれています。

　この「那由他」(skt. nayuta) も「阿僧祇」(skt. asaṃkhya) も数の単位で、「那由他」は「千億」とも「10^{60}」とも言われますが、異説もあります。もう一方の「阿僧祇」は、「数えることができない」という意味ですが、「10^{59}」とする説もあります。いずれにせよ、今の「那由他」も「阿僧祇」も、数えきれないほど膨大な数を指しています。

　また、「劫」とは時間の単位を表す kalpa（劫波）の略語です。『大智度論』には、1辺40里（2000㎞とする説あり）の巨石を100年に一度、天女が羽衣でなぞり、それを繰り返して巨石がすり減ってなくなってしまうまでの時間を「一劫」とする、という説明が出てきます。

　それだけでも気の遠くなりそうな時間ですが、その「劫」が「無量無辺百千万那由他阿僧祇」ほど、ということですから、要するに「無量無辺百千万那由他阿僧祇劫」とは、無限とも思えるような時間にほかなりません。

　私たちは釈尊の80年間の生涯の内、前半の40年弱は「凡夫としての釈尊」、後半の約40年余りを「仏陀としての釈尊」と考えがちです。ところが『法華経』の釈尊は、そういった理解を「世間の人々の理解」とし、実際には無限とも思える昔から仏陀であった、と説いています。

　この「実際には無限とも思える昔から仏陀であった」釈尊のことを、「久遠実成の仏陀」と呼びます。つまり釈尊は、〈苦〉に悩んでいたときすでに〈仏陀〉であったのです。

方便としての生

　とすれば、その「久遠実成の仏陀」である釈尊が、シッダールタ王子として生まれ、悩み、出家して修行したことに、いったいどのような意味があるのでしょうか。すでに仏陀であったのであれば、生老病死の〈苦〉に悩む必要も、〈さとり〉を求めて修行をする必要もなかったはずです。

　このことについて、『法華経』の釈尊は次のようにお説きになられています。

　諸々の善き者たちよ、如来は諸々の衆生の内で、その願い求めるところが小さく徳の薄い煩悩にまみれた者を見れば、その人のために「私は若

〈して出家し〔て修行し、間もなく〕この上ない〈さとり〉を得たのだ」
と説くのである。しかし、私が実際は仏陀と成ってから無限とも思える
時間が経過していることは、〔先に〕説いた通りである。ただ救いの手
立てによって人々を教え導き、仏陀の教えの道に入らせるためだけに、
このように説くのである。

（『法華経』巻第 6 「如来寿量品」）

　ここで釈尊は、「その願い求めるところが小さく徳の薄い煩悩にまみれた
者」に対して、自分自身が若くして出家し、〈さとり〉を得たと説くのだ、
とお説きになられています。しかし、実際はすでに説いているように「久遠
実成の仏陀」であり、「救いの手立てによって人々を教え導き、仏陀の教え
の道に入らせるため」にこのように説く、とも述べられています。

　つまり、シッダールタ王子が修行して〈さとり〉を得ることではじめて〈仏
陀〉になった、というのは、「徳の薄い煩悩にまみれた者」を仏陀の道に入
らせるための「救いの手立て」——これを〈方便〉（skt. upāya）と言います
——として説かれた教えである、というのが『法華経』の釈尊がお説きにな
られていることなのです。

　例えば、仏陀である釈尊がいきなり私たちの目の前に現れたとしましょう。
その釈尊から「修行して煩悩を取り除き、〈さとり〉を開いて〈苦〉から解
放されなさい」と言われたとき、素直にそのまま従う人もいるかもしれませ
ん。しかし中には、「釈尊はすごい方だから……私にはムリムリ」となる人
もいるのではないでしょうか。

　そういった人たちに対して釈尊は、「私は若い時に出家して……」と説く
ことで、その人に「そうか、釈尊にも悩み苦しむ時期があったのか。だった
ら私も……」という気持ちを起こさせる。これこそが「救いの手立て」、つ
まり〈方便〉として説かれる釈尊の前半生にほかなりません。

　さて、釈尊の出家・修行・成道が〈方便〉であるということは、実に重要
な意味を持ちます。と言うのもこのことは、仏陀による人々の教化・教導が
仏陀の全生涯によってなされる、ということを示しているからです。

　〈苦〉に悩む姿や〈苦〉の解決を求めて修行する姿すら、「徳の薄い煩悩に

まみれた者」を教え導く姿である。それこそが「久遠実成の仏陀」の方便なのです。

仏陀の生涯

すでに確認したように、『摩訶般若波羅蜜経』巻第1「序品」に示された〈神変〉では、不信心の者に「仏陀の常身」が示される、と説かれていました。

しかし、その「仏陀の常身」は、「仏陀が初めて（この世に）お生まれになったとき」にすでに示されているものでした。もちろん、『摩訶般若波羅蜜経』と『法華経』とは、成立した時期も事情も異なるでしょうから、まったく同じ経典として考えることはできません。しかし、仏陀は〈仏陀〉になる前から仏陀として現れている、という点では、この両経典の教えは共通している、と言えるのではないでしょうか。

『法華経』巻第1「序品」には、次のような〈神変〉の場面が記されています。

その時、釈尊は眉間の白毫相より光を放って、東方の数えきれないほどの世界を照らし出し、余すところなく、下は阿鼻地獄に至り、上は色究竟天に至った。この〔光に照らし出されて、東方のそれぞれの〕世界にいる六道の衆生がことごとく見え、またその世界の仏陀たちが見え、およびその仏陀たちが説く教えを聞き、僧侶・尼僧・在俗の男女の信者が修行をして〈さとり〉を得るのが見え、また菩薩がさまざまな原因や条件、さまざまな信仰と理解、さまざまな姿形によって菩薩としての修行をしているのが見え、またさまざまな仏陀が涅槃に入られるのが見え、またさまざまな仏陀が涅槃に入られた後に各々の仏陀の遺骨が納められている、宝石でできた仏塔が建つのが見えた。

（『法華経』巻第1「序品」）

ここでは、釈尊の白毫相から光明を放って東方の世界を照らし出します。そこでは六道の衆生やさまざまな仏陀の姿が見え、さらに出家者・在家者・菩薩が修行をしている姿が見えた、とあります。また、仏陀が涅槃に入られ、そのご遺骨（舎利、skt. śarīra）を納めるための仏塔（skt. stūpa）が建てられ、

礼拝される様子が見えた、ともあります。

　これらがすべて〈方便〉であるならば、その修行者の姿の中にも、「徳の薄い煩悩にまみれた者」を教え導くために修行者の姿を現されている「久遠実成の仏陀」がいらっしゃるのかもしれません。

如来秘密

　『摩訶般若波羅蜜経』や『法華経』とともに初期大乗経典の代表とされる『大方広仏華厳経』（以下、華厳経）には、仏陀が示す〈神変〉が次のように説かれています。

　仏陀は一つの国土に居ながらにして、すべての世界にことごとく身体を出現させる。……〔その仏陀が放つ一々の光明は〕あるいは如来がさまざまな特徴をそなえて、この上ない教えを説くところを見せ、あるいはさまざまな仏国土に遊行する姿を見せ、あるいは静かに揺るがない姿を見せ、あるいは兜率天にいる姿を現し、あるいは〔兜率天から〕下ってきて〔母親の〕胎内に入るところを現し、あるいは母胎にいる姿を示し、あるいは生まれる姿を、ことごとく数えきれない国土中に見させる。あるいは出家して世間の修行を行う姿を現し、あるいは菩提道場で〈さとり〉を開くところを現し、あるいは教えを説くところを現し、あるいは涅槃に入る姿を現す。あまねくすべての世界において〔これらの姿が〕見えないということを無くさせる。

（『華厳経』巻第 39「十地品」/c.f. 荒牧［2010：310-312］）

　『華厳経』の「十地品」ではその名のとおり、大乗菩薩の修行プロセス（95頁参照）である十地に関する教説が説かれています。ここで引用したのは、その十地の最高位（「第十法雲地」）で示される〈神変〉の描写です。

　ここでは、仏陀が身体中から光明を放ち、その光明の一々から仏陀のさまざまな姿が現されることが説かれています。その〈神変〉によって示されるのは、「あるいは兜率天から下ってきて〔母親の〕胎内に入るところを現し」とあることからも明らかなように、仏陀の全生涯です（生井［2000］）。

すでに確認したように、代表的な仏陀である釈尊の生涯は、8つの場面からなる「八相成道」として伝えられています。今、法雲地で示される仏陀の〈神変〉が、この「八相成道」をモチーフとしていることは明らかでしょう。つまり『華厳経』では仏陀の全生涯を、仏陀の示す〈神変〉として説いているのです。

　ところで、『華厳経』「十地品」では、この〈神変〉が「衆生を救済するため」になされると説かれています。とすれば、〈神変〉によって仏陀の全生涯が示されるのは、「衆生への憐れみ」(『律蔵』「大品」、79～80頁参照)によるからにほかなりません。生きとし生ける者へのあわれみによって、仏陀は仏陀の全生涯を〈神変〉として現し出します。

　しかしその〈神変〉で現し出されたものの中には、偉大なる救済者である仏陀の姿のみならず、修行者の姿や悩み苦しむ者の姿もある——〈神変〉が「衆生を救うために、衆生の素質、能力にしたがっていろいろなすがた、形に変じること」(『仏教語大辞典』)である以上、およそ仏陀とは思えない者すら、仏陀の〈神変〉によって現し出された者、ということになるのではないでしょうか。

　もっとも、仏陀が仏陀ではない姿で現れていたとしたら、それが仏陀であると誰が気付くのでしょうか。この点について『華厳経』巻第39「十地品」では、その仏陀の全生涯が「如来の秘密」であり、それは大乗菩薩の修行プロセスでは「十地」の最高位、「第十法雲地」というレベルになってはじめて、ありのままに知ることができる、と説いています。

　また〔この法雲地というレベルに至った菩薩は、〕如来の秘密という境地に入る。〔その如来の秘密とは〕いわゆる身秘密、語秘密、心秘蜜、時非時思量秘密、授菩薩記秘密、摂衆生秘密、種種乗秘密、一切衆生根行差別秘密、業所作秘密、得菩提行秘密、これら〔如来の秘密〕を、〔法雲地の菩薩は〕みな、ありのままに知るのである。

　　　　　　　(『華厳経』巻第39「十地品」/c.f. 荒牧〔2010：326-327〕)

　ここでは、如来の秘密として、10種類の秘密が説かれています(図表39)。

【図表 39　如来秘密】

①身秘密	：如来の身体的活動。
②語秘密	：如来の言語的活動。
③心秘密	：如来の心的活動。
④時非時思量秘密	：正しいときとそうでないときとがわかること。
⑤授菩薩記秘密	：菩薩に対して〈さとり〉を予言すること。
⑥摂衆生秘密	：衆生を教化・教導すること。
⑦種種乗秘密	：さまざまな教えを設けること。
⑧一切衆生根行差別秘密	：すべての衆生の素質の違いがわかること。
⑨業所作秘密	：衆生の業がどのように働くかがわかること。
⑩得菩提行秘密	：〈さとり〉を得るための修行を設けること。

　こういったさまざまな活動が「如来秘密」とされるのですが、よくよく見てみると、身体的活動・言語的活動・心的活動といった基本的なものに加えて、「衆生を教化・教導すること」や「さまざまな教えを設けること」といった、仏陀が「衆生への哀れみ」すなわち〈大悲〉によって行う救済活動に当たるものが、「秘密」とされていることがわかります。

　『華厳経』では、法雲地に至った菩薩は、これら「如来の秘密」を「ありのままに知る」ことができる、と説かれています。しかしこれは裏を返せば、仏陀の活動は「法雲地」未満の者には理解することができない──「秘密」になっている──ということにほかなりません。つまり、『華厳経』で「如来の秘密」と呼ばれている仏陀の諸々の活動は、普通の人にはわからない、という意味で「秘密」と呼ばれているのです（生井［2000］）。

如来の出現

　『華厳経』では別の箇所で、この「如来秘密」である仏陀の活動を、「如来出現」または「如来性起」とも呼び、仏陀が出現することとして理解されています。

　『華厳経』では「如来出現」を 10 種類の様相で説いています（図表 40）。

【図表 40　如来出現】

①如来出現の原因	：仏陀がこの世に出現する理由。
②如来の身体的活動	：仏陀の身体的活動。
③如来の言語的活動	：仏陀の言語的活動。
④如来の心的活動	：仏陀の心的活動。
⑤如来の智慧の対象	：仏陀の智慧が対象とする範囲。
⑥如来の活動領域	：仏陀が活動する範囲。
⑦如来の成道	：仏陀が〈さとり〉を開くこと。
⑧如来の転法輪	：仏陀が教えを説くこと。
⑨如来の般涅槃	：仏陀が涅槃に入ること。
⑩如来の見聞供養	：仏陀が礼拝・供養されること。

　すなわち、身体的活動・言語的活動・心的活動をはじめとし、〈さとり〉を開くこと、教えを説くこと、涅槃に入ること、礼拝供養されること——つまり、仏陀の生涯にまつわるすべての事柄——が「如来の出現」なのです（高崎［1996］）。

　ただし『華厳経』では、次のように説かれています。

> 　このような〔如来の出現という〕秘密にして甚深なる教えは、百千万劫もの長い時間をかけても聞くことは難しい。精進し智慧があり〔煩悩を〕よく降した者は、この〔如来出現という〕秘密の教えを聞くことができる。
>
> 　　　　　　　（『華厳経』「如来出現品」/ c.f. 高崎［2013：287］）

　「百千万劫もの長い時間をかけても聞くことは難しい」とありますから、やはり「如来の出現」とは、世間一般の者には理解できない「如来秘密」なのでしょう。

　空海が『秘密曼荼羅十住心論』冒頭で「聖父其の是の如くなるを愍れんで其の帰路を示す」と述べた仏陀は、「生きとし生ける者への哀れみによっ

て」(『律蔵』『大品』、79〜80頁参照)──すなわち〈大悲〉によって人々
の前に出現します。釈尊は、成道の後に説法躊躇・梵天勧請を経て、〈大悲〉
によって人々の前に姿を現し、その教えを説きました。

　『般若経』や『法華経』、『華厳経』といった大乗仏教の経典では、その「仏
陀の出現」を〈神変〉として描き出しています。全宇宙の仏陀や修行者たち
の姿を照らし出す、という壮大な〈神変〉によって、仏陀はその姿を現し、人々
を教え導きます。

　しかしその出現に、私たちが気づくかどうかはわかりません。と言うのも、
仏陀の出現と活動は「如来の秘密」にほかならないからです。

4　マンダラの示現

大日如来

　密教の経典でも、〈神変〉が説かれて
います。と言うより、密教の経典では
〈神変〉が中心に据えられていると言っ
ても過言ではありません。

　ただし、その〈神変〉を起こす
のは釈尊ではなく、大日如来(skt.
Mahāvairocana-tathāgata)になります(図
表41)。

【図表41　大日如来】

胎蔵大日如来　　　金剛界大日如来

　インドで紀元6世紀から7世紀ごろにかけて成立したとされる密教経典、
『大日経』と『金剛頂経』は、空海によって「密教の根本経典」として重要
視されるとともに、後の真言宗でも「両部の大経」として重要視されました。
その『大日経』と『金剛頂経』では、教えを説く教主が釈尊ではなく、〈法身〉
と無二無別の仏陀である大日如来とされます。

　〈法身〉とは、〈さとり〉の真理を仏陀として捉えた場合の仏陀の身体です
から、この大日如来は〈さとり〉の真理そのものと無二無別な存在としての
仏陀という、いたって抽象的・理念的な仏陀と言えます。

　すでに触れたように、経典とは仏陀の教えの記録です。経典に説かれる教

えは、実際にこの世に現れた仏陀——すなわち釈尊によって説かれたものです。これは、『法華経』が「仏陀は王舎城の耆闍崛山の中にいらっしゃって……」と、釈尊が訪れた現実の場所の記述から始まっていたことからも明らかでしょう。釈尊を教主として人々が聞いた教えの記録、それが経典にほかなりません。

　つまり経典は、紀元前5世紀頃の北インドで実際に釈尊によって説かれた教えの記録、ということになります。したがってその意味では、釈尊を教主とする経典は、いつ・どこで、という時間と空間が限定された教え、と言うことができます。

　しかし大日如来は違います。密教の代表的な経典である『大日経』には、大日如来が教えを説いた場面が次のように説かれています。

　このように私は聞きました。ある時、世尊（＝大日如来）は、仏陀が不思議な力を加えた、広大にして壊れることのない真理の世界の宮殿にいらっしゃって、すべての金剛杵を持つ者たちが〔そこに〕集まっていた……。

（『大日経』巻第1「住心品」）

　ここでは、大日如来がいた場所を「真理の世界の宮殿」という空想的な場所としています。つまり、密教経典である『大日経』では、教主も理念的存在であり、その教えが説かれた場所も空想的な場所となっているのです。

　それでは何故、密教経典ではこのような理念的仏陀・空想的な場所での説法がなされるようになったのでしょうか。もちろんそれには理由があります。釈尊が教主としてお説きになられた経典は、釈尊がこの世にいらっしゃった紀元前5世紀頃の北インドのどこかで、当時生きていた人々に対して説かれた、いわば「過去に説かれた教えの記録」です。

　しかし大日如来の説法は、それが理念的仏陀によって空想的な場所で説かれているものである以上、いつの時代、どんな場所であっても、言い換えるならば、いつでも・どこでもそれを聞くことができる。密教の経典を成立させた人々は、おそらくこのように考えたのではないでしょうか（松長［2001］）。

実際、『大日経』には、「いわゆる過去・現在・未来を越えている大日如来
は……」（『大日経』巻第1「住心品」）というフレーズが出てきます。大日
如来の説法は、過去・現在・未来もずっとなされている、という信念が、こ
の教主・大日如来という構図を生み出したと言えるでしょう。

密教経典とマンダラ

　さて、密教経典ではその大日如来が「マンダラ」（skt. maṇḍala）を現し出
すことを、〈神変〉として描き出します。大乗経典では、説法前に釈尊が示
す壮大な仏陀の出現の様相を、密教経典では「大日如来がマンダラを現し出
すこと」として描き出すのです（図表42）。

【図表42　マンダラ】

胎蔵マンダラ　　　　　　　　金剛界マンダラ

　〈マンダラ〉は密教美術の代表的なものとして、目にされた方もいらっし
ゃるかもしれません。多くの仏陀や菩薩たちが描かれたパンテオンのような
仏画——それが〈マンダラ〉に対する一般的なイメージかもしれません。「曼
荼羅」や「曼陀羅」などと音写されますが、一般的には神髄とか本質とかを
意味する「maṇḍa」に、所有を示す接尾辞「la」をあわせ、「本質を有するも
の」といった意味とされます。

　仏教的な意味で「本質」とは〈さとり〉以外にあり得ませんから、〈マンダラ〉
とは単なる仏画・絵画ではなく、〈さとり〉の真理を表現したものにほかな
りません。その意味で、〈マンダラ〉はすべての仏陀の徳を完全に備えてい

るものとして、「輪円具足」と呼ばれることもあります（小峰［2016］）。

　空海は、『秘密曼荼羅十住心論』巻第10の中で、〈マンダラ〉について次のように述べています。

言く恒沙の仏徳・塵数の三密を以って身土を荘厳す。是れを曼荼羅と名づく。

（『秘密曼荼羅十住心論』巻第10）

【現代語訳】

言うなれば、数えきれないほどの仏陀の徳性と、〔同じく〕数えきれないほどの三密によって、身体と国土を飾り立てる。これを〈マンダラ〉という。

　「恒沙」はガンジス川の砂の数、「塵数」は大地を微塵切りにしたほどの数、という意味ですので、どちらも数え切れない、ということです。つまり、数え切れないほどの仏陀の徳性と「三密」によって、その身体と国土（住むところ）を飾り立てた状態、それが空海の理解する〈マンダラ〉にほかなりません。

　このとき〈マンダラ〉を飾り立てている「三密」とは、次のとおりです。

【図表43　三密】

・身密：仏陀の身体的活動。
・口密：仏陀の言語的活動。語密とも言う。
・意密：仏陀の心的活動。心密とも言う。

　これは先に見た『華厳経』において、「如来秘密」とされていた仏陀の諸活動における最初の3種類です（108頁、図表39参照）。『華厳経』では10種類説かれていた「如来秘密」が、密教経典では〈三密〉にまとめられているのです（生井［2000］）。

　いずれにしても、空海はその〈三密〉で飾り立てられた身体や国土が、〈マンダラ〉であると解釈しています。つまり空海は、〈マンダラ〉を仏陀──すなわち大日如来の〈三密〉の活動を表現したもの、と理解しているのです。

密教経典では、〈法身〉と無二無別とされる大日如来が〈神変〉によって現し出すさまざまな仏陀や菩薩の姿を、〈マンダラ〉として描き出します。それは、大日如来の〈三密〉の活動そのものにほかなりません。〈マンダラ〉が単なる仏画ではない理由は、まさにここにあるのです。

　そこで以下、代表的なマンダラである「胎蔵マンダラ」と「金剛界マンダラ」の構造を見ておくこととしましょう。

『大日経』と胎蔵マンダラ

　空海が密教の根本経典の１つとして重要視した『大日経』は、正式なタイトルを『大毘盧遮那成仏神変加持経』（全７巻）と言います。この『大日経』は、インドから来た善無畏三蔵（637-735、skt. Śubhākarasiṃha）と、中国人の僧侶である一行禅師（683-727）によって中国で漢訳されました。奈良時代にはすでに日本にもたらされており、空海がこの『大日経』を読んで密教に関心を持ち、中国に渡った、とする伝承もあります。

　その『大日経』では、タイトルに「神変加持」という言葉が含まれていることからも明らかなように、〈神変〉が重要な位置を占めています（生井［2008］）。

　この『大日経』のタイトルに含まれる「神変加持」について、善無畏と一行が編纂したとされる『大日経』の注釈書、『大日経疏』では、次のように解釈しています。

神変加持とは、古い訳ではあるいは不思議な力を保持することと言い、あるいは仏陀に護られることと言う。しかもこの〔大日如来が〕自らさとった〈さとり〉は、すべての心のはたらきを超越して、現に存在するものはありのままに存在するものでることをさとることである。
……その時に大日如来は過去に立てた大悲の誓いによって、このようにお考えになられた。「もし私がこのまま〈さとり〉の境地に留まっているならば、生きとし生ける者には何の利益もないことになろう。そうであるから、自由自在に不思議な力を示す瞑想に入って、あまねくすべての生きと生ける者のために、さまざまなあり方の者が喜ぶさまざまな身体を示し、〔それぞれの〕性質や願いに応じた人が聞くべきさまざまな

教えを説き、〔それぞれの〕心のはたらきにしたがってさまざまな瞑想法を設けよう」と。

（『大日経疏』巻第1）

　すなわち、大日如来が自らの〈さとり〉を〈大悲〉の誓いに基づいて現し出す、生きとし生ける者の願いや素質に応じたさまざまな身体や教えや瞑想法、それが『大日経』に説かれる大日如来の〈神変〉にほかなりません。
　『大日経』では、その〈神変〉を、大日如来の「身語意の三無尽荘厳蔵」、すなわち大日如来の〈三密〉の活動であると説いています。そして、その〈神変〉によって現し出されるさまざまな姿形が〈マンダラ〉に描かれる仏陀や菩薩たちであり、その〈マンダラ〉を「胎蔵マンダラ」と言います（図表44）。
　胎蔵マンダラは、「大悲胎蔵生マンダラ」とも呼ばれます。中心にいる大日如来が、女性が胎内の新たな生命を慈しみはぐくむ様に〈大悲〉によって現し出したマンダラ、それが胎蔵マンダラです。

【図表44　胎蔵マンダラ】

胎蔵マンダラの構造

　今の胎蔵マンダラは、中心の「①中台八葉院」をはじめ、「⑫最外院」（別

名、外金剛部院）まで、全部で 12 の区画からなっています（図表 45）。なお、括弧内の数字は、描かれる尊格の数です（小峰［2016]）。

【図表 45　胎蔵マンダラの構造】

①中台八葉院（9）：大日如来の〈さとり〉を示しているとされます。

②遍知院（7）　　：大日如来の〈さとり〉を慈悲と智慧とに変化させる場所です。

③蓮華部院（37）：大日如来の慈悲の多様さがさまざまな観音菩薩の姿に描かれます。

④金剛手院（32）：大日如来の智慧のはたらきがさまざまな菩薩の姿に描かれます。また、金剛部院とも呼ばれます。

⑤持明院（5）　　：五大院とも呼ばれます。③蓮華部院の慈悲と④金剛手院の智慧とが一体になってはたらく姿が描かれます。

⑥釈迦院（39）　：①中台八葉院から⑤持明院までの慈悲と智慧が、現実世界ではたらく様子を、釈尊とその弟子たちの姿で描き出します。

⑦文殊院（25）　：釈尊入滅後の菩薩たちの活動を、文殊菩薩を中心に描き出します。

⑧地蔵院（9）　　：③蓮華部院で示された慈悲の具体的な実践を、地蔵菩薩を中心に描きます。

⑨除蓋障院（9）　：④金剛手院で示された智慧の具体的なはたらきを、除蓋障菩薩を中心に描きます。

⑩虚空蔵院（26）：大日如来の無限の功徳は、すべての生きとし生けるものに与えても尽きることがないということを、虚空蔵菩薩を中心に描きます。

⑪蘇悉地院（8）　：経典上は⑩虚空蔵院に含まれます。蘇悉地（skt. susiddhi スシッディ）とは、「妙なる成就（完成）」の意味で、大日如来の福徳の成就を示しています。

⑫最外院（203）：外金剛部院とも言います。大日如来の衆生救済の慈悲と智慧のはたらきが、地獄・餓鬼・畜生・修羅・人・天の六道輪廻の世界にまであまねく及ぶことを示しています。

これら 12 の院の内、中心である「①中台八葉院」には、大日如来を中心に 4 人の仏陀と 4 人の菩薩が描かれます（図表 46）。

　胎蔵マンダラには、大日如来を取り囲む四仏・四菩薩を筆頭に、400 種類以上の仏陀（如来）や菩薩、神々などの姿形が描かれていますが、それらはすべて大日如来が、人々を教え導くために〈神変〉によって現し出した姿です。

【図表 46　中台八葉院】

①大日如来
②宝幢如来
③開敷華王如来
④無量寿如来
⑤天鼓雷音如来
⑥普賢菩薩
⑦文殊師利菩薩
⑧観自在菩薩
⑨弥勒菩薩

胎蔵マンダラの諸尊

　そういった大日如来が現し出す姿の中には、釈尊の姿も含まれています。胎蔵マンダラの東方（胎蔵マンダラの上側）にある「⑥釈迦院」の中心には、釈尊の姿が描かれています（図表 47）。また、「⑥釈迦院」には釈尊に長年付き添った弟子のアーナンダも描かれます。これは釈尊も大日如来が〈神変〉によって現し出した姿である、という『大日経』の思想を明確に示していると言えるでしょう。

【図表 47　釈迦院の釈尊】

　ところで、胎蔵マンダラには仏陀や菩薩だけではなく、神々の姿や地獄の亡者の姿も描かれています。

　例えば、「⑫最外院」の東方（胎蔵マンダラの上部）には、帝釈天（skt. Indra）や大梵天（skt. Brahmā）といった神々の姿が描かれています。帝釈天

は須弥山の頂上にある忉利天に住む神

であり、大梵天は釈尊に説法をお願いした神さまです。胎蔵マンダラでは、こういった神々を仏教の守護神として描き出しているのです。

また、南方（胎蔵マンダラの右側）には、地獄の亡者や餓鬼の姿をした者たちが描かれています（図表48）。

ここには、地獄の神である焔摩天（skt. Yama）の配下である太山府君と、彼に生前の善悪の業を記録される死者の姿が描かれています。

その下では毘舎遮（skt. Piśāca）と呼ばれる餓鬼の姿をした悪鬼たちが、人間の手足を食べている姿が描かれています（染川 [2013]）。

【図表48　最外院の諸尊】

帝釈天　　　　　　大梵天

左図：太山府君
　　　地獄の亡者
　　　餓鬼

　つまり、胎蔵マンダラには、ただ仏陀や高次の菩薩だけではなく、地獄の亡者や餓鬼の姿も描かれているのです。しかもそれらは、大日如来が生きとし生ける者に利益を与えるために――言い換えるならば、教え導くために、〈神変〉によって現し出した姿として、描かれているのです。

　しかしながら、大日如来が地獄の亡者や餓鬼の姿で、いったいどうやって人々を導くというのでしょうか。

　例えば、ある人が大変苦しんでいたとします。ある日、その人の友人が、彼に手を貸そうとしました。しかし彼はすっかり心が暗くなってしまっていて、その友人に向かってこう言い放ちます。「地獄を見たことのない奴に、地獄に堕ちた俺の気持ちがわかってたまるか！」――地獄の亡者を救い導くには、地獄の亡者と同じ環境・姿に身を置かなければならない場合もある。大日如来が地獄の亡者や餓鬼といった姿で現れるのは、そういった理由があるからです。

三重の構造と三句の法門

このように、胎蔵マンダラには「①中台八葉院」の中心にいる大日如来から、「⑫最外院」に描かれる地獄の亡者まで、さまざまな姿が描かれています。

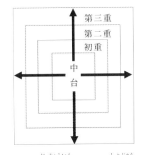

【図表49　三重の構造】

これらはすべて、大日如来が人々を教え導くために現し出した姿であることから、胎蔵マンダラは三重の構造になっている（図表49）、と言われます（小峰［2016］）。

すなわち、①中台八葉院を中心とし、②遍知院から⑤持明院までを初重、⑥釈迦院から⑪蘇悉地院までを第二重、⑫最外院を第三重とする見方です。

この場合、中台八葉院から最外院に向かう方向性は、大日如来の救済活動の展開です（矢印）。

<さとり>そのものである大日如来から、地獄の亡者まで展開していく大日如来の姿は、それぞれの素質に応じた形で衆生を救済しようとする大日如来の<大悲>の発動にほかなりません。

【図表50　金剛手秘密主】

この三重の構造は、『大日経』巻第1「住心品」で説かれる「三句の法門」に関係があります。「三句の法門」とは、「<さとり>の智慧の原因・根本・究極的な目的はなにか」という「金剛手秘密主」の質問に対して、大日如来が答えた次の内容を指します。

この金剛手秘密主は、胎蔵マンダラの①中台八葉院のすぐ右隣に位置する④金剛手院の諸尊で、別名を「金剛薩埵（skt. vajra-sattva）」とも言います。

> そのときに金剛手秘密主は大日如来の説法の会場の中に坐り、大日如来に質問した。『尊いお方よ、どのようにして仏陀はすべての<さとり>の智慧を獲得されたのでしょうか。……尊いお方よ、このような智慧はなにをもって原因とし、なにをもって根本とし、なにをもって究極的な目

的とするのでしょうか』

〔金剛手秘密主が〕このように説き終わって、大日如来は金剛手秘密主に告げた。『……私は今そのことを説きましょう』と。金剛手秘密主はこのように言った。『尊いお方よ、どうかお聞かせください』

大日如来は言った。『菩提心（ぼだいしん）を原因とし、大悲（だいひ）を根本とし、方便（ほうべん）を究極的な目的とする』と。

（『大日経』巻第1「住心品」）

つまり、〈さとり〉の智慧は、菩提心が「原因」となり、大悲が「根本」となって、方便を「究極的な目的」とする——そのことによって獲得されるのである、というのが「三句の法門」の内容です（頼富［2000］）。

【図表51　三句の法門】

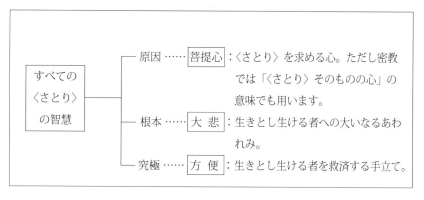

胎蔵マンダラの三重の構造は、この「三句の法門」に配当されます（図表52）。それにはいくつか説があるようですが（小峰［2016］）、いずれにしても、胎蔵マンダラは、「大日如来の〈大悲〉の活動を表現したマンダラ」と言うことができるでしょう。

『大日経疏』が大日如来の〈神変〉（じんべん）を「さまざまなあり方の者が喜ぶさまざまな身体を示し……」と解釈するのは、①中台八葉院の仏陀や菩薩たちから、⑫最外院に描かれる神々や地獄の亡者まで、大日如来がさまざまな姿となって現れることが、「すべての生きとし生けるもののため」にほかならないからなのです。

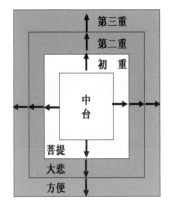 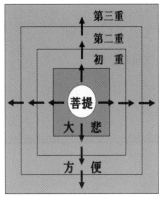

『金剛頂経』

　『大日経』と並んで「両部の大経」と呼ばれる『金剛頂経』は、『大日経』とは異なり、単一の経典ではありません。「金剛頂十八会」と呼ばれる、18の経典グループの総称とされます。

　今日、『金剛頂経』と言うと、その1番初め（初会）に説かれた『金剛頂経』、すなわち「初会の金剛頂経」を指すことがほとんどです。この「初会の金剛頂経」は、正式には『金剛頂一切如来真実摂大乗現証大教王経』（全3巻）と言います。不空三蔵（705-774、skt. Amoghavajra）に中国でよって漢訳され、後に空海によって日本にもたらされました（頼富［2005］）。

　その『金剛頂経』（初会の金剛頂経）は、一切義成就菩薩（skt. Sarvārthasiddhi）という菩薩が、色界の一番上にある色究竟天（阿迦尼咤天。skt. akaniṣṭhāḥ-deva）で、「五相成身」という瞑想法によって金剛界大日如来となる場面から始まります。

　ところで、この一切義成就菩薩のサンスクリット名である「Sarvārthasiddhi」は、「義」を意味する「artha」と、「成就」を意味する「siddhi」が元になっています。これをひっくり返すと「siddhārtha」になり、釈尊の成道以前の名前になります。つまり『金剛頂経』では、釈尊の成道と今の金剛界大日如来の成道とを重ね合わせているのです（越智［2016］）。

　さて、『金剛頂経』ではその一切義成就菩薩に対して、一切如来が「五相

成身」という瞑想を教示します。「五相成身」とは、①通達菩提心、②修菩提心、③成金剛心、④証金剛身、⑤仏身円満という5段階の瞑想法（図表53）です（頼富［2005］）。

【図表53　五相成身観】

①通達菩提心：自分自身の心を満月輪として観察する。

②修菩提心　：満月輪である心に菩提心を起こす段階。なお、菩提心（skt. Bodhi-citta）には、〈さとり〉を求める心という意味と、〈さとり〉そのものである心という意味の両方がある。

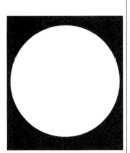

③成金剛心　：満月輪である心に金剛杵（skt. Vajra。インドの武器で、密教の教理では煩悩を打ち破る堅固な智慧を象徴する）を観察し、菩提心を堅固にする。

④証金剛身　：満月輪の金剛杵がすべての仏陀の智慧であり、それがそのまま自分自身の心であると確信する。

⑤仏身円満　：自分自身の身体を仏陀の身体とする。

金剛界マンダラ

　いずれにしても『金剛頂経』では、五相成身によって成道した金剛界大日如来が、須弥山の頂上にある「金剛摩尼宝頂楼閣」という場所に移動し、その〈さとり〉の内容を示し出したのが金剛界マンダラ（図表54）である、と説きます。

　今日私たちがよく目にする金剛界マンダラは、羯磨会（別名：成身会）・三昧耶・微細会・供養会・四印会・一印会・理趣会・降三世会・降三世三昧耶会の全部で9つのマンダラから成っているので、「九会曼荼羅」とも呼ばれます（小峰［2016］）。

【図表 54　金剛界マンダラ】

⑤四印会	⑥一印会	⑦理趣会
④供養会	①羯磨会	⑧降三世会
③微細会	②三昧耶会	⑨降三世 三昧耶会

①羯磨会	：金剛界マンダラの根本になるマンダラ。
②三昧耶会	：羯磨会の諸尊の誓願をシンボルで表したマンダラ。
③微細会	：羯磨会の諸尊の智慧の甚深微細さを表したマンダラ。
④供養会	：羯磨会の菩薩が如来を供養することを表したマンダラ。
⑤四印会	：羯磨会の構成を簡略化したマンダラ。
⑥一印会	：羯磨会の内容を大日如来1尊で表したマンダラ。
⑦理趣会	：『理趣経』に基づいて描かれたマンダラ。
⑧降三世会	：導きがたい者を忿怒形の姿で導くことを表すマンダラ。
⑨降三世三昧耶会	：降三世会の諸尊の誓願をシンボルで表したマンダラ。

　この金剛界マンダラの内、特に重要なのが中心にある「羯磨会」です。

　この「羯磨会」は、『金剛頂経』の根本教理を表している、とも言われるほど重要な箇所です。

　そのため、この「九会曼荼羅」には2つの見方ができる、と言われるようになります。その2つの見方とは、向上門と向下門（図表55）です（小峰[2016]）。

　向上門とは、凡夫が⑨「降三世三昧耶会」から①羯磨会に向かって金剛界大日如来の〈さとり〉を求める方向性です。

【図表55　向上門と向下門】

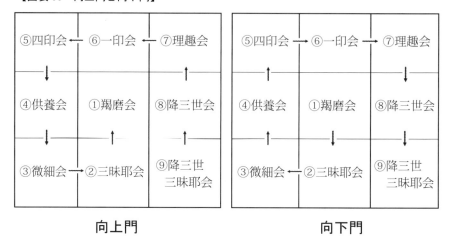

向上門　　　　　　　　　　　　　向下門

　つまり、⑨「降三世三昧耶会」を入り口として、⑧「降三世会」、⑦「理趣会」と昇っていき、最終的に金剛界大日如来の〈さとり〉である「羯磨会」にいたるのが、向上門です。

　反対に向下門とは、金剛界大日如来が〈さとり〉の内容を人々・衆生に振り向けていく方向性です。この場合は、①「羯磨会」から②「三昧耶会」、③「微細会」と展開して、最終的に⑨「降三世三昧耶会」に至ることになります。

　要するに向上門と向下門は、自分自身が金剛界大日如来の〈さとり〉を体得していくプロセスと、金剛界大日如来となった自分自身が衆生を救済するためにその教えを展開していくプロセスである、ということができるでしょう。

羯磨会

　金剛界（九会）マンダラの中心である「羯磨会」の「羯磨」とは、サンスクリット語で行為を現す「karman」の音写語です。その「羯磨会」は、一切義成就菩薩が「五相成身」（122頁、図表53参照）によって金剛界大日如来の身体を成就（完成）したことを表す意味で「成身会」とも呼ばれます（図表56）。このほかにも、「根本会」と呼ばれることもあります（染川［2013］）。

【図表 56　羯磨会】

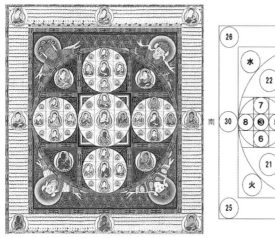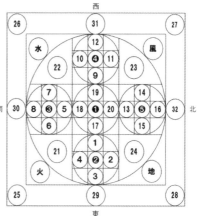

　この「羯磨会」には、大日如来を中心に 37 尊（そん）の仏・菩薩が描かれています。その 37 尊とは、五仏（ごぶつ）（❶〜❺）、十六大菩薩（じゅうろくだいぼさつ）（1 〜 16）、四波羅蜜菩薩（しはらみつぼさつ）（17 〜 20）、内の四供養菩薩（ないのしくようぼさつ）（21 〜 24）、外の四供養菩薩（げのしくようぼさつ）（25 〜 28）、四摂菩薩（ししょうぼさつ）（29 〜 32）のことです。なお、括弧内の数字は図表 56 の配置図の番号です。今の金剛界マンダラは、先の胎蔵マンダラとは向きが逆になり、下が東方になります（小峰［2016］）。

①五仏

　大日如来とその周り（東南西北）を取り囲む 4 人の仏陀です。

【中央】❶大日如来
【東方】❷阿閦（あしゅく）（skt. Akṣobhya　アクショーブヤ）如来
【南方】❸宝生（ほうしょう）（skt. Ratnasaṃbhava　ラトナサンバヴァ）如来
【西方】❹無量寿（むりょうじゅ）（skt. Amitāyus　アミターユス）如来
【北方】❺不空成就（ふくうじょうじゅ）（skt. Amoghasiddhi　アモーガシッディ）如来

②十六大菩薩

　大日如来が心（むね）（skt. hṛdaya　フリダヤ。この場合は身体の中心、心臓を意味します）から現し出す、阿閦如来・宝生如来・阿弥陀如来・不空成就如来の四方を取

り囲み、親しくお仕えする菩薩たちです。それぞれの如来に4人ずつの菩薩がいますので「四親近」と言います。

【東方】阿　閦……金剛薩埵（1）・金剛王（2）・金剛愛（3）・金剛喜（4）

【南方】宝　生……金剛宝（5）・金剛光（6）・金剛幢（7）・金剛笑（8）

【西方】無量寿……金剛法（9）・金剛利（10）・金剛因（11）・金剛語（12）

【北方】不空成就…金剛業（13）・金剛語（14）・金剛牙（15）・金剛拳（16）

③四波羅蜜菩薩

　大日如来の〈さとり〉を保証するために四仏が現し出す菩薩です。大日如来の周囲四方に配されます。なお、「波羅蜜」とはサンスクリット語「pāramitā」の音写語で、「完成」を意味します。

【東方】金剛波羅蜜菩薩（17）　　※阿閦如来が現し出す菩薩。

【南方】宝波羅蜜菩薩（18）　　　※宝生如来が現し出す菩薩。

【西方】法波羅蜜菩薩（19）　　　※無量寿如来が現し出す菩薩。

【北方】羯磨波羅蜜菩薩（20）　　※不空成就如来が現し出す菩薩。

④内の四供養菩薩

　内の四供養菩薩、四波羅蜜菩薩を供養された大日如来が、四仏を称賛・供養するために現し出す菩薩です。

【東南方】金剛嬉菩薩（21）

【南西方】金剛鬘菩薩（22）

【西北方】金剛歌菩薩（23）

【北東方】金剛舞菩薩（24）

⑤外の四供養菩薩

　外の四供養菩薩は、内の四供養菩薩で供養された四仏が、さらに大日如来を供養するために現し出す菩薩です。

【東南方】金剛焼香菩薩（25）　　※阿閦如来が現し出す菩薩。

【南西方】金剛華菩薩（26）　　　※宝生如来が現し出す菩薩。

【西北方】金剛燈菩薩（27）　　　※無量寿如来が現し出す菩薩。

【北東方】金剛塗香菩薩（28）　※不空成就如来が現し出す菩薩。

⑥四摂菩薩

外の四供養菩薩による四仏の供養を受けた大日如来が出現させる菩薩です。

　　【東方】金剛鉤菩薩（29）

　　【南方】金剛索菩薩（30）

　　【西方】金剛鎖菩薩（31）

　　【北方】金剛鈴菩薩（32）

　この「羯磨会」にはこのほかにも、「賢劫（現在世のこと）千仏」や梵天・帝釈天と言った外金剛部の二十天なども描かれていますが、今は省略します。

　さて、この「羯磨会」の諸尊を確認してみると、大日如来が四仏に仕える十六大菩薩を現し出し、四仏が大日如来の〈さとり〉を保証し、また大日如来が四仏を称賛・供養し……というように、大日如来と四仏がお互いを称賛・供養しあうことで〈マンダラ〉が形成されていることがわかります。

　供養（skt. pūjā / pūjanā）とは、仏や死者に供物を捧げ、大切にお祀りする行為のことですが、この金剛界マンダラではその供養が、仏陀が仏陀を称賛・供養するという形でなされています。この金剛界マンダラの構造を、「相互供養」と言います（小峰［2016］）。

　つまり金剛界マンダラは、仏陀と仏陀とがお互いを大切にもてなすことによって展開していると言えるでしょう。

智慧のマンダラ

　ところで、『金剛頂経』グループに含まれる『略述金剛頂瑜伽分別聖位修証法門』（略称、『分別聖位経』。不空訳・空海請来）には、この金剛界マンダラの出現について、次のように説かれています。

大日如来は自分自身の心の中に〈さとり〉の智慧である四種類の智慧、大円鏡智・平等性智・妙観察智・成所作智をさとり、外に向かって十地

というレベルを満足した修行者たちに自らの〈さとり〉を用いさせるために、四種類の智慧の中から〔阿閦如来・宝生如来・無量寿如来・不空成就如来の〕四人の仏陀を現し出す。〔それら四人の仏陀は〕それぞれの方角にいて、それぞれの場所にお座りになった。

（『分別聖位経』）

　ここでは、阿閦如来・宝生如来・無量寿如来・不空成就如来の四仏が、大日如来がさとった〈さとり〉の智慧である、大円鏡智・平等性智・妙観察智・成所作智という4種類の智慧から現し出された姿である、と説かれています（小峰［2016］、越智［2016］）。

　つまり、金剛界マンダラの四仏とは、大日如来の〈さとり〉の智慧が姿形をとった仏陀に他ならないのです。この四仏・四智に、大日如来とその智慧を加えた五仏を、「五智如来」と言います（図表57）。

【図表57　五智如来】

❶大日如来　　＝法界体性智：四智の総体としての真理の世界を本質とする智慧

❷阿閦如来　　＝大円鏡智　：完全な鏡のようにすべてを映し出す智慧。

❸宝生如来　　＝平等性智　：すべてのものに平等性を認識する智慧。

❹無量寿如来　＝妙観察智　：すべてのものの個別性を認識する智慧。

❺不空成就如来＝成所作智　：衆生を救済する方法をとるための智慧。

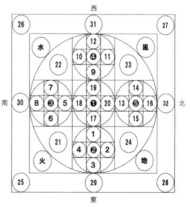

これら５つの智慧が具体的な姿形を持つと、五智如来すなわち金剛界マンダラの五仏になります。しかも、大日如来の〈さとり〉の智慧の展開であるのは、四仏だけではありません。大日如来と四仏との相互供養によって出現する十六大菩薩・内外の八供養菩薩・四摂菩薩もまた、〈さとり〉の智慧の具体的な姿形として金剛界マンダラに描かれているのです。

　その意味から、金剛界マンダラは「大日如来の〈さとり〉の智慧を表現した〈マンダラ〉」ということができるでしょう。しかもその金剛界マンダラは、仏陀が仏陀を供養しあうこと、つまり「相互供養」によって展開しているのです。

四種法身

　仏教では釈尊以後、「仏陀とは何か？」という「仏身論」と呼ばれる議論によって、仏陀の身体について考察を進めてきました。その仏身論の代表とされるのが「三身説」ですが、密教では主に「四種法身説」をとっています（高神［2004］、越智［2016］）。

　この〈四種法身〉について空海は、『秘密曼荼羅十住心論』巻第 10 で次のように述べています。

四種法身とは、一には自性身、二には受用身、三には変化身、四には等流身なり。この四種身に竪横の二義を具す。横は則ち自利、竪は則ち利他なり。深義更に問え。

（『秘密曼荼羅十住心論』巻第 10）

【現代語訳】

四種法身というのは、１つ目は自性法身、２つ目は受用法身、３つ目は変化法身、４つ目は等流法身である。この四種法身に縦と横の２つの意味が備わっている。横の意味とは自分の〈さとり〉を求めること、縦の意味とは他者を〈さとり〉に導くことである。深い意味はさらに問いなさい。

　この〈四種法身〉では、自性身・受用身・変化身といった「三身説」と類似する名称が用いられていますが、すべて「法身」である点には注意が必要です。

また、この「四種法身説」では三身説にはなかった「等流（法）身」という仏身が加えられています。「〈さとり〉の真理である法身から等しく流れ出る」という意味のこの「等流法身」（skt. niḥsyanda-kāya）とは、

金剛蓮華手を挙げ、兼ねて外金剛部の諸尊を等ずるなり。

（『弁顕密二教論』巻下）

【現代語訳】
金剛手菩薩や蓮華手菩薩を挙げて、兼ねて外金剛部（最外院）の諸尊も含んでいる。

と言われるように、菩薩や神々といった、仏陀以外の姿形で現れる仏身であるとされます。

〈マンダラ〉には仏陀だけではなく菩薩や神々、地獄の亡者たちも描かれますが、これらはすべて、大日如来がそういった姿で人々を教え導くために現し出す姿です。それを密教では「等流法身」と呼んでいるのです。

大日如来が現し出す、〈四種法身〉の配当には諸説ありますが、今は代表的なものを挙げておきます（図表58）。

大日如来や四仏が配当されることからすぐにわかるように、この〈四種法身〉は〈マンダラ〉に描かれる諸尊を表しています。つまり〈四種法身〉とは、大日如来がさまざまな姿を取って現れ出てきた〈マンダラ〉の諸尊、その意味において、大日如来が〈大悲〉によって発動する衆生救済の活動にほかならないのです。

【図表58　四種法身】

自性法身	：大日如来
受用法身	：大日如来を取り囲むマンダラの四仏。 （胎）宝幢如来・開敷華王如来・無量寿如来・天鼓雷音如来 （金）阿閦如来・宝生如来・無量寿如来・不空成就如来
変化法身	：釈迦牟尼如来。

| 等流法身 | ：菩薩や六道の衆生の姿。 |

仏陀の出現

　〈無明〉によって〈業〉をつくり、六道を輪廻して〈苦〉である生死を繰り返す。そこから抜け出す方法を知らないばかりか、自分が輪廻に迷う存在であることすらわからない。仏教では、凡夫の生と死をこのように説明しています。

　すでに述べたように、釈尊はそういった凡夫を含めた生きとし生けるものへの〈大悲〉によって説法を決意し、人々の前に姿を現して〈教え〉をお説きになられました。釈尊ご自身は〈涅槃〉に赴かれようとしていたのですから、その人々の前への出現は、ただ「衆生への憐れみによって」——すなわち〈大悲〉によって行われた救済活動にほかなりません。

　大乗仏教の経典では、その仏陀の出現を仏陀の全生涯にまで拡大し、仏陀が〈神変〉によって現し出す、修行者などの仏陀でない者の姿も、人々を導く救済活動である〈如来秘密〉としています。

　その〈如来秘密〉が、密教経典では〈三密〉、すなわち大日如来の身体的活動・言語的活動・心的活動として位置づけられています。その意味では、大日如来が〈神変〉によって示す〈マンダラ〉とは、大日如来の救済活動、つまり〈三密〉の表象ということができます。

　したがってその意味では、〈マンダラ〉に描かれる地獄の亡者や餓鬼といった姿もまた、大日如来の〈三密〉の姿にほかなりません。地獄の亡者や餓鬼の姿を取ってでも救済しようとすること、それが大日如来の〈大悲〉です。〈大悲〉に基づく〈神変〉によって大日如来はさまざまな姿形で出現し——〈マンダラ〉を示現し——、衆生を救おうとするのです。

　私たちは「〈私〉が存在する意味」を知らないまま、輪廻を繰り返しています。その生と死は〈無明〉を根本原因とする縁起によって説明されていました。そのような凡夫を救うため、仏陀はこの世に出現します。

　「聖父其の是の如くなるを愍れんで其の帰路を示す」と空海が述べた「聖父」

すなわち〈仏陀〉は、〈大悲〉によって私たちの前に出現します。しかしその「仏陀の出現」とは、私たちにはわからない──「如来秘密」なのです。

─ コラム④良医治子の譬喩 ─

『法華経』の「如来寿量品」では、ご自身が涅槃に入ることについて、釈尊が次のように説かれています。

> 善男子たちよ、私が菩薩であったっときの修行によって得た寿命は、いまだなお尽きることなく、これまでの（無限とも思える）時間の倍ほどである。そうであるのに今、実際には涅槃に入るわけではないのに、今、「（私は）涅槃に入ろう」と説いたのは、如来の方便によって人々を教え導くためである。
>
> （『法華経』「如来寿量品」）

久遠実成の仏陀である釈尊の寿命は、80年などというものではありません。それなのに「私は涅槃に入るであろう」と説いたのは、人々を教え導くための方便──救いの手立て──でした。

それは、そう言わないと「仏陀になんかいつでも会えるから大丈夫」と油断して修行に励まないものがいるから、とされます。それはあたかも、毒を飲んだ子どもが、医者である父親がいてくれているのに安心して薬を飲もうとしないので、父親が死んだと嘘をつくようなものです。

「良医治子の譬喩」と呼ばれるこの『法華経』での喩えは、久遠実成の仏陀である釈尊にとっては、涅槃に入ること──普通の人ならば〈死〉にあたります──すらも、人々を教え導くための方便であることを示しています。

仏陀にとっては、その〈死〉にあたる入滅や、入滅後に礼拝・供養されることすらも、人々を教え導く方便であり、人々を救うための如来の出現なのです。

第3章

この身のままで仏陀と成る

問って曰く、諸経論の中に皆三劫成仏と説く。
今、即身成仏の義を建立する。何の憑拠かある。
答う、秘密藏の中に如来是の如く説きたもう。
彼の経説、云何。

（『即身成仏義』）

1　成仏の意味

仏陀に成るということ

　私たちは、「〈私〉が存在する意味」を知らず、ありもしない〈実体〉——アートマン——としての〈我〉に執着しています。結果、空海によって「生まれゆき生まれゆいて六趣に輪転し、死に去り死に去って三途に沈淪す」と言われていたような状態、つまり〈輪廻〉する苦しみの世界に陥ってしまっています。

　このような状態にある私たち、すなわち凡夫をあわれに思うことによって、仏陀はこの世に出現します。その仏陀によって苦しみの世界から抜け出す方法が示され、凡夫は〈輪廻〉のサイクルから抜け出すことができる。これこそが仏教における救済にほかなりません。

　仏教では、その救済を〈成仏〉という言葉で言い表します。今日、〈成仏〉と言えば、「死ぬこと」と思う人も多いのではないでしょうか。「○○は成仏した」とか、「成仏しきれず幽霊になって出てきた」といった言い方を耳にしたことがあるでしょう。しかし、それはあくまでも派生的な使い方です。

　本来〈成仏〉とは「仏（仏陀）に成る」こと、すなわち仏陀と同じように〈さとり〉を開くことです。

　前にも触れましたが、仏陀はサンスクリットの「buddha」という言葉を、音だけ漢字で示した音写語です。この「buddha」は、サンスクリットの動詞語根√ budh（目覚める）の過去分詞で「目覚めた」「目覚めた人」と意味します。また〈さとり〉のサンスクリット語「bodhi」（音写語「菩提」）も、動詞語根√ budh（目覚める）の派生語です。

　成仏の仕方やその種類については、場所や時代によってさまざまな解釈があるのですが、空海が日本に持ち帰った密教では、その〈成仏〉について「即身成仏」ということを主張します。「即身成仏」は現代風に表現するならば、「この身のままで仏陀と成ること」と言うことができます。この「即身成仏」の思想は、密教の、ひいては空海の代表的な思想です。

　空海の代表的著作とされる『即身成仏義』には、その冒頭に次のような問

答が記されています。

問って曰く、諸経論の中に皆三劫成仏と説く。今、即身成仏の義を建立する。何の憑拠かある。
答う、秘密蔵の中に如来是の如く説きたもう。

（『即身成仏義』）

【現代語訳】

質問する。さまざまな経典や論書の中に、すべて三劫〔という無限ともいうべき時間をかけて修行して〕仏陀に成ると説いている。〔それなのに何故〕今、〔この身のままで仏陀に成るという〕即身成仏の教義を打ち立てるのか。〔その主張には〕どういった根拠があるのか。

答えよう。密教の経典の中で、如来がそのようにお説きになっている。

　ここでは、密教経典に「即身成仏」の思想が説かれており、それに基づいて「即身成仏」の教義を打ち立てるのである、と述べられています。このときに対比的に取り上げられている「三劫成仏」については、後ほど解説しますので、今は「無限ともいうべき時間をかけて修行して仏陀に成る」ことと理解しておいてください。

　つまり空海はこの問答で、密教以外の経典や論書には「三劫成仏」が説かれているのに対し、密教では「即身成仏」——つまり「この身のままで仏陀に成ること」が説かれている、と主張しているのです。

　密教の成仏が「即身成仏」であるという主張は、空海が中国から日本に帰ってきた直後の大同元年（806年）に著した『御請来目録』にも記されています。

又夫れ顕教は則ち三大の遠劫を談じ、密蔵は則ち十六の大生を期す。
遅速勝劣、猶神通と跛驢との如し。

（『御請来目録』）

【現代語訳】

またそもそも〔密教以外の教えである〕顕教はすなわち、〔仏陀に成るまでに〕三劫という無限とも思える時間を論じる。密教はすなわち、十六

> 大菩薩の功徳をこの身に現し出すことを実現する。〔顕教と密教との、仏陀
> に成るまでの時間が〕遅いか早いか、〔その教えが〕勝れているか劣っ
> ているかといった違いは、望んだところに瞬時に行けるような乗り物と、
> 足の悪いロバとを比べるようなものである。

　ここで空海は、密教以外の教え──これを顕教と言います──では仏陀に
成るまでに「三大の遠劫」、つまり無限とも思えるほどの時間（三劫）がか
かると説いているのに対し、密教では「十六の大生」、つまり「十六大菩薩」
の功徳をこの身に発生させることで実現する、と述べています。この「十六
大菩薩」とは、前章で見た通り金剛界マンダラで大日如来が現し出す、四仏
の周りを取り囲む菩薩たちのことです（125頁参照）。

　いずれにしても、「即身成仏」は空海の思想の中核をになうものであると
同時に、空海によって密教の特徴とまで言われるようになった思想です。本
章では、この空海の「即身成仏」思想について、空海自身の著作である『即
身成仏義』を中心に見ていきます。ですが、その前に「即身成仏」思想の特
徴をより明確にするためにも、仏教における成仏論の変遷を確認しておきた
いと思います。

初期仏教の目的──有余涅槃と無余涅槃

　釈尊が涅槃に入られた後、仏教徒たちは釈尊の残された教えを教師・道標
として修行し、〈さとり〉を開くことで苦しみの世界から抜け出そうと努め
ました。しかしながら、初期仏教の修行者たちは自らが〈仏陀〉になること
を目指しませんでした。彼ら初期仏教の修行者たちは〈涅槃〉に入ること、
言い換えるならば〈輪廻〉のサイクルから解脱し、もはやこの世界に生まれ
ることのない状態になることを、最終目標としていました（馬場［2018]）。

　『大パリニッバーナ経』には、釈尊の言葉として次のように説かれています。

> 「修行僧たちよ、四つのすぐれた真理をさとらず、通達しないが故に、こ
> の長い時間にわたって、わたしもお前たちも、このように流転し、輪廻
> したのである。……それらの〔尊い真理〕はすでに見られた。生存にみ

ちびく〔妄執〕はすでに根絶された。苦しみの根は断たれた。もはや再び迷いの生存を受けるということはない」

(『大パリニッバーナ経』／中村［2010：45］)

　ここで釈尊は、「四つのすぐれた真理」すなわち苦・集・滅・道の四聖諦（22頁参照）をさとることで、〈輪廻〉のサイクルから抜け出し、「もはや再び迷いの生存を受けるということはない」と説かれています。

　つまり、四聖諦による無明の断絶を達成した後には、もはや〈輪廻〉することはない、言い換えるならば、〈輪廻〉のサイクルから解脱し、もはやこの世界に生まれることがない、ということが説かれているのです。

　『大パリニッバーナ経』では、今の箇所に続けて、釈尊がすでに亡くなった幾人かの修行者や在俗信者について、次のように説かれています。

……ひとを下界（＝欲界）に結びつける〔貪欲などの〕五つの束縛を減ぼしつくしたので、ひとりでに生まれて、そこでニルヴァーナに入り、その世界からもはや〔この世に〕還ってくることはない。

(同前／中村［2010：48］)

　ここでは、四聖諦をさとり、「五つの束縛」を滅ぼした修行者や在俗信者は、ニルヴァーナ（涅槃）に入り、もはやこの世界に還ってくることはない、と説かれています。

　なお、「五つの束縛」と言われているのは、貪欲（貪ること）・瞋恚（怒ること）・有身見（私や私のものといった思いを離れない〈我執〉）・戒禁取見（戒律を誤って解釈したり、誤った修行方法を正しいと思い込んで執着すること）・疑（疑うこと）の5つの煩悩であり、これを滅ぼすことが四聖諦を観察する修行になります。

　いずれにしても初期仏教では、このように煩悩を断って〈涅槃〉に入り、もはや輪廻の世界に生まれ変わらないことが、究極的な目標とされました。この境地に至った修行者のことを、「阿羅漢」（skt. arhat）と言います。この「阿羅漢」は、「如来の十号」（69頁、図表29参照）にもありましたが、「供

養を受ける資格のあるお方」という意味です。もっとも今は、〈仏陀〉の尊称ではなく、初期仏教における最高位を指して「阿羅漢」と呼びます。

初期仏教の修行者——声聞（skt. śrāvaka）と縁覚（skt. pratyeka-buddha）——は、阿羅漢になって涅槃に入ることを目指します。ただしこの場合の〈涅槃〉には、有余涅槃と無余涅槃という２種類があるとされます。空海は『秘密曼荼羅十住心論』巻第４の中で、この２種類の涅槃についての文章を引用していますので、それを見ておきましょう。

此の羅漢果に二の涅槃有り。一には有余、二には無余なり。結惑を断じ身智猶在るを名づけて有余と曰う。身智倶に亡するを名づけて無余と曰う。

（『凡聖界地章』／『秘密曼荼羅十住心論』巻第４）

【現代語訳】
この阿羅漢という結果には二種類の涅槃がある。一つには有余涅槃、二つには無余涅槃である。煩悩を断じ尽くして身体と智慧がまだ残っている状態を有余涅槃と言い、身体も智慧も完全に滅し尽くした状態を名づけて無余涅槃という。

ここでは、煩悩を滅ぼしつくしてはいるけれども、まだ身体と智慧が残っている状態を「有余涅槃」、身体も智慧も完全に消滅している状態が「無余涅槃」と述べられています。

これを釈尊に当てはめてみると、菩提樹下で〈さとり〉を開いて〈輪廻〉を解脱した状態が「有余涅槃」、涅槃に入って完全にこの世界から消滅した状態が「無余涅槃」ということになるでしょう。

ただし、声聞の教え（声聞乗）や縁覚の教え（縁覚乗）——二乗——では仏陀は特別な存在であり、一般人は仏陀になることはできないと考えられたため、声聞や縁覚はあくまでも「阿羅漢」になることが究極であるとされる点には注意が必要です。

二乗の修行者である声聞や縁覚は、〈涅槃〉を目指して修行します。ただ

しその究極的な目標は、〈涅槃〉に入って〈輪廻〉を解脱し、「もはや（この輪廻の世界に）還って」こないことなのです。

大乗仏教の成仏論①——菩薩の修行プロセス

　紀元1世紀ごろから興隆してきた大乗仏教では、初期仏教とは異なり、〈仏陀〉となることをその目標として掲げました。大乗仏教の修行者である菩薩（skt. bodhi-sattva　菩提薩埵の略）は、「〈さとり〉を求める心」である菩提心(skt. bodhi-citta)を起こすことで修行を積み、最終的には釈尊と同じように〈仏陀〉となることを目指します。

　大乗経典では、大乗菩薩の修行のプロセスがさまざまに説かれていますが、その中でも代表的なのが「菩薩の五十二位」と呼ばれるプロセスです（図表59）。前にも紹介しましたが、重要なものですのでもう一度あげておきます。

【図表59　菩薩の五十二位】

```
妙　覚……完全に仏陀の〈さとり〉を得た位（52）
等　覚……次の段階で〈さとり〉を得て仏陀に成る位（51）
十　地……仏の智慧が起こり、人々を教化利益する10段階（41～50）
　　　　　ここからは「聖者の位」とされる。
　　　　⑩法雲地：説法が世界に普く降り注ぐ位。灌頂地とも言う
　　　　⑨善慧地：説法に関する弁舌を獲得する位
　　　　⑧不動地：修行が完成し自然に菩薩行が行われる位
　　　　⑦遠行地：空・無相（個別性のない状態）の境地に入る位
　　　　⑥現前地：縁起をありのままに知る位
　　　　⑤難勝地：断じ難い煩悩を断つ位
　　　　④焰光地：智慧を明らかに光らせる位
　　　　③発光地：光明を放つ位
　　　　②離垢地：心の垢を離れる位
　　　　①歓喜地：〈さとり〉の一分をはじめて見る位。初地とも
十回向……修行の功徳を人々にまわし向ける10段階（31～40）
　　　　　この段階までが「凡夫の位」とされる。
```

十 　行……利他行を修行する 10 段階（21 〜 30）
十 　住……心を仏教の真理に安住させる 10 段階（11 〜 20）
十 　信……仏教のへの信仰を固める 10 段階（1 〜 10）

　大乗の修行者である菩薩は、「十信」の最初めの「初信」から始まって、最後の「妙覚」まで、全部で 52 段階のプロセスを経て〈仏陀〉に成ることを目指します。

　その修行の特徴は、他者の救済を実践する「利他行」にあります。修行の功徳を他者に振り向ける段階である「十回向」や、人々を教化利益する段階である「十地」のように、菩薩の修行は「利他行」をその根幹としているのです。

大乗仏教の成仏論②——三劫成仏

　その大乗菩薩が〈仏陀〉に成るまでに要する修行の期間は、「三劫」または「三大阿僧祇劫」とされ、この「三劫」という期間をかけて〈仏陀〉なることを「三劫成仏」と言います。

　「劫」（skt. kalpa）とは時間の単位です。『大智度論』には、1 辺 40 里（2000 kmとする説あり）の巨石を 100 年に一度天女が羽衣でなぞり、それを繰り返して巨石がすり減ってなくなってしまうまでの時間を「1 劫」とする譬喩が記されていることは、前に紹介した通りです（103 頁参照）。

　なお、この「三劫」を今の 52 段階に当てはめると、図表 60 のようになります。

【図表 60　三劫成仏】

第 1 劫……十信から、十地の最初である①歓喜地（41）に入るまで。
第 2 劫……①歓喜地（41）から、⑦遠行地（47）まで。
第 3 劫……⑧不動地（48）から、妙覚（52）まで。

　大乗菩薩は、第 1 劫で十地の一番初めである①歓喜地に入ります。この①歓喜地からは聖者の位、すなわち「聖位」とされ、この歓喜地未満の段階を

凡夫の位、すなわち「凡位」と呼びます。その後、第2劫で十地の第7番目である⑦遠行地に入り、第3劫は⑧不動地から始まって最後の妙覚で〈仏陀〉となります。

　初期仏教では、仏陀すなわち釈尊が特別な存在であるため、修行者（声聞や縁覚）は「阿羅漢」となって涅槃に入り、この世界から完全に消滅することを目指すに止まっていました。

　しかし大乗仏教では、初期仏教では不可能と考えられていた〈仏陀〉に成ること——〈成仏〉を目指します。

　ただし、その修行には、「三劫」という無限とも思える時間が必要とされます。この無限ともいえる期間を、大乗の菩薩は何度も何度も生まれ変わり死に変わりしながら修行を続けるのです。

三劫成仏の理由

　ところで、「大乗仏教では〈仏陀〉に成ることができるよ。ただ、それには三劫かかるけどね」——こう言われて、「ようし、だったら頑張ろう！」となる人はいるでしょうか。ほとんどの方が、「だったら無理だね」と思われるのではないでしょうか。

　しかし大乗菩薩は、その無限とも思える時間をかけて〈仏陀〉となることを目指します。そこまでする理由は、一体何なのでしょうか。

　その理由の1つとしては、もちろん〈仏陀〉がそれだけ偉大であるから、ということが挙げられるでしょう。〈仏陀〉が1人いれば、「三千大千世界」の衆生はすべて救われる、言い換えるならば〈仏陀〉はそれだけ偉大な存在です。したがって大乗菩薩が、そう簡単に〈仏陀〉に成ることはできない、と考えたとしても無理はないと思います。

　しかし、それだけではありません。実はもう1つ重要な理由があります。それは、大乗菩薩が修行を始める前に立てる誓いに関係があります。大乗菩薩は、〈さとり〉を求める心である菩提心を起こして〈仏陀〉に成ることを目指しますが、その最初にある誓いを立てます。

　その誓いのことを、「誓願」と言います。大乗菩薩が立てる誓願として、代表的なものに「四弘誓願」（図表61）があります。

【図表61　四弘誓願】

しゅじょうむへんせいがんど 衆生無辺誓願度：生きとし生けるものは限りないが、すべて救済する。 ぼんのうむりょうせいがんだん 煩悩無量誓願断：煩悩は数えきれないが、すべて断ち尽くす。 ほうもんむじんせいがんち 法門無尽誓願智：仏陀の教えは尽きないが、すべて知り尽くす。 ぶつどうむじょうせいがんじょう 仏道無上誓願成：仏陀の道はこの上無いが、かならず成仏する。

　この「四弘誓願」にはいろいろなバージョンがありますが、基本的な意味は変わりません。すべての衆生を救い、煩悩を断ち、すべての教えを学び、〈仏陀〉と成ることを目指す、というのがその内容になります。

　大乗菩薩は、この「四弘誓願」を立てて修行に入ります。この内、一番初めの誓いである「衆生無辺誓願度」が、特に重要です。と言うのも、大乗菩薩が救済しようとしているのは、「すべての生きとし生けるもの」だからです。

　大乗菩薩は、ありとあらゆる生きとし生けるものを救済し尽くすという誓いを立てて修行しているのですから、すべての衆生が救済され尽くすまで、その修行が終わることはありません。つまり、大乗菩薩が「三劫」もの間、何度も何度も生まれ変わり死に変わりして修行を続ける理由は、それだけ救うべき衆生が多いからにほかなりません。

　初期仏教の修行者（声聞・縁覚）は、涅槃に入りこの世界に二度と生まれることがない状態を目標としました。しかしそれでは、自分自身は〈輪廻〉する苦しみの世界から逃れても、生きとし生けるものは引き続きそのまま苦しみの状態にいることになってしまいます。こういった観点から、大乗仏教の信徒たちは初期仏教のことを「自分だけが苦しみの世界から救われる〈小さな乗り物〉のような教え」と批判し、「小乗仏教」と呼びました。

　これに対して大乗仏教の教えでは、その修行者である大乗菩薩はすべての生きとし生けるものを救済し尽くすために、何度でも何度でも生まれ変わり死に変わりしながら修行を続けます。その結果、最終的に〈仏陀〉と成ることを目指すのですから、大乗菩薩が〈仏陀〉に成るときには、すべての生きとし生けるものは救われている──この観点から、大乗仏教の信徒たちは自らの奉ずる教えを「すべての衆生が救われる〈大きな乗り物〉のような教え」

として「大乗仏教」と呼んだのです。

　いずれにしても、大乗菩薩が目標に掲げる「すべての生きとし生けるものを救い尽くし、〈仏陀〉と成ること」を達成するには、「三劫」もの時間がかかる——これこそ大乗菩薩が「三劫成仏」を唱えた理由なのです。

密教の成仏論——即身成仏

　空海の『即身成仏義』では、大乗仏教の「三劫成仏」に対して、密教の成仏論である「即身成仏」を主張しています。すでに触れたように、「即身成仏」とは「この身のままで仏陀と成る」ことです。

　その「即身成仏」の思想を論じた『即身成仏義』では、「二頌八句」と呼ばれる詩文が論説の中心となっています。この「頌」とは、「詩」や「歌」のことですので、「二頌八句」とは、「8つのセンテンスからなる2つの詩文」といった意味になります。

　この「二頌八句」は、「即身成仏」の思想を端的に表したものとして重要視されています。

六大無礙にして常に瑜伽なり〈体〉

四種曼荼各々離れず〈相〉

三密加持すれば速疾に顕わる〈用〉

重重帝網なるを即身と名づく〈無礙〉

法然に薩般若を具足して

心数心王刹塵に過ぎたり

各々五智無際智を具す

円鏡力の故に実覚智なり〈成仏〉

（『即身成仏義』）

【現代語訳】

六大はさまたげ合うことなく常に結びついている〈本質〉

四種類のマンダラは互いに離れることがない〈様相〉

身体・言葉・心の作用が感応してたちまちに顕れる〈作用〉

無限に重なり合う状態を「この身のままで」という〈さまたげが無い〉

143

> ありのままにすべての〈さとり〉の智慧を備え
>
> 心とその作用は数えきれない
>
> それぞれに智慧と限りない智慧が備わっている
>
> 完全な鏡のようにすべてを映し出すから真実の仏陀である〈仏陀と成る〉

　『即身成仏義』では、この「二頌八句」の内、前半の４句（「六大無礙にして」から「即身と名づく」）を「即身の頌」、後半の４句（「法然に薩般若を」から「実覚智なり」）を「成仏の頌」と呼んでいます。つまり、この２つの頌で「即身＋成仏＝即身成仏」となる、ということです。『即身成仏義』では、この「二頌八句」の解説が中心となって、「即身成仏」の思想が論じられています。

　その「即身成仏」における〈即身〉——「この身のまま」とは、他ならぬ今のこの身体、今のこの生涯という意味です。したがって、この「即身成仏」の思想では、〈仏陀〉に成るために生まれ変わる必要はありません。この生涯の中で〈仏陀〉に成ることができるわけです。その意味では、三劫もの期間を生まれ変わり死に変わりしなければ〈仏陀〉に成れない大乗仏教の成仏論と比べて、その成仏にかかる時間は確かに『御請来目録』にあったように「猶神通と跛驢との如し」（135頁参照）と言えるほど早い、と言うことができるでしょう。

闕慈悲の失

　大乗菩薩が三劫かけて〈仏陀〉に成ることを目指すのは、「衆生無辺誓願度」——すなわち「すべての生きとし生けるものを救い尽くす」ことを誓うからです。大乗菩薩は、「すべての生きとし生けるものを救い尽くし、〈仏陀〉と成ること」を目指すのですから、すべての衆生が救われるまで三劫もの時間、生まれ変わり死に変わりを繰り返しながら、修行を重ねていくのです。

　一方、密教の「即身成仏」では生まれ変わる必要もなく、「この身のままで仏陀と成ること」ができるとされます。その意味では確かに大乗仏教の成仏論よりも成仏までの期間が早く勝れている、と言えるのかもしれません。

　しかしそれでは、大乗菩薩が掲げていた「生きとし生けるものの救済」はどうなってしまうのでしょうか。大乗仏教の信徒たちは初期仏教のことを、自分

だけが苦しみの世界から救われる〈小さな乗り物〉のような教え、つまり「小乗仏教」と誹謗しました。もしも密教の「即身成仏」によって、この身体で〈仏陀〉に成り、最終的に〈涅槃〉に去ってしまうのならば、それは有余涅槃・無余涅槃を求めた初期仏教（小乗仏教）と何が異なるのでしょうか。

　実は、空海と同時代の学僧が、この点を批判しています。その人物とは、法相宗という宗派の僧侶で、伝教大師最澄（766/767-822）と激しい論争を繰り広げたことで知られる、会津の徳一（生没年不明）という人物です。

　その徳一は、年次不明ながらも空海宛に、『真言宗未決文』と呼ばれる11箇条の質問状を出しています。徳一は、その『真言宗未決文』に記された質問の1つ、「即身成仏の疑」の中では、「即身成仏」の思想には過失があると述べていますが、その理由の1つとして即身成仏といった思想には「闕慈悲の失」（慈悲が欠けているという過失）があるとしています。

　慈悲が欠けているという過失とは、おおよそ諸々の菩薩というのは、慈悲を母親とし、方便を父親として、……久しく生死の世界を輪廻転生し、常に「私はすべての生きとし生けるものを救い、無余涅槃に入れさせよう」と誓う。しかるに〔密教の修行者である〕真言行人は、生きとし生けるものを見捨てて自分が先に成仏する。どうして慈悲が有ると言えようか。また小乗仏教と同じではないか。

（『真言宗未決文』）

　ここで徳一は、大乗菩薩とは「慈悲を母親とし、方便を父親としてこの世に生を受ける存在である」と述べています。大乗菩薩は慈悲と方便によってこの世にさまざまな形で生を受け、常に「私はすべての生きとし生けるものを救い、無余涅槃に入れさせよう」と誓ってその輪廻の生死を繰り返します。

　それなのに密教の修行者は、生きとし生けるものを見捨てて自分自身が先に成仏しまう。それでは、小乗仏教と何が異なるのか——徳一はこのように「即身成仏」の思想に対して疑問を呈しているのです（小野塚［1976］）。

　空海はこの徳一の疑問に対して回答をしていません。とすれば、私たちは「即身成仏」の思想をどのように考えればよいのでしょうか。

仏陀の出現としての即身成仏

　このときにヒントになるのは、前章で取り上げた「仏陀の出現」という視点です。

　〈仏陀〉は、凡夫、すなわち迷いの世界である三界六道に生きるものをあわれに思うことによってこの世に出現します。その〈仏陀〉によって苦しみの世界から抜け出す方法が教えとして示され、凡夫は〈輪廻〉のサイクルから抜け出すことができる——これが仏教における救済にほかなりません。その仏陀は、1人で「三千大千世界」の生きとし生けるものを救うことができる、とされます。つまり、〈仏陀〉が1人出現すれば、その世界の生きとし生けるものは救われ続けるのです。

　実際、私たちの住むこの世界では紀元前5世紀の北インドに、釈尊という〈仏陀〉が出現しました。そしてその仏陀によって示された教えは、2500年以上もの間、人々を救い、心の寄るべになり続けています。

　その釈尊は、35歳の時に〈さとり〉を開き、〈仏陀〉となりました。歴史的な観点からすれば、このときに〈仏陀〉がこの世界に出現した、と言えるでしょう。その後、釈尊は80歳の時に〈涅槃〉に去りました。これは『大パリニッバーナ経』で「(この世に)還ってくることはない」と説かれていたように、〈仏陀〉がこの世界から完全に消滅された、と言い換えることができます。

　一方、大乗仏教の成仏論では、菩薩が〈仏陀〉に成るのに三劫かかる、とされます。その間に大乗菩薩は生きとし生けるものを救い続けていますが、「仏陀の出現」という観点からすれば、偉大なる救済者である〈仏陀〉が出現するのに三劫という途方もない時間が必要になるわけです。

　しかしながら、密教では「即身成仏」、すなわち「この身のままで仏陀と成ること」ができるとされます。これを「仏陀の出現」という視点から捉えるならば、「即身成仏」とは、今、ここに〈仏陀〉が出現すること、と解釈することができます。つまり、「即身成仏」の思想とは、単に〈成仏〉の速度を問題にしているのではなく、「今、ここに〈仏陀〉が出現すること」を問題にした思想ということにほかなりません。

　そもそも仏陀は「衆生への憐れみによって」(79〜80頁参照)、すなわち〈大

悲〉によってこの世界に出現します。空海が従来の「三劫成仏」とは異なる「即身成仏」の思想を高らかに主張したとき、その念頭にあったのは、まさにこの「仏陀の出現」という視点だったのではないでしょうか。

2 六大と人間

五大と識大
<small>ご だい　しきだい</small>

　空海の『即身成仏義』は、「即身の頌」（四句）と「成仏の頌」（四句）からなる「二頌八句」の解説を中心に展開しています。ただ、その論述は必ずしも均等ではありません。

　『即身成仏義』では、その「二頌八句」の第1句目、つまり「即身の頌」の第1句の解説にその3分の1ほどの分量が割かれています。その第一句目は次のとおりです。

六大無礙にして常に瑜伽なり〈体〉
<small>ろくだい む げ　　　　つね　ゆ が</small>

（『即身成仏義』）

【現代語訳】

六大はさまたげ合うことなく常に結び付きあっている〈本質〉

　この「六大」を説く第一句の解説にそれほど多くの分量が割かれているということは、空海にとって、それだけ「六大」に関する教義が重要だったことを物語っています。

　その「六大」について空海は、「六大とは、五大と及び識となり（六大というのは、五大と識大のことである）」と定義しています。この「五大」とは、地水火風の「四大」に、空間を意味する「空大」を加えたものとされます。

　「地水火風」を四大元素（エレメント）とする思想は、ギリシア哲学にもあります。まったく同じものではありませんが、仏教でも「四大」または「五大」を、元素を表す言葉として用います。

　その「五大」に心・精神を意味する「識大」を加えたのが、「六大」です（図表62）。

【図表 62　六大】

地大（ち だい）	：固いもの。性質は堅さ、作用はたもつこと。
水大（すい だい）	：流動的なもの。性質は湿気、作用はおさめること。
火大（か だい）	：熱を持つもの。性質は暖かさ、作用は成熟させること。
風大（ふう だい）	：自由なもの。性質は動き、作用は成長させること。
空大（くう だい）	：宇宙や空間、虚空（skt. ākāśa）（アーカーシャ）のこと。性質はさまたげのないこと、作用はさまたげないようにさせること。
識大（しき だい）	：心・精神

　こういった万物の構成要素である「四大」や「五大」は、すべてのものを成り立たせるものとして「大種（だいしゅ）」（skt. mahā-bhūta）（マハー　ブータ）とも呼ばれます（松長［2019］）。

　いずれにせよ、「即身の頌」の第1句で説かれている「六大」とは、この地水火風空の「五大（ご だい）」に、心や精神を意味する「識大（しき だい）」を加えたものです。

　なお、『即身成仏義』の異本では、　この〈六大〉の「大」について、「この六つはすべての生物・非生物に遍満するから〈大〉というのである」（『異本即身成仏義』）と述べています。

【図表 63　五輪塔】

　この『異本即身成仏義（い ほんそくしんじょうぶつぎ）』は空海の著作ではありませんが、興味深い指摘と言えるでしょう。と言うのも、後に見るように『即身成仏義』では、〈六大〉を生物・非生物を問わず、存在するものすべての本質としているからです。

　ちなみに、高野山の奥之院にお参りに行きますと、数え切れないほどのお墓があり、その多くは「五輪塔（ご りんとう）」と呼ばれる形をしています（図表63）。

それは下から地・水・火・風・空の五大（五輪）となっています。仏教の世界観である〈五輪〉をひっくり返した形です（48頁、図表19参照）。五輪塔は、『即身成仏義』で論じられている〈五大〉・〈六大〉を表しているのです。

六大無礙にして常に瑜伽なり

　さて、「二頌八句」の「即身の頌」では、その〈六大〉が「無礙」であると述べています。

　この「無礙」は「礙が無い」と訓読できます。この「礙」という字は、「さまたげ・へだて・じゃま」（『新字源』）を意味する漢字です。したがって「無礙」とは、さまたげるものがない状態やさまたげ合わない状態を指します。つまり、「六大無礙にして」とは、地水火風空の五大と識大からなる〈六大〉が、さまたげ合わず混然一体となっている、という意味です。

　そのような〈六大〉は、「常に瑜伽なり」という状態にあるとされます。この場合の「常に」は、現代でも使う「いつも」や「いつでも」という意味で理解してよいでしょう。

　問題は「瑜伽」です。この「瑜伽」は、サンスクリット語の「yoga」の音だけを漢字で表した音写語です。今日では「ホット・ヨガ」とか「ダイエット・ヨガ」といった健康・美容の体操として広まっている「yoga」は、本来「繋ぐ」とか「結び付ける」という意味の動詞語根である √yuj から派生した言葉です（松長［2019］）。

　この √yuj という動詞語根から派生した「yoga」という言葉は、「軛をつけること」や「車につながれた動物」などの意味を持つとともに、〈真理〉や〈絶対者〉と結び付くこと、という意味も持ち、瞑想や精神統一といった修行法の意味にも用いられます。このように本来の意味が「結び付くこと」であるため、「瑜伽」は「相応」と訳されます。

　したがって「常に瑜伽なり」とは、いつも結びついている状態、あるいは、いつも相応し合っている状態、ということを意味します。

　〈六大〉はさまたげ合うことなく常に結びついている——。これが「六大無礙にして常に瑜伽なり」の意味です。

　『即身成仏義』では、今の第1句について「初の一句は体（最初の句は本

質を表す）」と述べています。この「体」という言葉は、「そのもの」や「本性」を意味しますので、ここでは「本質」と理解しておきたいと思います。つまり『即身成仏義』では、さまたげ合わず常に結びついている〈六大〉を、「本質」として定義しているのです。

六大と六界

　ところで、空海が『即身成仏義』で論じる〈六大〉という言葉は、空海の造語ではありません（加藤［1980］）。むしろ当時一般的に使われていた言葉を、空海が『即身成仏義』の中で使用した、と言ったほうが正確でしょう。

　例えば、空海よりも少し先輩世代にあたる奈良大安寺の学僧、安澄（763?-814?）が著した『中観論疏記』という書物には、「いま言うところの六大というのは、また六界とも名づける」と出てきます。安澄はまた、「六界とは、地水火風界、虚空界、識界である」とも述べていますので、この「六界」が〈六大〉と同じ概念として論じられていることがわかります（藤井［2008］）。

　つまり、空海当時の日本仏教界では、〈六大〉という言葉は「六界」という概念と同じものとして理解されていたのです。

　さて、その「六界」（skt. ṣaḍ-dhātavaḥ）について、初期仏典である『中阿含経』に収められた『界分別経』には、次のよう説かれています。

　さて、修行僧よ、『人間というものは、六つの元素からなる』といったが、それはなにか。地の元素（地界）、水の元素（水界）、火の元素（火界）、風の元素（風界）、虚空の元素（空界）、識の元素（識界）である。修行僧よ、『人間というものは、六つの元素からなる』とは、これらについていったのである。

（『界分別経』／勝本［2005：481］）

　これは釈尊が、プックサーティ（pāli. Pukkusāti）という出家者に対して説いた内容ですが、ここでは人間が、「地界・水界・火界・風界・空界・識界」の「六界」から成っている、と説かれています。

　また、漢訳『中阿含経』巻第3『度経』には、次のようにも説かれています。

いったい何を六界というのか。私が自ら知り自らさとった内容をあなたのために説こう。〔六界とは〕言うなれば地界、水火風空識界、これを六界と言うのである。……六界が和合することによって母親の胎内に生じ、六界によるから六種類の感覚器官があるのである。

（『中阿含経』巻第3『度経』）

　ここでは、「六界」が地水火風空識の6種類であること、そしてその六界が和合することによって、母親の胎内に生を受け、感覚器官（六処・六入）を存在させる、と説かれています。ここで「母親の胎内に生じ」と説かれているように、この『度経』でも「六界」を人間の意味に使っています（加藤［1980］）。

　このように、安澄が〈六大〉と同じ概念として用いている「六界」という言葉は、私たち人間を意味する言葉として説かれています。とすれば、その「六界」と同じ意味で用いられていた〈六大〉も、やはり私たち人間を含めた生物のことを意味しているのでしょうか。

人間の構成要素

　実は、〈六大〉を人間の意味で用いる例は、先にも見た安澄の『中観論疏記』に出てきます。

　慧影師の注釈書には、……「ただし、六大は原因と条件が和合することによるから、強いて男女などと名づけるのである。〔その〕身体や肉などは地大である。その体内の湿り気などは水大である。その中の熱は火大である。呼吸などは風大であり、愛着が盛んになることなどがあるのは空大である。識別作用は識大である。……」と記されている。
〔また〕曇影師がおっしゃるには「〔地水火風の〕四大は空大を囲み、識大があって、これらが結合することによって身体となる。この六大を生きとし生ける者の本性とするから、名付けて大種というのである」と。これらの説に準拠して理解すべきである。

（安澄『中観論疏記』）

安澄は『中観論疏記』の中で、中国仏教の学僧である慧影と曇影の著作から、〈六大〉に関する議論を引用しています。この内、慧影の説では〈六大〉を「強いて男女などと名づける」とした上で、〈六大〉を肉体などに配当しています。また、曇影の説では「四大は空大を囲み、識大があって」と述べられ、これらが結合することで身体を形成する、と述べられています（藤井［2008］）。

　そこで、これらの〈六大〉説を整理すると、次のようになるのではないでしょうか（図表64）。

【図表 64　人間の構成要素】

・地界（地大）：身体・肉・骨
・水界（水大）：血液・体液
・火界（火大）：体熱・体温
・風界（風大）：呼吸
・空界（空大）：空間・体腔
・識界（識大）：心

　空海当時、〈六大〉または「六界」という言葉は、人間を意味する言葉として使われていました。空海が『即身成仏義』で「六大というは、五大と及び識となり」と述べたとき、同時代の人は「ああ、人間のことか」と思ったのではないでしょうか。

　もっとも、その空海当時の〈六大〉は、地大が肉や骨、水大が血液や体液……というように、人間の構成要素を表しています。その意味では空海当時、〈六大〉という言葉は「私たち人間が何でできているのか」を示す術語であった、と言うことができるでしょう。

『即身成仏義』の六大

　空海当時、〈六大〉は「私たち人間が何でできているのか」——「人間の構成要素」を示す術語でした。したがって『即身成仏義』の「六大無礙にして常に瑜伽なり」も、空海の同時代人からすれば「人間の構成要素がさまたげ合うことなく結び付き合っている状態」と理解されていたと思われます。

しかしながら、空海は『即身成仏義』の中で、「人間が何でできているのか」を示す術語であった〈六大〉を、まったく違った意味に解釈しなおしています。

　空海は『即身成仏義』の中で〈六大〉の定義をする際に、『大日経』巻第2「具縁品」からの引用を行い、次のように述べています。

謂く六大といっぱ、五大と及び識となり。『大日経』に謂う所の「我本不生を覚り、語言の道を出過し、諸過解脱することを得、因縁を遠離せり。空は虚空に等しと知る」是れ其の義なり。

（『即身成仏義』／『大日経』巻第2「具縁品」）

【現代語訳】

言うなれば六大というのは、五大と識大のことである。〔その六大とは〕『大日経』に「私は〔すべてのものが〕生じたり滅したりしないことを覚り、〔またそれらすべてのものが〕言葉による表現を越え出ており、さまざまな過失から解放され、原因や条件に左右されるものではなく、その空間〔的な広がり〕は全宇宙に等しいと知った」と説かれている、これがその〔六大の〕意味である。

　ここで空海は『大日経』の経文を用いながら、〈六大〉の意味を定義しています。『即身成仏義』では、この他にもいくつかの密教経典を用いて、〈六大〉の定義を行っています。それらを踏まえて『即身成仏義』における〈六大〉説を整理すると、図表65のようになるでしょう。

【図表65　『即身成仏義』の六大】

六大		意味
地大	本不生	生じたり滅したりしない
水大	離言説	言葉で言い表せない
火大	無垢塵	（清らかで）汚れがない
風大	離因縁	原因や条件に左右されない
空大	等虚空	全宇宙に等しい（ほど遍満している）
識大	我覚	私は……と覚る

すなわち、『即身成仏義』における〈六大〉とは、「生じたり滅したりすることなく、言葉では言い表せず、清らかで汚れなく、原因や条件に左右されることがない、全宇宙に等しいほど遍満している、と覚る私」といった内容になります。

　この〈六大〉を、先に見た空海当時の〈六大〉と比べてみると、その内容が明らかに異なっていることがわかります。

六大＝大日如来

　それでは、『即身成仏義』の〈六大〉は、いったい何を表しているのでしょうか。

　「私は、生じたり滅したりすることなく、言葉では言い表せず、清らかで汚れなく、原因や条件に左右されることがない、全宇宙に等しいほど遍満している、と覚る」——このような存在を、密教では「大日如来」と呼びます（図表66）。

【図表66　大日如来】

　「地大」に配される「本不生」は、「本より生ぜず」と訓読します。これは「何か本になるものに依拠して生じている（＝存在している）のではない」という意味です。その意味で、「本不生」なるものは、何かによって生じたものではないから滅することもない、言い換えるならば「生じたり滅したりしない」ことになります。

　さて、大日如来は〈法身〉ですので、誰かによってつくられたものではありません。つくられたものは必ず滅びる、というのが仏教の基本説だからです。前に少し触れましたが、〈法身〉とは〈さとり〉の真理そのもののことです（88〜89頁参照）。〈さとり〉の真理が誰かにつくられたものならば、その〈さとり〉の真理も、消滅したり変化したりすることになります。このようであるのなら、場所によって〈さとり〉の真理があったりなかったり、あるいは時代によって〈さとり〉の真理の内容が変わってしまったりすることもあるでしょう。しかし、〈さとり〉の真理がなくなったり変化してしまったりしたら、もう誰も釈尊と同じ〈さとり〉を開くことができなくなってしまいます。したがって、〈さとり〉の真理は、生じたり滅したりしない、

すなわち変化することがない「本不生」でなければなりません。

　また〈さとり〉の真理である大日如来は、「言葉で言い表すことができない」存在です。もしも〈さとり〉の真理が言葉で言い表すことができるなら、誰でもその言葉を聞くなり読むなりするだけで、〈さとり〉の真理に触れる、つまり〈さとり〉を開くことができることになってしまいます。しかしながら、言葉とは不完全なものです。たとえば同じ文章を読んでも、人それぞれ解釈は異なるはずです。ましてや、〈さとり〉や真理に関するような難解な教えであれば、なおさらでしょう。したがって〈さとり〉の真理は「離言説」である、とされます。これが「水大」に配されます。

　さらに、生滅変化せず言葉でこれと言いあらわせない〈さとり〉の真理には、垢や塵、汚れに喩えられる煩悩はありません。その意味で〈さとり〉の真理は「無垢塵」――「清らかで汚れない」存在です。これが「火大」に配されます。

　また、〈さとり〉の真理は「ああだったら……」とか「こうだったら……」といった原因や条件にも左右されることはありません。もし〈さとり〉の真理が何かの原因や条件に左右されてしまうと、「ああいう場合は〈さとり〉の真理があるけれど、こういう場合はない」なんてことになってしまいます。ですので、〈さとり〉の真理は「離因縁」――原因や条件から離れている、つまり原因や条件に左右されることはありません。これが「風大」に配されます。

　そして、〈さとり〉の真理はどこにでもなければなりません。そうでなければ、ある特定の場所でしか〈さとり〉を開くことができなくなるからです。したがって、〈さとり〉の真理である大日如来は、「等虚空」――全宇宙に等しいほど遍満しています。これが「空大」に配されます。

　このように見てみると、『即身成仏義』で説かれている〈六大〉の内容は、すべて大日如来――その限りにおいて〈さとり〉の真理――の性質となっていることがわかります（遠藤［1981］）。

構成要素から本質へ

　〈六大〉はもともと人間を意味する言葉でした。従来はそれが、「私たち人間が何でできているのか」という構成要素に関する言葉として使われていま

す。

しかし『即身成仏義』では、その〈六大〉が「大日如来の性質」とされているのです。したがって空海は、〈六大〉を人間の構成要素に関する言葉としてだけではなく、「私たちが何であるのか」という性質や本質を示す言葉として解釈している、と言うことができます。

【図表67　私たちの本質】

その性質・本質とは、言うまでもなく大日如来、すなわち〈さとり〉の真理という性質です。空海は、『即身成仏義』の〈六大〉解釈によって、私たちの本質が大日如来すなわち、〈さとり〉の真理である、ということを論じているのです。

……上、法身に達し、下、六道に至るまで、麁細隔て有り大小差有りと雖も、然れども猶六大を出でず。故に仏、六大を説いて法界体性としたもう。

（『即身成仏義』）

【現代語訳】

……上は法身大日如来から、下は六道の衆生に至るまで、粗いとか細かいとかの隔てがあり、大きいとか小さいとかの違いがあるといえども、〔存在する者はすべて〕六大を出ない。そうであるから仏陀は〈六大〉を説いて、真理の世界そのものである性質とされたのである。

『即身成仏義』では〈六大〉について、「故に仏、六大を説いて法界体性としたもう」と述べ、〈六大〉が「法界体性」すなわち「〈さとり〉の真理そのものである性質」である、とコメントしています。ここからも、『即身成仏義』の〈六大〉が、単に構成要素をあらわす言葉としてだけではなく、性質・本質をあらわす言葉としても使われていることがうかがえるでしょう。

このように『即身成仏義』では、従来は人間の構成要素を示していた〈六大〉の内容に、性質や本質という意味を付け加えた解釈をしています。空海は、

私たちの本質を大日如来であり、〈さとり〉の真理である「法界体性」とし
ています。しかもその〈六大〉は、ただ私の本質であるのみでなく、法身か
ら六道の衆生まで、すべてのものの本質なのです。

六大能生

　私たちの本質である「法界体性」、すなわち「大日如来」と読み換えられた〈六
大〉について、『即身成仏義』ではその〈六大〉がすべてのものを生み出す、
と論じています。これを「六大能生」と言います。

是の如くの六大は、能く一切の仏、及び一切の衆生、器界等の四種法身
と三種世間とを造す。

（『即身成仏義』）

【現代語訳】

このような〈六大〉は、よくすべての仏陀、およびすべての生きとし生
ける者、環境世界などの四種法身と三種類の世間を作り出す。

　ここで〈六大〉からつくり出されるとされる「四種法身」とは、すでに触
れたように密教における仏身論のことで、大日如来が現し出す、自性法身・
受用法身・変化法身・等流法身の4種類の形態を指します（129頁参照）。
この〈四種法身〉は〈マンダラ〉に描かれる諸尊を表していますので、〈六大〉
が生み出す〈四種法身〉とは、大日如来がさまざまな姿を取って現れ出てき
た〈マンダラ〉の諸尊にほかなりません。

　さて、『即身成仏義』で〈六大〉がつくり出すとされているもう1つは、
「三種世間」です。この「三種世間」とは、3種類の世間（世界）のことで、
存在する者すべてに関する世界観・カテゴリーです（図表68）。

【図表68　三種世間】

器世間…………環境世界・非生物の世界
衆生世間………凡夫の世界・生物の世界
智正覚世間……仏陀の世界・修行者の世界

その〈三種世間〉が〈六大〉からつくり出されるということは、〈六大〉が私たちを含めた生物だけの本質ではなく、器世間である周囲の環境や非生物の本質でもあることを物語っています。このことは、実は重要な問題をはらんでいます。と言うのも、〈六大〉が生物のみならず非生物の本質でもあるということは、非生物にも識大──つまり〈心〉があることになってしまうからです。

　空海は非生物について、『即身成仏義』の別の箇所で「密教には則ち此れを説いて如来の三摩耶身とす」と述べ、密教では非生物を大日如来のシンボル（如来の三摩耶身）とする、と述べています。つまり空海は、器世間である非生物もまた、大日如来の現れである、と考えているのです。

　さて、『即身成仏義』では、従来は人間の構成要素を示す言葉であった〈六大〉が、「本質」である「法界体性」、すなわち大日如来を示す内容の言葉という解釈が加えられました。つまり、空海によれば〈六大〉が示すその本質とは、私たちもまた大日如来を本質とし、「法界体性」、すなわち〈さとり〉の真理そのものを本質とする、ということです。

　しかもその〈六大〉は、大日如来が現し出す〈四種法身〉や智正覚世間だけではなく、衆生世間・器世間も含む〈三種世間〉を生み出します。これは言い換えるならば、〈六大〉がただ私の本質であるにとどまらず、存在するものすべての本質である、ということにほかなりません。「この六つはすべての生物・非生物に遍満するから〈大〉というのである」という『異本即身成仏義』の〈六大〉規定は、まさに〈六大〉が生物・非生物を問わず、存在するものすべての本質であるということを示している、と言えるでしょう。

　と同時に、この「六大能生」という思想は、その本質が「法界体性」である私たちが、自分自身のあり方とその世界をつくり出している、ということを意味しています。

　すでに述べたように空海は、凡夫が〈三界〉・〈六道〉という〈輪廻〉の世界を自らつくりあげている、と考えています（60頁参照）。そういった世界が衆生世間であり、場所としての器世間、ということになります。つまり空海は、〈六大〉すなわち「法界体性」である大日如来を本質とする私たちが、そのあり方によって〈四種法身〉にも「凡夫」にもなり得る、ということを

「六大能生」として説明しているのです。

能所の二生

　私たちの本質である〈六大〉によって、仏陀から六道の衆生まで存在するものすべてが生み出される。それは言い換えるならば、私たちが私たちのあり方によって仏陀にも六道の衆生にもなり得る、ということを意味しています。

　ただし、その「本質」と「あり方」の関係は、「本質」が先にあって「あり方」をつくり出す、というものではありません。

能所の二生有りと雖も都て能所を絶せり。法爾道理に何の造作か有らん。……常途浅略の義を執して種種の戯論を作すべからず。

（『即身成仏義』）

【現代語訳】

〔生み出すものと生み出されるものという〕主・客2種類の関係があるとは言っても、〔それらは〕すべて主・客の関係を離れている。ありのままの道理になんの作為があろうか。……一般的な浅い意味に執着して、さまざまな愚かな議論を作ってはならない。

　ここで空海は、〈六大〉と〈四種法身〉、〈三種世間〉には生み出す本質、生み出されるあり方という関係があるとは言っても、それはあくまでも便宜上のものである、と述べています。このとき、本質とあり方の関係は「法爾道理」すなわち「ありのままの道理」とされますが、これは言い換えるならば生み出すものと生み出されるものという関係（能所の二生）はあくまでも説明のためのものである、ということにほかなりません。

　〈六大〉は従来、「人間が何でできているか」という構成要素を示す言葉でした。しかし空海はそれを私たち人間のみならず、存在するものすべての本質を示す言葉という解釈が加えられました。しかも〈さとり〉の真理そのものである「法界体性」と定義しています。その本質である〈六大〉によって、私たちは凡夫から仏陀までさまざまなあり方をする。それが「六大能生」の

意味です。

　ただしそれは「能所の二生」、すなわち便宜上、主客に分けた説明に過ぎません。〈六大〉と〈四種法身〉・〈三種世間〉は、本来別々に存在しているわけではないのです。

　仏陀としてのあり方をするときは、私は仏陀として存在し、私の住む世界も仏の世界です。しかし、私のあり方が地獄の亡者のようならば、私は地獄の亡者として存在し、私の住む世界も地獄の世界となります。

　存在するものすべての本質が〈六大〉であり、その〈六大〉から存在するものすべてが生み出されるという『即身成仏義』の〈六大〉解釈は、そのあり方によって何者かになり、そして何らかの世界に存在しているという、私たち人間のあり方を生み出すものと生み出されるもの（能所の二生）の関係を使って説明しています。と同時にそれは、それらのあり方すべてが〈さとり〉の真理そのものである法身大日如来のあり方である、ということも示しているのです。

3　〈マンダラ〉を現し出す

四種曼荼各々離れず……

　『即身成仏義』の中核をなす「二頌八句」の内、「即身の頌」の第2句は、次のとおりです。

　四種曼荼各々離れず〈相〉

（『即身成仏義』）

【現代語訳】

　四種類の〈マンダラ〉は互いに離れることがない〈様相〉

　〈マンダラ〉（skt. maṇḍala）については前にも触れましたが、大日如来が〈大悲〉に基づく〈神変〉によって現し出すさまざまな姿であるとともに、「本質を有するもの」として大日如来の〈さとり〉の内容を図示したものです。その代表例は、『大日経』に説かれる胎蔵マンダラと、『金剛頂経』に説かれ

る金剛界マンダラです（112頁、図表42参照）。

　『即身成仏義』では「即身の頌」の第2句で、その〈マンダラ〉には大マンダラ、三昧耶マンダラ、法マンダラ、羯磨マンダラと呼ばれる4種類の表現方法がある、と論じています。これが「四種曼荼」、すなわち〈四種マンダラ〉にほかなりません。

　ところで、この〈四種マンダラ〉には「四種智印」という別名もあります。「智印（skt. jñāna-mudrā）」とは、〈さとり〉の智慧を決定づけるという意味で、真言密教の修行者（真言行者）が修行によって現し出す〈四種マンダラ〉を指します。その意味では、四種マンダラを修行者の実践という観点から見た場合に「四種智印」と呼ばれる、と言うことができるでしょう（松長［2019］）。

　さて『即身成仏義』ではこの〈四種マンダラ〉について、『大日経』巻第6「説示本尊三昧品」を引用して次のように説明しています。

　四種曼荼各不離というは、『大日経』に説かく、「一切如来に三種の秘密身有り。謂く字・印・形像なり」。字というは法曼荼羅なり。印というは謂く種種の標幟、即ち三昧耶曼荼羅なり。形というは相好具足の身、即ち大曼荼羅なり。此の三種の身に各々威儀事業を具す。是れを羯磨曼荼羅と名づく。是れ四種曼荼羅なり。

（『即身成仏義』）

【現代語訳】

「四種類の〈マンダラ〉は互いに離れることがない」というのは、『大日経』に「すべての仏陀に三種類の秘密の身体がある。〔それは〕字・印・形像と言う」と説かれている。〔この『大日経』での〕「字」というのは法マンダラである。「印」というのは言うなればさまざまなシンボルであり、すなわち三昧耶マンダラである。「形」というのは仏陀の身体的特徴を備えた身体であり、すなわち大マンダラである。この三種類の身体にそれぞれ立居振舞が備わっている。これを羯磨マンダラという。これが四種マンダラである。

　『大日経』巻第6「説示本尊三昧品」では、すべての仏陀には「字」（文字)・

「印」（シンボル）・「形像」（姿形）の三種類の身体、「三種の秘密身」がある
と説かれていますが、空海はそれを次のように〈四種マンダラ〉に配当して
います。

【図表 69　三種秘密身】

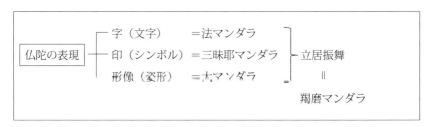

　このように『即身成仏義』では、仏陀の文字・シンボル・姿形という
身体と、それらに備わっている立居振舞とが、〈四種マンダラ〉であると
されます。
　つまり〈四種マンダラ〉とは、〈マンダラ〉の諸尊を、その姿形（大マンダラ）、
シンボル（三昧耶マンダラ）、文字（法マンダラ）、立居振舞（羯磨マンダラ）
という 4 つの側面から表現する方法なのです。

四種マンダラ

　『即身成仏義』では続けて、「若し金剛頂経の説に依らば、四種曼荼羅とい
うは……」と述べ、『金剛頂経』に基づく四種マンダラを紹介しています。
　長文になりますので、1 つずつ紹介していきたいと思います。

①大マンダラ

　1 番目の「大マンダラ」は、三種秘密身の「形像」にあたります。

> 一には大曼荼羅。謂く一一の仏菩薩の相好の身なり。又其の形像を彩画
> するを大曼荼羅と名づく。又五相を以って本尊の瑜伽を成ずるなり。又
> 大智印と名づく。
>
> （『即身成仏義』）

「相好の身」とは、仏陀の身体的特徴である「三十二相八十種好」を備えた身体という意味です（72頁、図表31参照）。あるいは、その姿形を絵で描いて表現したものが大マンダラにあたります。

【図表70　大マンダラ】

その意味で大マンダラとは、私たちが目にする最も代表的な〈マンダラ〉と言えるでしょう。また、ここに「一一の仏菩薩の相好の身」とあることから、仏陀のお姿を絵で表した「仏画」も、大マンダラにほかなりません。

さらにここでは、「又五相を以って本尊の瑜伽を成ずるなり」とも述べられています。この「五相」とは「五相成身」という『金剛頂経』に説かれる密教の瞑想法です（122頁、図表53参照）。

大マンダラ（この場合は大智印）とは、密教の修行者である真言行者が、密教の瞑想法を実践している姿でもあるのです。

②三昧耶マンダラ

2番目の「三昧耶マンダラ」は三種秘密身の「印」にあたります（図表71）。

二には三昧耶曼荼羅。即ち所持の標幟、刀剣、輪宝、金剛、蓮華等の類是れなり。若し其の像を画する、是れなり。又二手を以って和合して金剛縛を発生して印を成ずる、是れなり。亦三昧耶智印と名づく。

（『即身成仏義』）

【現代語訳】

二つ目は三昧耶マンダラ。すなわち〔仏陀や菩薩などが〕持っているシンボルや刀剣、輪宝、金剛杵、蓮華などのものがこれにあたる。もしくはその形を描いたものもまたこれである。また、両手を合わせて金剛縛〔という印契〕を結び、〔そこからさまざまな〕印契をなすこともこれである。また、三昧耶智印とも名付ける。

この三昧耶（skt. samaya）には、シンボルや誓い、平等といった多くの意味があり、今はそのシンボルの意味です。

三昧耶マンダラとは〈マンダラ〉の諸尊が手にしている、刀剣や金剛杵、蓮華といったシンボルのことです。また、そのシンボルを描いて表現した〈マンダラ〉も三昧耶マンダラになります。

またここでは、「又二手を以って和合して金剛縛を発生して印を成ずる」とも述べられています。この場合の「印」すなわち印契（skt. mudrā）とは、真言行者が修行に際して手で結ぶさまざまな形のことです。仏画や仏像を見てみると、仏さまが手でいろいろな形を示していますが、それが印契です。

【図表71　三昧耶マンダラ】

また、その印契の形のことを印相とも言います。ここで「二手を以って和合して……」紹介されている金剛縛という印は、実際に印を結ぶ前の準備の形でもあり、そこからさまざまな印が派生することから、印を生み出す母として「印母」と呼ばれます。なお、私たちが仏さまを拝むときに手を合わせる合掌も、印契の１つです。つまり、真言行者や私たちが手で結ぶ印もまた、三昧耶マンダラ・三昧耶智印なのです。

③法マンダラ

　３番目の「法マンダラ」は、三種秘密身の「字」にあたり、「種子真言」のことを指します。

三には法曼茶羅。本尊の種子真言なり。若し其の種子を各々本位に書く、是れなり。又法身の三摩地及び一切契経の文義等、皆是れなり。亦法智印と名づく。

（『即身成仏義』）

【現代語訳】

三つ目は法マンダラ。本尊の一字真言のことである。もしくはその一字真言をそれぞれの定まった場所に書いたものもこれにあたる。また法身の瞑想の境地、およびすべての経典の文章とその意味などはみな、これにあたる。また法智印ともいう。

　「種子真言」とは、仏陀や菩薩などを表現する、悉曇文字（サンスクリット語のアルファベットの１種）の１文字、すなわち「一字真言」のことです。またその「一字真言」をそれぞれの場所に書いて表現した〈マンダラ〉が、法マンダラと呼ばれます（図表72）。

　またここでは、「法身の三摩地及び一切契経の文義等、皆是れなり」とも述べられています。この「三摩地」（skt. samādhi）とは、精神を集中すること、を意味しますので、瞑想または瞑想によって得られる境地のことを指します。

【図表 72　法マンダラ】

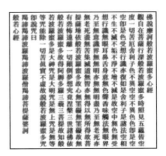

ここでは、その経典の「文義」、つまり文章と意味が法マンダラであるとされているのです。したがって、真言行者や私たちが誦える真言や経典もまた、法マンダラ・法智印と言えるでしょう。

④羯磨マンダラ

　〈四種マンダラ〉４番目は「羯磨マンダラ」です。「羯磨」とは、サンスクリット語で「行為」を表す「karman」の音写語です。

> 四には羯磨曼荼羅。即ち諸仏菩薩等の種種の威儀事業、若しは鋳、若しは捏等亦是れなり。亦羯摩智印と名づく。
>
> 　　　　　　　　　　　　　　　　　　　　　　（『即身成仏義』）
>
> 【現代語訳】
>
> 四つ目は羯磨マンダラ。すなわち諸々の仏陀や菩薩などの立居振舞、もしくは鋳物、もしくは塑像など〔の仏像〕がこれである。また羯磨智印ともいう。

　ここでは羯磨マンダラについて、「若しは鋳、若しは捏等」とありますが、これは鋳物や塑像、木造などでつくった仏像のことです。それらの仏像で立体的に表現した〈マンダラ〉が、この羯磨マンダラにあたります（図表73）。

　さらにここでは羯磨マンダラのことを「種種の威儀事業」、と述べています。この「威儀」とは、今日でも「威儀を正す」と言いますが、身なり・姿勢のことです。

　また「事業」とは、はたらきや仕草、行動を意味しますので、今の「威儀事業」とは、立居振舞のことと考えてよいでしょう。

　仏像は実にさまざまなポーズをとっていますが、それらはその仏像で表さ

【図表73　羯磨マンダラ】

れる仏陀の「威儀事業」すなわち立居振舞にほかなりません。

　真言行者が修行をするときや、私たちが仏さまを拝むとき、決してダラダラッとした姿勢は取りません。背筋をピッと伸ばし、威儀を正します。つまり、その立居振舞もまた、羯磨マンダラ・羯磨智印と言えるのでしょう。

各々離れず

　このように〈四種マンダラ〉とは、〈マンダラ〉を姿形やシンボル、文字や仏像で表現する4種類の表現方法のことです。その意味では、4種類の中の1つのマンダラが現れていれば、そこにはほかの3種のマンダラも現れていると言えます。

　それは例えば、誰かを思い描くとき、その人の姿、その人を象徴する特徴、名前、仕草などが同時に思い描かれているようなものです。

是の如くの四種曼荼・四種智印其の数無量なり。一一の量虚空に同じ。彼れは此れを離れず、此れは彼れを離れず。猶し空光の無礙にして逆えざるが故に四種曼荼各々離れずと云う。不離は即ち是れ即の義なり。

（『即身成仏義』）

【現代語訳】

このような四種マンダラ・四種智印はその数が数え切れない。〔その〕1つ1つの量は全宇宙に同じである。〔四種マンダラの関係は〕それはこれを離れず、これはそれを離れず〔というものであり〕、あたかも空間と光とが互いにさまたげず逆らわないようなものであるから、四種類の〈マンダラ〉は互いに離れることがない、と言う。離れることがない、というのは「即」という意味である。

　『即身成仏義』では、〈四種マンダラ〉の数が数え切れず存在し、しかも互いに関連しあって存在する、と述べられています（村上［2016］）。

　阿弥陀如来を例にあげると、そのお姿が大マンダラで、三昧耶マンダラが「開いた紅蓮華の花」、法マンダラが「𑖮 hrīḥ」という悉曇文字になります。これら1つひとつは、見た目は異なっていますが、すべて阿弥陀如来という

仏陀そのものにほかなりません。

　しかし〈四種マンダラ〉は、阿弥陀如来だけではなく、すべての仏陀に備わっています。胎蔵マンダラ・金剛界マンダラを見ればわかるように、それらは互いに離れることなく関連し合っている。それはあたかも空間を光が互いに遮ることがないように入り混じり合っている──それが「即身の頌」の第２句で「四種曼荼各々離れず」と言われている「各々離れず」の意味なのです。

マンダラを現す

　ところで『即身成仏義』では、この〈四種マンダラ〉を〈六大〉が生み出す、と述べています。それは「六大能生」を説明する箇所になるのですが、空海は『大日経』巻第５「秘密曼荼羅品」の経文を引用した上で、その箇所について次のように述べているのです。

　謂く六大能く四種法身と曼荼羅と及び三種世間とを生ずることを表す。

（『即身成仏義』）

【現代語訳】
　言うなれば、〈六大〉はよく四種法身と〈マンダラ〉と三種世間とを生み出すことを表している。

　〈六大〉とは、大日如来であり、かつ「法界体性」すなわち〈さとり〉の真理そのものでもありました。その〈六大〉が〈マンダラ〉を生み出すとありますので、これは大日如来がマンダラを現し出すこと、と言い換えることができます。

　しかしながら、その〈六大〉は同時に私たちの本質でもあります。とすれば、今の「六大能生」は、「即身成仏」──すなわち「この身のままで仏陀になること」と、どのように関係するのでしょうか。

　このとき、『即身成仏義』の〈四種マンダラ〉に関する説明に出てきた、もう１つの意味（四種智印）が重要になってきます。それは、密教の修行者である真言行者が実践する修行に関する説明です（図表74）。

> ・大智印（大マンダラ）……真言行者が密教の瞑想法を実践している姿
> ・三昧耶智印（三昧耶マンダラ）……真言行者が修行に際して手で結ぶ印契
> ・法智印（法マンダラ）……真言行者が修行のときに誦える真言や経典
> ・羯磨智印（羯磨マンダラ）……真言行者の立居振舞

　このように『即身成仏義』では、〈四種マンダラ〉の別名である四種智印を、瞑想・印契・経典・立居振舞といった、真言行者が実践する密教の修行内容と関連付けて論じています。つまり〈四種マンダラ〉とは、〈マンダラ〉の表現方法であるとともに、真言行者が実践する密教の修行法の表現（四種智印）でもあるのです。

　〈六大〉を本質とする真言行者が、威儀を正し、印契を結び、真言を誦え、瞑想を実践する姿は、まさにそこに〈四種マンダラ〉が現れ出ている、と言うことができます。

　すでに述べたように、「六大」はもともと人間の構成要素を示す言葉でした。『即身成仏義』では、「六大」という言葉はそのままに、その内容に私たちの構成要素であると同時に本質でもあるという解釈を加えています。それによって、「法界体性」すなわち〈さとり〉の真理そのものである大日如来が〈マンダラ〉を現し出すこと、すなわち「六大能生」というはたらきは、真言行者が密教の修行を実践し、〈マンダラ〉を現すことでもあるのです。

　このように言葉に新しい解釈を加えながらも、空海があえて「六大」という言葉を用いた理由は、今の「六大能生」を、「大日如来が〈マンダラ〉を現し出すこと」と「真言行者が修行すること」とが同じこととして論じようとする意図があったからではないでしょうか（図表 75）。

　〈六大〉が〈マンダラ〉を生み出す――「六

【図表 75　六大能生】

大マンダラ
三昧耶マンダラ
法マンダラ
羯磨マンダラ

瞑想する姿
印契
真言・経典
立居振舞

〈大日如来〉　〈真言行者〉

〈六大〉

大能生」は、単に〈さとり〉の真理から仏陀の世界が出現する、というような抽象的な議論としてのみ論じられているのではありません。

　〈六大〉を本質とする者、特に真言行者が密教の修行を実践するとき、そこに〈マンダラ〉が現れている、ということを意味しているのです。

三密加持すれば速疾に顕わる……

　〈六大〉をその本質とする真言行者が、密教の修行を実践するとき、そこに〈マンダラ〉が現れている──『即身成仏義』では、〈マンダラ〉の出現をこのように論じていました。その〈マンダラ〉を出現させる方法が、密教独自の修行方法である「三密行」です。

　『即身成仏義』の中核をなす「即身の頌」の第3句では、その「三密行」について次のように説かれています。

三密加持すれば速疾に顕わる〈用〉

（『即身成仏義』）

【現代語訳】
身体・言葉・心の作用が感応してたちまちに顕れる〈作用〉

　ここで「三密」と呼ばれているのは、仏陀の活動のことです。すでに触れましたが、『華厳経』では、第十法雲地のレベルに達した菩薩にはじめて開顕する「如来秘密」として、仏陀の身体的・言語的・心的をはじめとする10種類の秘密が挙げられていました（108頁、図表39参照）。

　密教では、その仏陀の活動を「大日如来の活動」として、身密（仏陀の身体的活動）・語密（仏陀の言語的活動）・心密（仏陀の心的活動）の〈三密〉にまとめ、〈マンダラ〉の諸尊はその大日如来の三密の表象とします（第2章第4節）。その〈三密〉について、『即身成仏義』では次のように定義しています。

謂く三密というは、一には身密、二には語密、三には心密なり。法仏の三密は甚深微細にして、等覚十地も見聞すること能わず。故に密と曰う。

一一の尊、等しく利塵の三密を具して、互相加入・彼此摂持せり。衆生の三密も亦復是の如し。故に三密加持と名づく。

（『即身成仏義』）

【現代語訳】
言うところの〈三密〉とは、一つには身密、二つには語密、三つには心密である。法身の三密ははなはだ奥深く細やかなものであって、等覚や十地〔という高次のレベルの菩薩〕であっても見聞きすることはできない。それだから秘密であると言う。一人ひとりの仏陀はそれぞれ数えきれないほどの三密を備え、互いに〔力を〕加え合い、それぞれをおさめて保持しあっている。生きとし生けるものの三密もまたまた同じようなものである。そうであるから、「身体・言葉・心の作用が感応する」というのである。

　ここでは、今の「三密」が法身の活動であり、十地の菩薩や等覚の菩薩にも見聞きすることができない、と述べられています。その〈三密〉は「一一の尊」――すなわち〈マンダラ〉の諸尊にそれぞれ備わっています。つまり、大日如来の〈三密〉の表象である〈マンダラ〉の諸尊もまた、それぞれに身体的活動である身密、言語的活動である語密、心的活動である心密の〈三密〉があるのです。

加持の語義

　しかも、その〈三密〉は「等しく利塵の三密を具して」と言われていますので、数え切れないほど備わっているとされます。〈マンダラ〉の諸尊それぞれに数え切れないほど備わっている〈三密〉は、互いに力を加え合い、かつそれぞれを保持しあっています。

　そのような諸尊の〈三密〉の関係を、ここでは「互相加入・彼此摂持」と呼んでいますが、それが「三密加持すれば……」と言われる「加持」（skt. adhiṣṭhāna）ということにほかなりません。

　「加持」の原語である「adhiṣṭhāna」は、「〜の上に」という意味の接頭語「adhi-」と、「立つ」「存在する」といった意味の動詞語根「√sthā」の派生語から成

り立っています。したがって本来は「上に立つ」とか「乗る」といった意味ですが、そこから「支配する」とか「征服する」とかの意味も有します（渡辺［1977］）。

例えば、仏教の護法神である毘沙門天などの仏像や仏画で、天邪鬼などを踏みつけているものをご覧になった方もいらっしゃるでしょう（図表76）。

【図表76　毘沙門天と天邪鬼】

これは悪さをする天邪鬼を毘沙門天が懲らしめて支配していることを表しています。この「踏みつける」という行為は「〜の上に立つ」ということですので、「adhi＋√sthā」になるわけです。

しかも「支配する」というのは、その対象を影響下に置くことです。毘沙門天に踏まれた天邪鬼は、まさに仏教の支配下・影響下に置かれていることになります。

仏教の支配下に置かれるということは、仏・菩薩の庇護を受けるということでもありますから、したがってこの「加持」という言葉は、本来「仏陀や菩薩たちが不思議な力をもって衆生を護ること」（『仏教語大辞典』）を意味し、「adhiṣṭhāna」（アディシュターナ）は「加被」（力を加えられる）とも訳されました。

互相加入・彼此摂持（ごそうかにゅう・ひししょうじ）

しかし『即身成仏義』では「加持」を、〈マンダラ〉の諸尊の〈三密〉における相互関係として、「互相加入・彼此摂持」と解釈しています（村上［2016］）。〈三密〉とは、「衆生への憐れみによって」（79〜80頁参照）、すなわち人々を苦しみから救おうとする〈大悲〉によってなされる仏陀の活動ですから（113頁、図表43参照）、〈マンダラ〉の諸尊はお互いがお互いを教え導き合うという形で「三密加持」（さんみつかじ）しあっている、と言えるでしょう。

つまり空海は「三密加持」を、〈マンダラ〉の諸尊それぞれに数え切れないほど備わっている仏陀としての活動が、それぞれに影響しあい、関連しあっていることとして理解しているのです（図表77）。

このことは、私たちの日常において
も実感することかもしれません。私た
ちは日々、行動したり、言葉を発したり、
何ごとかを思ったりして生きています。
そういった活動は、決して自分自身だ
けの活動ではなく、実際はほかのさま
ざまな人の活動から影響を受けていま
すし、またほかのさまざまな人にも影

【図表77　五相加入・彼此摂持】

互いに影響を与え合う……

響を与えます。ほかの人の活動からの影響のもとに自分自身の活動があり、
またその活動によってほかの人にも影響を与える——。まさに「互相加入・
彼此摂持」と言えるのではないでしょうか。

　〈マンダラ〉の諸尊それぞれの仏陀としての活動が、それぞれに影響しあい、
関連しあっているということ、それこそが空海の言う「三密加持」にほかな
りません。

三密行

　ただし、その「三密加持」の関係は〈マンダラ〉の諸尊の間でだけなされ
ているわけではありません。「衆生の三密も亦復是の如し」と述べられてい
るように、生きし生ける者すべての〈三密〉と「法仏の三密」もまた、「互
相加入・彼此摂持」、つまり「三密加持」の状態にあるのです。

　通常、私たち凡夫は身口意の〈三業〉をなして六道を〈輪廻〉していると
されます（第1章第3節）。しかし、その私たちも本質は〈六大〉——すな
わち〈さとり〉の真理そのものですから、ここではそれを「衆生の三密」と
呼んでいるのです（松長［2019］）。

　さて、『即身成仏義』では、その「衆生の三密」と「法仏の三密」との「三
密加持」について、次のように述べています。

若し真言行人有って此の義を観察し、手に印契を作し、口に真言を誦し、
心を三摩地に住すれば、三密相応して加持するが故に、早く大悉地を得。

（『即身成仏義』）

173

【現代語訳】

もしも真言密教の修行者がいて、手に〔本尊の〕印契を結び、口では〔本尊の〕真言を唱え、心を〔本尊の〕瞑想の境地にとどめるならば、〔本尊と修行者との〕三密が結びつきあうので、速やかに〔本尊と等しくなるという境地の〕完成を獲得する。

　この箇所では、仏陀の活動である〈三密〉が、「印契」、「真言」、「瞑想」とされています。

　〈四種マンダラ〉のところでも少し触れましたが、「印契」とは真言行者が手で結ぶさまざまな形のことです。仏画や仏像の印相（いんぞう）がこれにあたり、「身密」に配されます。次に「真言」は、〈マンダラ〉の諸尊にはそれぞれの真理を表す言葉があります。これが「真言」であり、「口密」に配されます。「瞑想」は、〈マンダラ〉の諸尊の境地に心を集中することで、「心密」に配されます。

　〈マンダラ〉の諸尊には、それぞれに印と真言と瞑想法があります。真言行者はその〈マンダラ〉の諸尊のいずれかを本尊とし、その印・真言・瞑想を〈三密〉として修行を実践します（図表78）。

【図表 78　行者の三密】

　・身密：手に結ぶ本尊の印契
　・語密：口に誦える本尊の真言
　・心密：心に描く本尊の境地

　そのとき真言行者が法身の〈三密〉と自身の〈三密〉との間の「加持（かじ）」関係を観察し、手に本尊の印を結び、口に本尊の真言を唱え、心を本尊の瞑想の境地にとどめるならば、その本尊である「法仏の三密」と真言行者の「衆生の三密」とが相応し、両者の間に「互相加入（ごそうかにゅう）・彼此摂持（ひししょうじ）」の「加持」関係が成立します。その結果、真言行者は本尊と一体となる──つまり〈マンダラ〉の仏と成ります。

　仏陀の活動であった〈三密〉を、本尊である〈マンダラ〉の仏の印契・真

言・瞑想に置き換え、それを用いて〈マンダラ〉の諸尊の〈三密〉と真言行者の〈三密〉とを相応させること、それが密教の修行法である「三密行（さんみつぎょう）」にほかなりません（図表79）。

【図表79　三密行】

	【法仏】		【修行者】
身密	本尊の身体的活動	←加持→	手に結ぶ本尊の印契
口密	本尊の身体的活動		口に誦える本尊の真言
意密	本尊の身体的活動		心に描く本尊の境地

なお、ここで「三密相応（さんみつそうおう）して」と述べられている「相応」とは、〈六大〉のところで述べたように、「瑜伽（ゆが）（skt. yoga）（ヨーガ）」の翻訳語で、「結びつく」ことを意味しています。

つまりここでは、本尊と真言行者の〈三密〉が結びつき、等しくなることが、「三密相応（さんみつそうおう）」と述べられているのです。

速疾（そくしつ）に顕（あら）わる

大日如来は〈大悲〉によって、〈三密〉の活動を〈マンダラ〉として現し出します。その〈マンダラ〉の諸尊として現し出された仏・菩薩たちにも、それぞれ〈三密〉が備わっており、お互いに関連しあっています。

〈三密〉は仏陀の身体と言葉、そして心の活動のことです。成道後の釈尊がそうであったように、仏陀は「衆生への憐れみによって」人々を教え導くという仏陀としての活動をします。大日如来にとっては、その仏陀としての活動こそが、やはり〈三密〉を備えた〈マンダラ〉の諸尊を現し出すことにほかなりません。

真言行者はその〈マンダラ〉の諸尊を本尊として、その印を結び、真言を唱え、本尊を思い描く「三密行（さんみつぎょう）」を実践することで、本尊と一体となります。

この真言行者が実践する「三密行」は、先に確認した〈四種マンダラ〉と対応しています（図表80）。

【図表80　三密行と四種マンダラ】

	三密行	四種マンダラ（四種智印）	
身密	手に印契を作し	印を成ずる	三昧耶マンダラ
口密	口に真言を誦し	本尊の種子真言なり	法マンダラ
意密	心三摩地に住すれば		
	早く大悉地を得	本尊の瑜伽を成ずる	大マンダラ

　したがって「三密行」によって真言行者が本尊と一体になることとは、真言行者が自分自身の〈身体〉の上に〈マンダラ〉を出現させること、と言い換えることができます。

　すでに述べたように、『即身成仏義』では「大日如来が〈マンダラ〉を現し出すこと」と「真言行者が修行すること」とを、「六大能生」という構造で説明しています（169頁、図表75参照）。つまり、この「三密行」こそが、〈六大〉が〈マンダラ〉を現し出す方法にほかならないのです。

　『即身成仏義』では、「衆生の三密」と「法仏の三密」との「加持」について、次のように述べています。

加持というは、如来の大悲と衆生の信心とを表す。仏日の影、衆生の心水に現ずるを加と曰い、行者の心水、能く仏日を感ずるを持と名づく。

（『即身成仏義』）

【現代語訳】

加持というのは、如来の〈大悲〉と生きとし生けるものの信心とを表している。仏陀の〔〈大悲〉が、まるで〕太陽の光が水面に映り込むように生きとし生けるものの心に映ることを「加」と言い、修行者の心がその太陽の光のような仏陀〔の〈大悲〉〕を感じとることを「持」という。

ここでは「加持」が、「如来の大悲」と「衆生の信心」との関係である、と
解釈されています。すなわち、仏陀の〈大悲〉が太陽の光のようにすべての
生きとし生けるものの心に降り注ぐことを「加」、修行者の心がその仏陀の〈大
悲〉に感応して受け止めることを「持」と言う、と述べられているのです。

　このときに重要なのは、「如来の大悲」は「衆生」すなわち生きとし生け
るものにあまねく降り注いでいるけれども、それを感じ取って受け止められ
るのは、まさに三蜜行を実践する「行者」すなわち真言行者である、という
点でしょう（村上［2016］）。

　大日如来は〈大悲〉によって〈マンダラ〉の諸尊を現し出します。その活
動は「いわゆる過去・現在・未来を越えている」（『大日経』巻第1「住心品」）、
つまり今この瞬間も大日如来は〈マンダラ〉を現し出し続けているのです。

　その大日如来の〈大悲〉である〈マンダラ〉の諸尊を受け止めることがで
きるのは、その〈マンダラ〉の諸尊を本尊として、その本尊の印を結び、真
言を誦え、瞑想を実践することで、その本尊と「三密相応」する真言行者だ
けです。

　真言行者が本尊と一体となって自分自身に〈大悲〉の〈マンダラ〉を現し
出すこと——。それが「三密行」であり、「三密加持すれば速疾に顕わる」
という「即身の頌」第3句の意味と言えるでしょう。

4　「即身」と「成仏」

重重帝網なるを即身と名づく……

　「即身の頌」の最後にあたる第4句では、「即身」すなわち「この身のままで」
ということの意味が論じられています。

重重帝網なるを即身と名づく　〈無礙〉

（『即身成仏義』）

【現代語訳】

無限に重なり合う状態を〈この身のままで〉という〈さまたげがない〉

ここでは、「即身成仏」の「即身」すなわち「この身のままで」ということの意味について、「重重帝網」であること、と述べています。

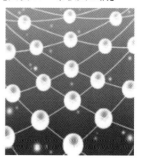

【図表 81　帝釈天の網】

　この「帝網」とは、帝釈天の宮殿の網のことです（図表81）。帝釈天は、インド神話に出てくるインドラ（skt. Indra）という神で「因陀羅」とも音写されます。この帝釈天は後に仏教の中に取り込まれ、須弥山の頂上にある忉利天に住んでいるとされました（第1章第4節）。

　その帝釈天の宮殿には、飾り網が掛けられているのですが、その飾り網の網目の交差したところには宝珠が取り付けられています。その宝珠はとてもよく磨かれていて、1つの珠に他のすべての珠が映り込み、また他の珠にも残りのすべての珠が映り込み……というように、互いに映し合い、映り込み合っています。

　このとき、どれか1つの珠を見れば、そこにはすべての珠がすべてを映した姿で映り込んでいるし、またその映り込んだ姿も映り込んでいる——想像するだけでも頭がくらくらしますが、この「重重帝網」という譬喩は、あらゆる物事が相互に、かつ無限に関連しあっている状態を表現しています。

　『即身成仏義』では、この「重重帝網」を、仏陀の活動である〈三密〉との関連で解説しています。

「重重帝網なるを即身と名づく」というは、是れ則ち譬喩を以って諸尊の利塵の三密、円融無礙なることを明かす。帝網というは因陀羅珠網なり。

（『即身成仏義』）

【現代語訳】

「無限に重なり合う状態を〈この身のままで〉という」とは、これはすなわち譬喩表現を使って諸尊の数え切れないほどの三密が、完全に融けあってさまたげ合わないことを明かしている。「帝網」というのは、帝釈天〔の宮殿に飾られている〕宝珠のついた飾り網のことである。

ここでは、「重重帝網」が諸尊の数え切れないほどの〈三密〉が完全に融け合い、さまたげ合わない状態である、とされます。

　前節で確認したように、〈マンダラ〉の諸尊の〈三密〉は互いに関連し、影響しあっています。空海はその状態を、「互相加入・彼此摂持」、すなわち「加持」と呼んでいました。

　また空海は、「言く恒沙の仏徳・塵数の三密を以て身土を荘厳す。是れを曼荼羅と名づく」（『秘密曼荼羅十住心論』巻第10）と述べ、〈マンダラ〉を「数えきれないほどの三密によって飾り立てられた身体・国土」とも解釈しています（113頁参照）。

　したがって、今の「重重帝網」とは、諸尊の〈三密〉が「加持」によって「身土を荘厳」している状態、つまり〈マンダラ〉を指していると言えるでしょう。

　「重重帝網」とは、あらゆる物事が相互に、かつ無限に関連しあっていることを意味します。〈マンダラ〉の諸尊の〈三密〉が相互かつ無限に関連しあって〈マンダラ〉を形成する──。「重重帝網なるを即身と名づく」とは、このように〈マンダラ〉が現し出されることを、「即身」つまり「この身のままで」の意味として解釈している一句なのです。

「即身」の〈身〉

　さて、『即身成仏義』では「重重帝網」である「即身」すなわち「この身のままで」という時の〈身〉について、次のように論じています。

　謂く身というは、我身・仏身・衆生身、是れを身と名づく。又四種の身有り。言く自性・受用・変化・等流、是れを名づけて身と曰う。又三種有り。字・印・形、是れなり。

（『即身成仏義』）

【現代語訳】

言うなれば〔即身の〕〈身〉とは、我が身体、仏陀の身体、生きとし生ける者の身体、これを〈身〉という。また4種類の身体がある。自性身、受用身、変化身、等流身、これを〈身〉という。また三種類〔の身体〕が

ある。字・シンボル・姿形がこれである。

　ここでは、「即身」の〈身〉について、それが「我身・仏身・衆生身」、「自性・受用・変化・等流」の四種法身、「字・印・形」の三種身である、と述べられています（図表82）。

【図表82 「即身」の〈身〉】

①我　身……自分自身の身体

　仏　身……仏陀の身体

　衆生身……生きとし生ける者の身体。この場合は、他者の身体

②自性法身…大日如来。〈さとり〉の真理そのもの ┐

　受用法身…〈マンダラ〉の四仏　　　　　　　　 │
　　　　　　　　　　　　　　　　　　　　　　　　 ├〈マンダラ〉の諸尊
　変化法身…釈迦如来　　　　　　　　　　　　　 │

　等流法身…導く相手と同じ姿で現れる仏陀 ┘

③　字　……法マンダラ。種子真言としての身体 ┐

　　印　……三昧耶マンダラ。シンボルとしての身体 ├三種秘密身

　　形　……大マンダラ。相好具足の身体 ┘

　①「我身・仏身・衆生身」の「我身」とは自分自身の身体であり、「仏身」は仏陀の身体です。最後の「衆生身」とは、生きとしける者の身体のことですが、今は「我身」として自分自身の身体が説かれていますので、自分を除く他者の身体を指していると考えられます。

　次の②四種法身と③三種秘密身は、どちらも大日如来が現し出す〈マンダラ〉の諸尊と関係します。四種法身は〈マンダラ〉の諸尊として出現する大日如来の仏身であり、③三種秘密身は、〈マンダラ〉の諸尊の表現方法である〈四種マンダラ〉に配当されます。

鏡中の影像と灯光の渉入

　『即身成仏義』では、「即身」の〈身〉として挙げたこの３種類の〈身〉の関係について、次のように述べています。

是の如く等の身は、縦横重重にして、鏡中の影像と灯光の渉入との如し。彼の身即ち是れ此の身、此の身即ち是れ彼の身。仏身即ち是れ衆生の身、衆生の身即ち是れ仏身なり。不同にして同、不異にして異なり。

（『即身成仏義』）

【現代語訳】

これらの身体は、縦横無尽に重なり合っていて、〔その様は〕合わせ鏡に映った像や、〔多くの〕ろうそくの光が溶けあっているようなものである。そちらの身体はすなわちこちらの身体であり、こちらの身体はすなわちそちらの身体である。仏陀の身体はすなわち生きとし生けるものの身体であり、生きとし生けるものの身体はすなわち仏陀の身体である。同じものではないが同じであり、異なるものではないが異なっている。

ここでは、今の三種類の身体が「縦横重重」、すなわち縦横無尽に重なり合っている、と述べられています。それらが重なり合っている様子は、まるで合わせ鏡の間に置かれた物が、双方の鏡に無限に映り込んでいるよう（鏡中の影像）であり、また、多くのろうそくの光が分け隔てることなく混じり合って、明るく光っているよう（灯光の渉入）である、とあります（図表83）。

そのような状態では、この身体がその身体であり、その身体がこの身体である、となる——。「即身」の〈身〉とは、自分自身・仏身・衆生身や、四種法身・三種秘密身が縦横無尽に重なり合い、完全に入り混じっている状態の〈身〉なのです。

【図表83　鏡中の影像と灯光の渉入】

「即身」の意味

しかし、今の箇所で述べられているのはそれだけではありません。

「仏身即ち是れ衆生の身、衆生の身即ち是れ仏身なり」——すなわち仏陀の身体は衆生の身体であり、衆生の身体は仏陀の身体でもある。空海は、自分自身の身体と仏陀の身体が無限に重なり合うように、衆生の身体と仏陀の

181

身体も縦横無尽に重なり合う、とも述べています。

『即身成仏義』では、私たちの本質——〈六大〉を「〈さとり〉の真理」そのものである大日如来である、とします。この〈六大〉における大日如来と衆生との平等性こそが即身成仏の根拠となるのですが、それは何も自分自身に限った話ではありません。

自分自身が大日如来の現れである〈マンダラ〉の仏として存在しているように、他者もまた〈マンダラ〉の仏として存在しているということ、それこそが「重重帝網なるを即身と名づく」の意味にほかならないのです。

自分自身のみならず、他者も〈マンダラ〉の仏として存在しているのであれば、そこには「塵数の三密を以って身土を荘厳す」と言われた〈マンダラ〉が出現しています。真言行者は「三密行」によって、自分自身の〈身体〉に〈マンダラ〉——大日如来の〈大悲〉による衆生救済活動の姿——を出現させます。そのとき、真言行者と同じように〈マンダラ〉の諸尊と無限に重なり合っている他者もまた、その〈マンダラ〉の諸尊として、この世界に出現していることになります（福田［2000］）。

「重重帝網」なる状態とは、大日如来の〈大悲〉による衆生救済の姿が、自分自身の〈身体〉の上だけではなく、他者としても出現している状態と言えるでしょう。そしてそのような状態こそが、「この身のままで」と言われる「即身」の意味にほかならないのです。

このことは、大変興味深い内容を示唆しています。と言うのも、自分自身が「即身成仏」しているときには、他者もまた仏陀として存在していることになるからです。

自分自身が即身成仏して仏陀として存在しているのならば、他者のことも仏陀として存在するものとして理解し、接することができなければなりません。そうでなければ、「重重帝網なるを即身と名づく」と言われる〈即身〉の意味が成立しないからです。

自分自身と仏陀、そして他者が無限に重なり合っている状態、それこそが「即身成仏」における「この身のままで」の意味にほかなりません。自分自身がそうであるように、他者もまた〈マンダラ〉の諸尊として出現した存在であるならば、そういった存在が織りなす世界は〈マンダラ〉です。

すべてのものが〈マンダラ〉として出現していること——それが「即身成仏」の「即身」、すなわち「この身のままで」ということの意味なのです。

成仏の頌

　『即身成仏義』の中核をなす「二頌八句」前半の「即身の頌」では、「即身成仏（この身のままで仏陀となる）」における「この身のままで」ということの意味が論じられていました。

　〈六大〉を本質とする私たちが「三密行」によって自分自身の上に大日如来の〈大悲〉による衆生救済の姿である〈マンダラ〉を現すとき、この世界もまた〈マンダラ〉として出現している——。これこそが「この身のままで」ということにほかなりません。

　このように「即身の頌」では〈身〉に関する議論が中心ですが、「二頌八句」の後半にあたる「成仏の頌」では、〈心〉を中心に論じています。

　法然に薩般若を具足して
　心数心王利塵に過ぎたり
　各々五智無際智を具す
　円鏡力の故に実覚智なり〈成仏〉

（『即身成仏義』）

【現代語訳】

ありのままにすべての〈さとり〉の智慧を備え

心とその作用は数えきれない

それぞれに五人の仏陀の智慧と限りない智慧が備わっている

完全な鏡のようにすべてを映し出すから真実の仏陀である〈仏陀と成る〉

　この「成仏の頌」では、第2句目に「心数心王」とあるように〈心〉に関する内容が中心になっています。

　この「心王」(skt. citta)とは、〈心〉そのもののことです。大乗仏教ではこの「心王」に、8または9種類あると論じています（図表84）。

【図表84　仏教の心識説】

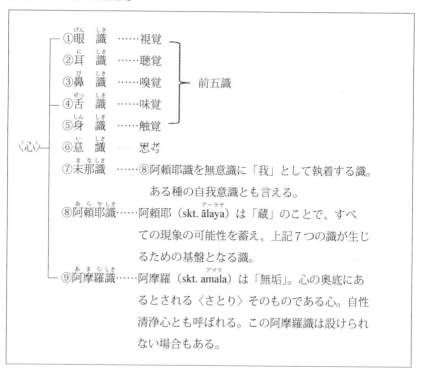

〈心〉
- ①眼　識　……視覚 ┐
- ②耳　識　……聴覚 │
- ③鼻　識　……嗅覚 ├─ 前五識
- ④舌　識　……味覚 │
- ⑤身　識　……触覚 ┘
- ⑥意　識　……思考
- ⑦末那識　……⑧阿頼耶識を無意識に「我」として執着する識。ある種の自我意識とも言える。
- ⑧阿頼耶識……阿頼耶（skt. ālaya）は「蔵」のことで、すべての現象の可能性を蓄え、上記7つの識が生じるための基盤となる識。
- ⑨阿摩羅識……阿摩羅（skt. amala）は「無垢」。心の奥底にあるとされる〈さとり〉そのものである心。自性清浄心とも呼ばれる。この阿摩羅識は設けられない場合もある。

　仏教では〈心〉を「認識」との関係で論じます。そのうち、①眼識から⑤身識までのいわゆる「五感」をまとめて「前五識」と呼びます。また思考は⑥意識とされます。⑦末那識は、ある種の自我意識であり、「私は〜」「私の〜」といった執着として働いています。⑧阿頼耶識はすべての現象の可能性を蓄え、自分自身が認識するすべての現象の根本となる深層の〈心〉です。なお、⑨阿摩羅識は⑧阿頼耶識のさらに奥底にある〈さとり〉そのものの心とされますが、宗派によっては設けられない場合もあります。

　これらの識が〈心〉そのものとされる「心王」にあたりますが、もう一方の「心数」（skt. caitta）は、「心王」に付随しておこる〈心〉のはたらき・心作用のことを指します。

　大乗仏教の唯識思想では、この「心数」すなわち「caitta」を「心所」とも言い、全部で51種類あると論じています。そのすべてを紹介することはできませ

んが、信（信心）、慚（自らを省みて恥じること）といった善い心のはたらきもあれば、貪（貪り）、瞋（怒り）、癡（愚かさ）、慢（相手を見下すこと）といった煩悩なども、その心のはたらきとされます（竹村［2004］）。

　このように、「成仏の頌」では〈心〉に関する内容が中心となっています。「即身の頌」が〈身〉に関する内容を中心に論じられていたことを考えると、この違いは特徴的と言えるでしょう。

法然に薩般若を具足して……

　「成仏の頌」の第1句は「法然に薩般若を具足して」──すなわち「ありのままにすべての〈さとり〉の智慧を備え」とあります。

　さて、『即身成仏義』では、この第1句について次のように述べています。

法然というは、諸法自然に是の如くなることを顕わす。具足というは成就の義、無闕少の義なり。薩般若というは梵語なり。……翻じて一切智智と云う。一切智智というは、智とは決断簡択の義なり。一切の仏に各々五智三十七智乃至利塵の智を具せり。

（『即身成仏義』）

【現代語訳】

「法然」と言うのは、すべての物事がありのままにそのようであることを表している。「具足」とは、完成という意味、欠けるところがない、という意味である。「薩般若」というのはサンスクリット語である。……翻訳すると一切智智と言う。一切智智の智というのは、決断し選択するという意味である。すべての仏陀に、それぞれ五仏の智慧・三十七尊の智慧、そして数え切れないほどの智慧が備わっている。

　ここでは、「法然」が「諸法自然に是の如くなること」と解説されていますが、この「自然」は「自ずから然なり」という意味です。今日では「自然」という言葉は、環境すなわちNatureのことを指しますが、この場合は「しぜん」ではなく「じねん」と読みます。「何にもよらず本来的にそのようである」こと、あるいは「ありのままにそのようであること」がその意味になります。

また、このときに「一切智智」と翻訳される「薩般若」とは、サンスクリット語の「sarva-jñāna」の音写語であるとされます。この「一切智智」は通常、「すべてを知る者の智慧」あるいは「すべての智慧の中で最も優れた智慧」という意味とされますが、『即身成仏義』では今の「一切智智」について、

顕家の一智を以って一切に対して此の号を得るには同ぜず。

（『即身成仏義』）

【現代語訳】

密教以外の教えで〔一切智智を〕、一つの智慧のことをすべての智慧に対して〔一切智智と〕呼んでいるのとは違う。

と述べ、あくまでも「数え切れないほどの智慧すべて」という意味としています（Takagi & Dreitlein［2010］）。

　このように「成仏の頌」第1句では、私たちの〈心〉には「一切智智」が、ありのままに・本来的に、何一つ欠けることなく備わっている、ということが述べられているのです。

識と智

　『即身成仏義』では、「一切智智」——私たちやすべての仏陀の〈心〉にありのままに備わっている数え切れないほどの智慧すべてを、「五智三十七智乃至刹塵の智」である、と述べています。

　「刹塵」は、数えきれないという意味ですので、「刹塵の智」とは、数え切れないほどの智慧というほどの意味でしょう。ただ、「五智」と「三十七智」には、具体的な数字が記されています。

　すでにお気づきの方もいらっしゃるかも知れませんが、この「五智」と「三十七智」という言葉は、明らかに「金剛界マンダラ」を指し示しています。金剛界マンダラの「羯磨会」には、大日如来をはじめ、四仏・十六大菩薩・四波羅蜜菩薩・内外の八供養菩薩・四摂菩薩の合計37尊が描かれています（125頁、図表56参照）。

　金剛界マンダラは、大日如来の〈さとり〉の智慧を表現したマンダラで

す。その金剛界マンダラに描かれる 5 人の仏陀、大日如来・阿閦如来・宝生如来・無量寿如来・不空成就如来の五仏は、それぞれ智慧——「五智」を表しています（128 頁、図表 57 参照）。その大日如来と四仏が表す「五智」は、「心王」すなわち〈心〉そのものである九識（184 頁、図表 84 参照）が〈さとり〉の智慧へと転じたものと言われます。

　『即身成仏義』では「識」と「智」の関係について、次のように述べています。

因位には識と名づけ、果位には智と謂う。

（『即身成仏義』）

【現代語訳】

〔〈さとり〉に到っていない〕修行の段階では「識」といい、〈さとり〉に到った段階では「智」という。

　このように「識」が〈さとり〉の境地では「智」に転ずることを「転識得智」と言います。

心のマンダラを開顕する

　そこで、この「九識」・「五智」・「五仏」の関係を表にすると、図表 85 のようになります。

【図表 85 〈心〉と〈マンダラ〉】

九識	五智	五仏	
前五識	成所作智	不空成就如来	
第六意識	妙観察智	無量寿如来	
第七末那識	平等性智	宝生如来	
第八阿頼耶識	大円鏡智	阿閦如来	
第九阿摩羅識	法界体性智	大日如来	

　ありのままに私たちの〈心〉に備わっているとされる「一切智智」は、空

海によって「五智三十七智乃至刹塵の智」と規定されていました。これは今の「一切智智」が、「金剛界マンダラ」のことを指し示しています。しかもその「五智」が九識、すなわち「心王」を転じて得られる智慧（転識得智）であるということは、空海が〈心〉を〈マンダラ〉として理解していたということにほかなりません。

「法然に薩般若を具足して」――私たちの〈心〉にありのままに備わっている「一切智智」とは、金剛界マンダラを指し示しています。その意味では、「成仏の頌」第1句は私たちの〈心〉が本来的に〈マンダラ〉であることを述べていると言えるでしょう。

また、「成仏の頌」第3句は「各々五智無際智を具す」となっています。この第3句の内容が、今の「五智三十七智乃至刹塵の智を具せり」と同じであることは明らかです。その「成仏の頌」第3句について、『即身成仏義』では別の箇所で、「三には輪円を顕し」と述べています。この「輪円」とは「輪円具足」、すべての仏陀の徳を完全に備えているものとしての〈マンダラ〉を指し示す言葉です（112頁参照）。

私たちの〈心〉は、本来的に〈マンダラ〉である――。「成仏の頌」で説かれていることは、まさにこのことにほかなりません。つまり、〈六大〉を本質とする真言行者が「三密行」を実践するとき、その〈身体〉に〈マンダラ〉が現し出されるとともに、その〈心〉に本来備わっている〈マンダラ〉が開顕する。それこそが「即身成仏」すなわち「この身のままで仏陀と成る」ことなのです。

「成仏」の意味

私たち凡夫は、〈無明〉を原因とする〈縁起〉によって、〈三界〉・〈六道〉の世界を〈輪廻〉し続け、苦しみ続けています。しかもその〈輪廻〉の世界は、あくまでも自分自身の〈心〉のあり方によってつくり出されている――これが『華厳経』の「三界唯心」の世界観です（60頁参照）。

ところが、その私たちの〈心〉は本来的に〈マンダラ〉です。これが「成仏の頌」で明かされていた内容でした。〈心〉に本来備わっている〈マンダラ〉が開顕すること、それが「即身成仏」すなわち「この身のままで仏と成

る」ということにおける「成仏」の意味なのです。

　このように言うと、「いやいや私の〈心〉が〈マンダラ〉だなんて、あり得ないでしょう……」と思われる方もいらっしゃるかも知れません。しかしそうではないのです。自分自身に本来的に備わっている〈マンダラ〉を否定する見解について、空海は『吽字義』という本の中で次のように述べています。

日月星辰は、本より虚空に住すれども、雲霧蔽虧し、烟塵映覆す。
愚者は之れを視て、日月無しと謂えり。本有の三身も、亦復是の如し……。

（『吽字義』）

【現代語訳】

太陽や月や星々は、本来この宇宙に存在しているけれども、雲や霧が覆い隠し、煙や塵が覆う。

愚か者はその様を見て、太陽や月が存在しないと思う。〔衆生の心が〕本来所有している法身・報身・応身も、またまたこのようなものである……。

　この「三身」とは仏陀の身体であり、密教ではそれを〈四種法身〉と呼ぶことはすでに述べたとおりです（130頁、図表58参照）。その〈四種法身〉、すなわち〈マンダラ〉の諸尊は「本有」、つまり本来的に私たちが備えています。

　しかしながら愚か者は、「自分自にはそのようなものはない」と言ってそのことを否定するのです。それは例えるならば、雲や煙にさえぎられた空を見て、太陽や月、星々が見えないから存在していない、と思うようなものであると──。

　空海はこのように述べ、私たちの〈心〉が本来的に〈マンダラ〉であること、そしてそれを否定することは愚か者の見解に過ぎないことを主張しているのです。

　誰しもが本来的に備えている〈心〉としての〈マンダラ〉。その〈マンダラ〉を開顕することこそ、「即身成仏」おける「成仏」の意味です。しかも世界は私たちの〈心〉のあり方によってつくられるのですから、その〈心〉が〈マンダラ〉として開顕しているとき、世界は〈マンダラ〉として存在している、と言うことができるでしょう。

この身のままで仏陀に成るということ

　空海が「聖父其の是の如くなるを愍れんで其の帰路を示す」と述べていたように、仏陀は生きとし生けるものをあわれに思われること、つまり〈大悲〉によって、この世界に出現します。それは、凡夫がその始めも終わりもわからない生死を繰り返し、〈輪廻〉の世界で苦しんでいるからです。

　大乗仏教では、修行者である菩薩が「三劫成仏」——すなわち、無限とも思える時間をかけて修行することで仏陀となることを目指します。それは、人乗の菩薩が「衆生無辺誓願度」　　すなわち、生きとし生けるものをすべて救い尽くしてから仏陀に成ることを誓うことに起因します（142頁、図表61参照）。

　しかしながら空海は「即身成仏」——すなわち「この身のままで仏陀に成ること」を主張しました。

　『即身成仏義』では、本来は人間の構成要素を示す言葉であった〈六大〉を、「法界体性」である大日如来として、存在するものすべての本質という新しい解釈を加えています。その〈六大〉を本質とする真言行者が「三密行」を実践するとき、その〈身体〉が〈マンダラ〉になるとともに、〈心〉に本来備わっている〈マンダラ〉が開顕される——。しかも、それは自分自身だけの話ではありません。なぜなら「即身」の〈身〉には、「我身・仏身・衆生身」という意味もあるからです。

　つまり、真言行者が自分自身に〈マンダラ〉を現し出すとき、行者以外の他者もまた〈マンダラ〉の諸尊としてこの世界に出現していることを確信するのです。

　私たち一人ひとりが認識する世界が〈心〉のあり方によってつくられるという「三界唯心」の思想から考えると、〈心〉に本来備わっている〈マンダラ〉が開顕するということは、その〈心〉が認識する世界全体が〈マンダラ〉として現れているということにほかなりません。そして、その世界の中の一切生衆の〈身体〉と〈心〉が〈マンダラ〉そのもの、つまり大日如来であると確信すること、それこそが「即身成仏」の意味なのです。

　〈マンダラ〉とは、大日如来が〈大悲〉によって行う衆生救済の活動である〈三密〉として現し出すさまざまな姿です。したがって、真言行者が〈マンダラ〉

となったとき、真言行者は大日如来と同等になって〈大悲〉による「仏陀の出現」を実現しています。

　これは言い換えるならば、真言行者自身が、大日如来の〈大悲〉の活動になる、ということを意味します。大日如来は衆生を教え導くための〈神変〉を示し続けています（131頁参照）。その大日如来の〈神変〉は〈マンダラ〉の示現と呼ばれますが、それは過去・現在・未来を超えて今この瞬間もなされているのです。

　そうだとすれば、真言行者が自分自身に〈マンダラ〉を現し出すというのは、今この瞬間も大日如来が大日如来となって現し出し続けている〈マンダラ〉の示現という〈大悲〉の活動を、三劫という長い時間を経ることなく、今この瞬間に、私たちの目の前に実現することである、と言うことができるでしょう。

成仏の意味

　したがって、徳一が「即身成仏」の思想に向けた「慈悲が欠けている」という批判は適当ではありません。仏陀は「衆生への憐れみによって」（『律蔵』「大品」）、すなわち〈大悲〉によってこの世界に出現するからです。

　徳一は、密教の即身成仏では、迷いの世界で苦しむ者を見捨てて、自分だけが先に成仏することになる、と批判していました。しかしそれは、「成仏」すなわち「仏陀と成る」ということを、「〈さとり〉を開いて迷いの世界から脱け出す存在に成る」という意味だけで理解しているからにほかなりません。

　「成仏」ということには、もう1つ重要な意味があります。それは、「人々を教え導く存在に成る」という意味です。仏陀は〈大悲〉によってこの世界に出現し、生きとし生けるものを導きます。そのような存在に成ることもまた、「成仏」と言えるのではないでしょうか。

　密教では、その救済者としての「仏陀の出現」を、大日如来が〈マンダラ〉を示現することとして説きます。空海が「三劫成仏」と異なる「即身成仏」の思想を主張したとき、その念頭にあったのは、まさにこの〈マンダラ〉の示現として説かれる〈大悲〉の活動、すなわち「仏陀の出現」であったのではないでしょうか。

コラム⑤ 『般若心経』 という 〈マンダラ〉

　「八万四千の法門」と言われる数ある経典の中で、もっとも有名なのが『般若心経』でしょう。読者の皆さまの中にも、毎日お唱えしたり、写経したりされている方もいらっしゃるのではないでしょうか。

　空海は『般若心経』に関する注釈書、『般若心経秘鍵』の中で、

> 即ち是れ大般若菩薩の大心真言三摩地法門なり。
>
> （『般若心経秘鍵』）
>
> 【現代語訳】
> すなわちこの『般若心経』は、大般若菩薩の大いなる根本真言の瞑想の教えである。

と述べ、『般若心経』を「大般若菩薩の大心真言三摩地法門」と解釈しています。

　この「大般若菩薩」とは、伝統的な解釈には諸説ありますが、一説には、胎蔵マンダラの持明院に描かれる「般若菩薩」のこと、とされます。

　また、この解釈に見られる「三摩地法門」とは、〈四種マンダラ〉の1つであった「法マンダラ」の定義、「又法身の三摩地及び一切契経の文義等、皆是れなり」（165頁参照）と合致します。つまり、空海は『般若心経』を〈法マンダラ〉、すなわち文字で表された〈マンダラ〉と解釈しているのです。

　この空海の『般若心経』解釈によるならば、私たちが『般若心経』をお唱えしたり写経したりすることは、私たちが声や文字を使って〈マンダラ〉を現し出している、ということにほかなりません。

　私たちの本質である大日如来は〈大悲〉によって〈マンダラ〉を現し出します。私たちが『般若心経』をお唱えしたり写経したりするとき、私たちは声や文字によってその大日如来の〈マンダラ〉示現を実現している、と言えるのではないでしょうか。

第4章
生死の意味

所化 縁尽きて
怕焉として真に帰す。

（『性霊集』巻第2）

1　〈迷い〉の世界か？　〈さとり〉の世界か？

〈三界〉と〈マンダラ〉

　凡夫は、自分自身をありもしない実体——〈我〉であると思い込む〈無明〉によって〈業〉をつくり、その結果、〈三界〉・〈六道〉に生まれ、年を取り、そして死んでいきます。

　その〈業〉が善い行いであれば善い世界で、悪い行いであれば悪しき世界で、次の生を受け、また年を取り、死んでいく……この繰り返しが〈輪廻〉にほかなりません。「然れどもなお生まれゆき生まれゆいて六趣に輪転し、死に去り死に去って三途に沈淪す」（『秘蔵宝鑰』巻上）——空海は凡夫すなわち業報や輪廻を知らない、あるいは信じない者についてこのように述べ、望まぬままに六道に生まれ、また死んで地獄・餓鬼・畜生の三悪趣に堕ちる存在である、としていました。

　このような状態にある凡夫は、その始まりも終わりもわからない「生と死」を繰り返し、〈迷い〉の世界の中で苦しみを受けている、と言われます。しかもその〈迷い〉の世界は、自分自身の〈心〉によってつくりあげられたものに過ぎません。「心を改むること已に難きのみ、何ぞ決定せる天・獄有らんや」（『三教指帰』巻下）と述べられていたように、凡夫は自分自身の〈心〉によってつくりあげた〈世界〉で〈輪廻〉を繰り返し、生老病死という〈苦〉を受け続けている——。これこそが空海の考える凡夫、すなわち私たちの生死のあり方にほかならないのです（64頁参照）。

　いつ始まったかもわからない生と、いつ終わるとも知れない死を繰り返している凡夫は、「なぜ自分が存在しているのか」という自分自身の存在の意味を知りません。自分自身がなぜ存在しているのかを知らないため、凡夫は自分自身の〈心〉によって〈輪廻〉の世界をつくりあげ、その中で苦しみ続けているのです。

　釈尊は「衆生への憐れみによって」（79～80頁参照）、〈迷い〉の世界・苦しみの世界から脱け出すための〈教え〉を説くために、生きとし生けるものの前にその姿を現しました。仏陀は、凡夫をあわれに思うことで、この世界に出現されるのです。

空海は『即身成仏義』の中で、真言行者が「三密行」によって、その「仏陀の出現」を自分自身の〈身〉と〈心〉に実現することを「即身成仏」——「この身のままで仏陀と成ること」である、と述べています。

　真言行者が自分自身の〈身〉と〈心〉に仏陀を現し出すことができるのは、真言行者の本質が〈六大〉——すなわち大日如来だからです。大日如来は生きとし生ける者への〈大悲〉によって、さまざまな姿を現し出します。それら大日如来が現し出すすべての姿が〈マンダラ〉にほかなりません。しかもその中には、仏陀や菩薩といった崇高な存在としての姿だけでなく、地獄の亡者や餓鬼といった〈三界〉・〈六道〉の衆生の姿もあります（117 ～ 118 頁参照）。

　たとえば胎蔵マンダラには、その外縁部に「最外院」と呼ばれるグループが描かれていますが、ここには〈三界〉・〈六道〉がすべて含まれています（図表 86）。

　この最外院の南方（右側中央）には、地獄の亡者や餓鬼の姿をした者たちが描かれていますし、同じく最外院には牛などの動物（畜生）も描かれています。

【図表 86　最外院の〈三界〉・〈六道〉】

無色界

畜生

色界・光音天
（極光浄天）

地獄・餓鬼

　最外院に描かれる動物は 12 星座を表していますが、これらはすべて三界の 1 つ、「欲界」に含まれます（52 頁、図表 23 参照）。

　また、最外院の北西方（左側下方）には、光音天のグループが描かれていますが、光音天は別名「極光浄天」と言い、三界の 1 つである「色界」の「第二禅」にあたります（53 頁、図表 24 参照）。

　さらに最外院の東北方（上方左側）には、非想非非想処（有頂天）・無所有処・識無辺処・空無辺処が描かれていますが、これも三界の 1 つである「無色界」にあたります（54 頁、図表 25 参照）。

　このように、〈マンダラ〉には仏陀や高次の菩薩だけではなく、〈三界〉の

住人や地獄の亡者や餓鬼といった〈六道〉の世界の住人も描かれています。

　しかもそれらは、大日如来が生きとし生ける者に利益を与えるために——言い換えるならば、教え導くために——〈神変〉として現し出した姿なのです。

凡夫に対する２種類の見方

　『即身成仏義』で説かれる〈六大〉は、〈四種マンダラ〉や〈四種法身〉とともに、三種世間をも生み出すとされます。

　この三種世間とは、仏陀や修行者の世界である智正覚世間、凡夫の世界である衆生世間、そして環境世界である器世間のことです（157 頁、図表 68 参照）。

【図表 87　地獄の亡者】

六道輪廻図の　　　　胎蔵マンダラの
地獄の亡者　　　　地獄の亡者

　空海は、〈六大〉すなわち「法界体性」である大日如来を本質とする私たちが、そのあり方によって〈四種法身〉にも「凡夫」にもなり得る、ということを「六大能生」として説明しているのです。

　私たちは通常、迷い苦しむ凡夫は衆生世間におり、仏陀は智正覚世間にいると考えます。しかし、密教で論じられる〈四種法身〉には、大日如来が六道の衆生と同じ姿を取って現れる「等流法身」という仏身がありました。その「等流法身」の中には、餓鬼や地獄の亡者の姿もあります（図表 87）。

　とすると、今私たちの目の前に地獄の亡者がいたとして、それを衆生世間に属する凡夫であると単純に決めつけられるでしょうか。仏陀は必ずしも仏陀の姿で出現するとは限らない、それが「如来秘密」——〈神変〉だからです（106 頁参照）。

　したがって、身も心も〈マンダラ〉そのものとなる「即身成仏」の思想では、２種類の凡夫が存在している、と言うことができるでしょう。つまり〈無明〉によって〈輪廻〉した凡夫と、凡夫の姿をとって出現した等流法身としての仏陀との２種類です（図表 88）。

【図表 88　2種類の見方】

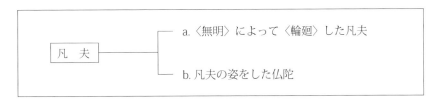

自分自身が存在する意味を知らないまま〈業〉をつくり、〈三界〉・〈六道〉すなわち〈輪廻〉の状態にとどまっていること——それが空海の言う凡夫のあり方です。しかしその空海が唱える「即身成仏」の思想では、凡夫の姿をとった〈マンダラ〉の諸尊が存在し得るのです。その意味では、「即身成仏」の思想においては、自分自身を含めた「凡夫」という存在のあり方について、考え直す必要がある、と言うことができるでしょう。

凡夫として出現する仏陀

　実際に、仏陀が凡夫の姿で出現したというエピソードをご紹介しましょう。それは、鎌倉時代に編纂された『元亨釈書』という日本の高僧伝におさめられた、光明皇后（701-760）のエピソードです。

【図表 89　光明皇后】

　光明皇后は、奈良の東大寺の大仏建立で有名な聖武天皇（701-756）のお后さまです（図表89）。その光明皇后は、国分寺や東大寺などの建立を聖武天皇に勧めたことで、多くの功徳を得た、と思っていたそうです。

　ところがある夕方、空から「自分の功徳に驕ってはならない。浴場をつくってそこで人々の垢を落とすように」との声がありました。光明皇后はその声にしたがって公共の浴場をつくり、そこで 1000 人の垢を落とすという誓いを立てて実行します。

　999 人の垢を落とし、最後の 1 人となったときに浴場に現れたのは、重い皮膚病に罹って膿に爛れた病人でした。「臭気、室に充ち、后、垢を去り

難し」（『元亨釈書』巻第18）とありますので、臭いがひどく、背中を流す
のもためらうほどであったのでしょう。しかも、その病人は光明皇后に向か
い「膿を口で吸い出してもらいたい」と伝えます。

　そのようにリクエストされた光明皇后はためらいながらも、自らの誓願に
したがってその病人の膿を口で吸いだします。すると、その病人は光明を放
ち出します。実はこの病人は、阿閦如来（図表90）という仏陀が姿を変え
ていたのです。

　このエピソードは説話ですので、もちろん実際に
このようなことがあったかどうかはわかりません。た
だ、「仏陀の出現」ということを考える上では、大変
示唆に富んだエピソードであると思われます。

【図表90　阿閦如来】

　と言うのも、この説話での阿閦如来は、重い皮膚病
に罹った病人の姿で出現しています。つまり、仏陀は
私たちがそうとは思わないような姿でも、私たちの目
の前に出現することがあるのです。

虚妄と真実

　仏陀が凡夫の姿でも出現するとしたら、〈迷い〉の世界である〈三界〉・〈六
道〉と、〈さとり〉の世界である〈マンダラ〉との違いは、どのようにして
理解すればよいのでしょうか。

　空海は『声字実相義』という著作の中で、仏界から地獄界までの「十界」
で用いられる文字・言葉について、次のように述べています。

> 十界と謂っぱ、一には一切仏界、二には一切菩薩界、三には一切縁覚界、
> 四には一切声聞界、五には一切天界、六には一切人界、七には一切阿修
> 羅界、八には一切傍生界、九には一切餓鬼界、十には一切捺落迦界な
> り。……
> 此の十種の文字の真妄云何。若し竪浅深の釈に約せば、則ち九界は妄な
> り、仏界の文字は真実なり。
>
> （『声字実相義』）

【現代語訳】
十界というのは、一にはすべての仏陀の世界、二にはすべての菩薩の世界、三にはすべての縁覚の世界、四にはすべての声聞の世界、五にはすべての神々の世界、六にはすべての人間の世界、七にはすべての阿修羅の世界、八にはすべての動物の世界、九にはすべての餓鬼の世界、十にはすべての地獄の世界である。……

〔質問する。〕この十種類の世界の文字・言葉の真実か虚妄かとの違いはどのようであるのか。〔答える。〕もしも浅い・深いという「段階的な区別をつける」縦の解釈によるならば、〔仏界を除く〕九種類の世界の文字は虚妄であり、仏界の文字のみが真実である。

　「十界」とは、凡夫が輪廻する〈六道〉に、声聞・縁覚・菩薩といった修行者の世界、そして仏陀の世界を加えた、仏教の世界観です（58頁参照）。

　ここではその十界で用いられる「文字」について「真妄」、すなわち真実か虚妄かが問われ、それに対して「竪浅深の釈」、すなわち浅い・深いといった段階的な区別をつける縦の視点からの解釈によるならば、仏界の文字のみが真実であり、あとの九界のそれは虚妄である、と述べられています。

　つまり、この「竪浅深の釈」では仏界のみが〈さとり〉の世界であり、残りはすべて〈迷い〉の世界である、ということになります（図表91）。

【図表91　竪浅深の釈】

・「真実」……〈さとり〉の世界の言葉　＝　仏界　のみ
・「虚妄」……〈迷い〉の世界の言葉　　＝　九界

　私たちにとって、この考え方は比較的なじみのある理解なのではないでしょうか。

　と言うのも、私たちは自分も含めた周囲の人々は〈迷い〉の世界の住人であり、大日如来や釈尊といった仏陀たちだけが〈さとり〉の世界に住んでいる、自分たちと仏さまたちはまったく別の存在なのだ、と考えがちだからです。

実義を知る

　しかしながら、このような〈十界〉理解はあくまでも浅いとか深いとかいった段階的な区別をつける「竪浅深の釈」に過ぎません。空海は今の解釈に続けて、十界の文字について次のように述べているからです。

　若し実義を知るをば真言と名づけ、根源を知らざるをば妄語と名づく。妄語は則ち長夜に苦を受け、真言は則ち苦を抜き楽を与う。譬えば薬毒の迷悟に損益不同なるが故に。

(『声字実相義』)

【現代語訳】

もしも真実の意味を知るならば、真言（真実の言葉）と言い、根源を知らなければ虚妄の言葉と言い、虚妄の言葉〔を用いる者〕は長い暗闇の中のような状態に苦しみ、真言〔を知る者〕は苦しみを取り除き、安楽を与える。〔その違いは〕たとえるならば、薬草などを用いるときにそれぞれが薬となるか毒となるかについて知っている者と知らない者とでは、その受ける効果が異なるようなものである。

　空海は『声字実相義』の中でこのように述べ、「真言」、〈さとり〉の世界の言葉であるのか、「妄語」、〈迷い〉の世界の言葉であるのかは、その言葉の「実義」・「根源」を知るか、知らないかの違いで決まるとしています。

　つまり空海は、たとえ九界の言葉であっても、その「真実の意味」を知るならば、〈さとり〉の世界の言葉たり得る、としているのです（図表92）。

【図表92　実義を知る】

・「真言」＝「実義を知る」　→　　十界　　すべてが〈さとり〉の世界の言葉
・「妄語」＝「根源を知らない」　→　　九界　　は〈迷い〉の世界の言葉

　ここからも明らかな通り、もしも「実義」・「根源」を知るならば、仏界のみならず九界の言葉もすべて「真言」となります。

　これは言い換えるならば、その「真実」を知るときには、〈三界〉・〈六道〉

の凡夫も含めた九界は仏界と等しい世界となり、それぞれの世界に住む衆生は〈マンダラ〉の諸尊となる、ということにほかなりません。

真言は〈マンダラ〉である

　と言うのも、空海は『声字実相義』の中で「真言」という言葉を次のように定義しているからです。

……仏界の文字は真実なり。故に経に真語者、実語者、如語者、不誑語者、不異語者と云う。此の五種の言、梵には曼荼羅と云う。……此の秘密語を則ち真言と名づくるなり。

（『声字実相義』）

【現代語訳】

……仏陀の世界の文字は真実である。そうであるから経典（『金剛般若経』）には〔仏陀の世界の文字を〕真実を語るもの、真実のあり方を語るもの、真理を語るもの、偽りを語らないもの、事実ではないことを語らないもの、と言う。この5種類の言葉は、サンスクリットでは〈マンダラ〉と言う。……この秘密の言葉を真言というのである。

　ここで空海は、「仏界の文字」すなわち「真言」が、サンスクリットでは〈マンダラ〉と呼ばれる、と述べています。しかしながら、「真言」と訳されるサンスクリットは「mantra」であり、「maṇḍala」とは違います。

　簡単な間違いのようにも思われるこの空海の「真言」解釈は、実は空海の著作でしばしば見られる解釈です。つまり空海は、意図的に「真言とは〈マンダラ〉である」と主張しているのです（村上［2003］）。

　『声字実相義』における空海の言語観は、単に10種類の世界の「言葉」を問題にしているのではなく、密教の世界観を説明しています（高木［2016］）。

　したがって、「実義」・「根源」を知るならば十界すべての言葉は「真言」であるという空海の説明は、その「真言」が〈マンダラ〉にほかならないのですから、「実義」・「根源」を知るときには十界すべてが〈マンダラ〉の諸

尊である、ということを言っていると考えてよいでしょう。

　〈迷い〉の世界か〈さとり〉の世界か──。その違いは、「実義」・「根源」を知っているかどうかで決まります。その意味では、〈三界〉・〈六道〉を〈輪廻〉する凡夫と、凡夫の姿で現れている〈マンダラ〉の諸尊との違いは、自分自身がこの「実義」・「根源」を知るかどうかにかかっていると言えるでしょう。

2　〈輪廻〉の生死から本不生へ

訶字

　凡夫は、〈無明〉によって〈輪廻〉することで、〈三界〉・〈六道〉に生を受け、老い、死んで、また別の生を受け……を繰り返しています。このように凡夫が〈縁起〉して生まれることを、「因縁生」と言います。この「因縁生」は仏教の根本的な教義になりますので、空海もさまざまなところで言及しています。

　空海は『吽字義』という著作の中で、『大日経疏』巻第7の文章を用いて次のように述べています。

　謂わゆる賀字は是れ因の義なり。「梵には係怛縛と云う。即ち是れ因縁の義なり。……若し訶字門を見れば、即ち一切の諸法は因縁より生ぜざること無しと知る。是れを訶字の字相とす」

（『吽字義』/『大日経疏』巻第7）

【現代語訳】
　言うところの ha 字とは、原因という意味である。「〔その原因は、〕サンスクリットでは hetva といい、原因と条件を意味している。……もしもこの ha 字の教えを観察すれば、すべての物事で、原因と条件によって生じないものは存在しない、ということを知る。このことを ha 字の表面的な意味とする」。

　「賀字」や「訶字」とされているのは、サンスクリット語のアルファベットであるデーヴァナーガリー文字の「ह(ha)」のことです。今日の発音では「ha」は「ハ」、「訶」は「カ」ですが、仏典では、ha 音を表記するときに

「訶」という字を使います。

　例えば、大変不思議なことを「摩訶不思議」と言いますが、この「摩訶」はサンスクリット語の「mahā」の音写語です。このように、ha 音は「訶」という漢字で表されるのです。

【図表93　hetva】

he　tva　＝原因

ha

　ここではその「訶字」すなわち ha 字が、「原因」と「条件」を意味する「係怛縛」（skt. hetva）の頭文字「**ȟ**(he)」の本体であることから、この訶（ha）字の意味を「原因」とする、と述べています。

　この説明には、デーヴァナーガリー文字の特徴が関係しています。デーヴァナーガリー文字では、文字の基本音が母音 a 音であり、それを i,u,e,o などのほかの母音に変化させるには、基本の文字（a 音）に記号を付けなければなりません。たとえば、今の「**ȟ**(hetva)」の頭文字である「**ȟ**(he)」は、「**ȟ**(ha)」字に e 音の記号を付けて表されます。その e 音の記号を除いた本体の文字である「**ȟ**(ha)」を、「**ȟ**(hetva)」――すなわち e 音の「原因」の意味としているのです。

　さて、『吽字義』では、この「訶字」が原因の意味であるとした上で、この訶字を見れば「一切の諸法は因縁より生ぜざること無し」、すなわち「すべての物事が必ず原因と条件によって生じていることを知る」としています。すべての物事は必ず因縁によって発生するという点は、まさに「因縁生」、つまり〈縁起〉の思想です。

字相と字義

　ただし、ここではそれが「訶字の字相」として説明されています。空海は『吽字義』の中で、「字相」を文字の表面的な意味として位置づけ、次のように述べています。

> 　一切世間は但し是の如きの字相のみを知って、未だ曾て字義を解せず。是の故に生死の人とす。如来は実の如く実義を知りたもう。所以に大覚と号す。

203

右寄せ：（『吽字義』）

【現代語訳】
すべての世間のものたちは、ただこのような文字の表面的な意味だけを知って、いまだ文字の真実の意味を理解していない。そうであるから、そういった世間の人々は、生まれてやがて死ぬ人となるのである。仏陀はありのままに〔その文字の〕真実の意味を知っておられる。そのゆえに大いなる〈さとり〉を開かれたお方と呼ばれるのである。

　世間の人々は文字の表面的な意味である「字相」のみを知り、仏陀はその文字の「実義」すなわち真実の意味を知る。世間の人は、その文字の真実の意味である「字義」を知らないために、〈輪廻〉を繰り返す「生死の人」となります。
　空海はこのように述べ、「字義」を知るか知らないかが、凡夫と仏陀の違いである、としています。その「字義」を知るのが仏陀なのですから、凡夫の視点で物事を見ることが「字相」を知ることであり、仏陀の視点で物事を見ることが「字義」を知ることである、と言えるでしょう（図表94）。

【図表94　字相と字義】

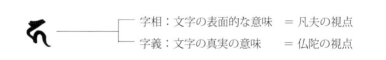

　　　　┬── 字相：文字の表面的な意味　＝ 凡夫の視点
　　　　└── 字義：文字の真実の意味　＝ 仏陀の視点

　『声字実相義』でも「実義を知るをば真言と名づけ、根源を知らざるをば妄語と名づく」とあったように、「字義」を知る──すなわち真実の意味を知るならば、〈三界〉・〈六道〉の凡夫も〈マンダラ〉の諸尊となります。『吽字義』ではそれを「仏陀の視点」としているのです。それでは、その仏陀の視点で見られる今の訶字の「字義」と何でしょうか。空海はそれを、「因不可得」、すなわち「すべての物事の原因は求めることができない」と述べています。

因不可得

　訶字の字相──つまり、表面的な意味は「すべての物事が因縁によって生ずること」です。しかしそれは世間の理解であり、そのことしか理解しない

世間の人たちは〈輪廻〉を繰り返している。

　一方、仏陀は文字の真実の意味である「字義」をありのままに知っているので、仏陀と呼ばれる──その訶字の「字義」について、空海は『吽字義』の中で、やはり『大日経疏』巻第7を用いて次のように述べています。

初に訶字の実義というは、謂わゆる「訶字門一切諸法因不可得の故に」。何を以っての故に。「諸法は展転して因を待って成ずるを以っての故に、当に知るべし、最後は依無し。故に無住を説いて諸法の本とす。然る所以は、種種の門を以って諸法の因縁を観ずるに、悉く不生なるが故に」

（『吽字義』／『大日経疏』巻第7）

【現代語訳】

最初に訶字の真実の意味とは、いわゆる「訶字で表されているのは、あらゆる物事の原因は求めることができないという意味であるから」とされる。何故そのように言えるのかというと、「すべての物事は次から次へと展開し、原因によって成立しているのであるから、知るべきである、〔その原因を遡及すると〕最終的には拠りどころ〔となる原因〕が存在しないことになる。そうであるから、すべての物事は留まることなく変化しつづけているということを、すべての根本とするのである。その理由は、さまざまな角度からすべての物事の原因と条件を観察すると、〔それらは〕ことごとく生じたり〔滅したり〕することがないからである」

　訶字の字義とは、「一切諸法因不可得」と言われます。この「不可得」とは、「いくら求めても認知することができないこと」、「あり得ない、可能でない」、「存在しない」、「求めても得られないこと」を意味しています（『仏教語大辞典』）。つまり「一切諸法因不可得」とは、「あらゆる物事の原因は求めることができない」ということにほかなりません。

　しかしながら、すべての物事は原因と条件、つまり因縁によって生じます。それが仏教の根本教義である〈縁起〉の思想です。それなのに「一切諸法因不可得」、すなわち「あらゆる物事の原因は求めることができない」ことが真実の意味であるとは、いったいどういう意味なのでしょうか。

原因の無限遡及

　私が両親から生まれたように、物事は必ず原因と条件、つまり因縁によって生じます。しかしその私が生まれた原因である両親にも、私にとっての祖父母に当たる両親が当然います。そしてその両親にもまた両親がいて……。今の箇所で「諸法は展転して因を待って成ずる」、つまり「すべての物事は次から次へと展開し、原因によって成立している」と述べられていたのは、このことです（那須［1985］）。

　私が生まれた原因となる両親も、私の祖父母を原因として生まれた結果です。さらに、その祖父母にも両親はいますし、そのまた両親がいて……というように、私という結果を生み出した原因を遡及していったとしたら、どうなるでしょうか。おそらくは地球上で最初に発生した生命にまで行きつくでしょう。

　しかし、その最初の生命も、地球がなければ存在し得ません。したがってその意味では、地球を原因としていると言えます。その地球は太陽系の成立を原因とし、太陽系は銀河が、銀河は宇宙が発生したから……と、原因は無限に遡及していくことができます。

　現代の宇宙物理学では、宇宙はビッグバンと呼ばれる爆発が起こり、それ以降膨張していると言われます。となると、私が存在しているのはそのビッグバンがあったから……では、そのビックバンが発生した原因は？　となると、いったいどのように答えればよいでしょうか。

　キリスト教のような一神教ではここで〈神〉が出てきます。つまり、すべての第一原因となるのは世界を創造した〈神〉である、ということになります。しかし仏教では、そして密教でも、キリスト教の〈神〉のような第一原因となる創造神を認めません。もしも〈神〉を第一原因とするならば、「それでは、その第一原因である〈神〉は何を原因として発生したのですか？」とさらに遡及していくのです。

　このように原因を無限に遡及していくと、最終的にはその原因が求められなくなっていきます。このことを『吽字義』では「最後は依無し」と述べています。原因を無限に遡及していくと最終的には、物事を発生させるような拠りどころとしての根本原因、言い換えるならば、原因としてのみ存在する

ような固定的実体的な原因となるものは
求めることができない、ということです
（図表95）。

【図表95　原因の無減遡及】

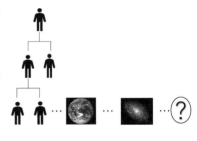

　一見、私たちは両親を原因として生ま
れているように見えます。しかし、その
原因を無限に遡及していくと、最終的に
はよるべき原因がないことになってしま
います。

　訶字の字義である「一切諸法因不可得」とは、まさにこのような状態を指
すのです。

すべては法界

　すべての物事の根本的な原因が求められないのであれば、「〜によってあ
る」ことであった〈縁起〉は、いったいどうなるのでしょうか。

　このことについて、今の箇所では「諸法の因縁を観ずるに、悉く不生な
るが故に」と述べ、すべての物事が「不生」であること、言い換えるならば、
何か固定的・実体的な原因や条件によって生じてはいないこと、それが「因
不可得」であり、「不生」である、と説明しています。

　しかし、根本的な原因が求められないのならば、その物事はそもそも存
在していないはずです。なぜなら存在するためには、何らかの原因によっ
て「生ずる」必要があるからです。それにもかかわらず、ある物事が存在
しているとするのであれば、それは「何らかの固定的・実体的な原因や条
件によって存在している」のではなく、「生じたり滅したりしない」という
あり方で存在しているということになるでしょう。

　「何らかの根本的な原因があって、生じたり滅したりしているのではない」
——そのような状態について、『吽字義』では次のように述べられています。

　「即ち是れ諸法法界なり。法界即ち是れ諸法の体なり。因とすることを
　得じ。是れを以って之を言わば、因亦是れ法界、縁亦是れ法界、因縁所
　生の法も亦是れ法界なり」

207

【現代語訳】

「すなわち、すべての物事は〈さとり〉の真理にほかならず、〈さとり〉の真理とはすべての物事の本質である。〔したがって〈さとり〉の真理を何かの〕原因とすることはできない。このことを説明するならば、原因も〈さとり〉の真理であり、条件も〈さとり〉の真理であり、原因と条件によって生じた物事も〈さとり〉の真理であるということにほかならない」

「因不可得」の境地では、すべての物事は「法界」として理解されます。この「法界（skt. dharma-dhātu）」には、意識の対象といった意味もありますが、今は仏の智慧の対象、すなわち仏の視点から見たすべての物事、言い換えるならば〈さとり〉の真理を指します。

原因である〈因〉も〈さとり〉の真理、条件である〈縁〉も〈さとり〉の真理、原因と条件の結果である〈因縁所生法〉も〈さとり〉の真理である。この箇所では、存在するすべての物事が〈さとり〉の真理である、ということが述べられているのです。

生じたり滅したりしないもの

そもそも、仏教ではすべてのものが〈縁起〉として生じると考えます。しかし、そんな仏教の思想の中にも、〈原因〉によることなく存在するものがあります。それが〈さとり〉の真理そのものです。

釈尊は、〈さとり〉の真理をさとることで「仏陀」になりました。このときに注意しなければならないのは、釈尊がさとった〈さとり〉の真理は、釈尊によってつくられたものではない、ということです。

〈さとり〉の真理は、何らかの〈原因〉によって生じたものでもなければ、誰かによって発明されたものでもありません。もしも〈さとり〉の真理がつくられたもの、〈縁起〉によって生じたものであったならば、「生者必滅」「諸行無常」の道理に従って消滅してしまうことになるでしょう。それではもはや、誰もそれをさとることができない、すなわち「仏陀」になることができなくなってしまいます。

〈さとり〉の真理そのものは、その原因（や条件）が求められない、言い換えるならば生じたり滅したりしているのではないのです。

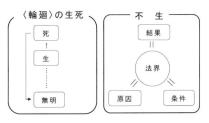

【図表96　因縁生と本不生】

したがって、すべての物事を「因不可得」とする訶字の実義とは、すべての物事が〈さとり〉の真理そのものとして〈生じたり滅したりしない〉、ということにほかなりません。

『吽字義』では、字相を知って字義を知らない凡夫は、〈輪廻〉を繰り返す「生死の人」である、と論じられていました。その凡夫の生死は、訶字の「字相」である「因縁」による、すなわち〈無明〉を原因とする〈輪廻〉の生死です。しかし「字義」である「因不可得」では、すべての物事が〈さとり〉の真理そのものであるとされます（図表96）。

このような視点に立つこと、それこそが「如来は実の如く実義を知りたもう」、つまり仏陀の視点ということにほかなりません。

本不生——阿字の実義

仏陀の視点で物事を見れば、すべての物事が「因不可得」である——これが『吽字義』で述べられている訶字の実義です。

すべての物事が「因不可得」であるということは、それらの物事が「法界」すなわち〈さとり〉の真理であるということです。そういった状態は、「不生」——つまり因縁によって生じたり滅したりすることのない状態です。

この「不生」は、正しくは「本不生」（skt. ādyanutpāda）と言われます。〈六大〉では地大に配されていたこの「本不生」について、『吽字義』では「阿字の実義」として論じています。

「阿（অ）字」については、「阿字観」という瞑想法などでご存知の方もいらっしゃるかもしれません。サンスクリットでは、この「阿字」が最初の音であり、最初の文字である、と言われます（図表97）。

サンスクリットのデーヴァナーガリー文字の子音字は33種類とされていますが、その基本形はすべて母音a音で発音します。これはすべての文字が

「a」という音が変化した形であることを表しているから、と説明されます（図表98）。

【図表97　阿字】

また、このデーヴァナーガリー文字が中国を経て日本に伝来した形である「悉曇文字」では、すべての字を書く際、最初に点をうってから書くとされますが、その点のことを「命点」とも「阿点」とも呼びます（静 [1997]）。

これも、すべての文字に、「a」音が含まれていることを意味しています。

こういった阿字のことを『吽字義』では「一切字の母、一切声の体（すべての文字を生み出すもの、すべての声の本体」と呼んでいます。これも阿字がすべての文字・すべての声に含まれていることを言っているのでしょう。

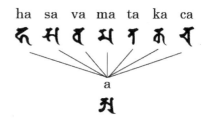

【図表98　阿字はすべてに含まれる】

ha sa va ma ta ka ca

a

阿字が、すべての文字・すべての声の根本として、すべての文字や音声に含まれているように、すべての物事に共通して「本不生」というあり方が含まれている——それが「阿字」の真実の意味なのです。

本不生を見る

その阿字の実義である「本不生」について、『吽字義』では、やはり『大日経疏』巻第7を用いて、次のように述べています。

「一切の法は衆縁より生ぜざること無きを以って、縁より生ずる者は悉く皆、始有り、本有り。今此の能生の縁を観ずるに、亦復衆因縁より生ず。展転して縁に従う、誰をか其の本とせん。是の如く観察する時、則ち本不生際を知る。是れ万法の本なり。猶し一切の語言を聞く時、即ち是れ阿の声を聞くが如く、是の如く一切の法の生を見る時、即ち是れ本不生際を見るなり」

（『吽字義』/『大日経疏』巻第7）

　ある物事について、それが原因や条件によって生じた〈因縁所生法〉であ
ると観察するとき、それは、生じるための根本的な因縁を持っているはずです。
　しかし、その因縁もまた、何らかの原因や条件によって生じています。こ
のように原因を遡及していくと、最終的には根本的な原因、つまりその物事
が生じるための実体的な原因や条件を見出すことはできません。
　これが「因不可得」ということです。その「因不可得」を深く観察し、す
べての物事が固定的・実体的な原因から生じたものではないと知ること、言
い換えるならば、すべての物事は生じたり滅したりしないと知ること、それ
がすなわち「本不生際」を知るということです。すべての物事が何かから生
じたものではないというあり方で存在していること。それが「阿字の実義」
にほかなりません。

【図表99　万法の本】

　さらに、その阿字の実義である「生じた
り滅したりしないということ」が、「万法
の本」すなわちすべての物事の根本である、
と述べられています（図表99）。
　それはあたかも、音声を耳にするとき
は、どのような音声であれ、それらの音に
含まれる根本音「a」音を聞いているように、

すべての物事を観察するときには、どんな物事も固定的・実体的な原因や条件によって、そこから生じたり、滅したりしていないというあり方が含まれていると見ること、それが「本不生際」を見る、ということなのです。

如実知自心──密教の〈さとり〉

ところで、その「本不生」を見るものについて、『吽字義』ではやはり『大日経疏』巻第7を引用して次のように述べています。

若し本不生際を見る者は是れ実の如く自心を知る。実の如く自心を知るは即ち是れ一切智智なり。

（『吽字義』／『大日経疏』巻第7）

【現代語訳】

もしも、すべての物事は生じたり滅したりしないということを見る〔ならば、その〕者は、ありのままに自分自身の心を知る。ありのままに自分自身の心を知ることとは、すべての仏陀の智慧である。

ここでは、「本不生際」を見る者は、「実の如く自心を知る」、つまり「ありのままに自分自身の心を知る」と述べられています。この「実の如く自心を知る」──「如実知自心」とは、密教の根本経典である『大日経』に、

秘密主よ、何が〈さとり〉であるかと言うと、ありのままに自分の心を知ることである。

（『大日経』巻第1「住心品」）

と説かれている、密教における〈さとり〉のことです。密教では、自分自身の〈心〉をありのままに知ること──「如実知自心」を〈さとり〉とするのです。

したがって今の箇所では、存在するものすべてを「生じたり滅したりしない」と見るならば、それはありのままに自分自身の〈心〉を知ることであり、〈さとり〉である、と述べているのです。

「本不生」すなわち、生じたり滅したりすることのないものとは、「法界」

――〈さとり〉の真理そのものです。なぜなら、〈さとり〉の真理は、何らかの原因や条件によって縁起したものではないからです。もし〈さとり〉の真理が何かを原因として生じたものならば、生じたものは必ず滅しますから、その〈さとり〉の真理も滅してなくなってしまいます。それでは、その後に誰も〈さとり〉を開いて仏陀に成り、苦しみの世界から脱け出すことができません。したがって〈さとり〉の真理は、決して縁起したもの・生じたものではなく、まさに生ずることのない「本不生」でなければならないのです。

　さらに存在するものすべてが「本不生」――すなわち、生じたり滅したりしないということは、存在するものすべてが〈さとり〉の真理そのものである、ということにほかなりません。これが「本不生際」です。それは、仏陀の視点である「実義」を知ること、すなわち存在するものすべてが生じたり滅したりしないという状態で〈さとり〉の真理そのものとして存在していることを知ることであり、またありのままに自分自身の〈心〉を知ることでもあるのです。

無智の画師・有智の画師

　凡夫は無明を原因として生まれ、老い、病気になり、そして最後には死んでしまいます。しかもそれは1度で終わるのではなく、〈輪廻〉の生死は何度も何度も繰り返されます。

　しかしながら空海は、存在するものすべてが「本不生」すなわち「生じたり滅したりしない」と論じています。そのことは、「字義」――すなわち仏陀の視点ですべての物事を見ることによって得られる、というのが『吽字義』での主張でした。

　その『吽字義』では、凡夫と仏陀の〈世界〉の見方の違いについて、やはり『大日経疏』巻第7からの引用によって、次のように述べています。

「而も世間の凡夫は、諸法の本源を観ぜざるが故に、妄りに生有りと見る。所以に生死の流れに随って自ら出ること能わず。
彼の無智の画師の自ら衆綵を運んで可畏夜叉の形を作し、成し已って還って自ら之れを観て、心に怖畏を生じて頓ちに地に躄るるが如く、

衆生も亦復是の如し。自ら諸法の本源を運んで三界を画作して、還って自ら其の中に没し、自心熾然にして備さに諸苦を受く。

如来有智の画師は既に了知し已って、即ち能く自在に大悲曼荼羅を成立す」

（『吽字義』／『大日経疏』巻第7）

【現代語訳】

「しかも世間の凡夫は、あらゆる存在するものの根源を観察しないから、誤って〔すべての物事は縁起して〕生ずると考えてしまう。そのために、生死の流転に流されてしまって自分で〔そこから〕出ることができなくなっている。

〔それはあたかも〕愚かな画家が自分で色彩を用いて恐ろしい夜叉の絵を描き、描き終わった後にそれを見て恐怖をおぼえ、〔気を失って〕たちまち地面に倒れてしまうようなもので、〔迷いの中に在る〕衆生〔のあり方〕もこのようなものである。自分ですべての物事の根源を用いて三界を描き出し、かえって自分がその中に没入してしまい、自分の心を燃やしてさまざまな苦しみを受けるのである。

〔しかし〕智慧のある画家である如来は、すでに〔すべての物事は本不生であると〕了解しているので、自由自在に大悲のマンダラを現し出すのである」

　この箇所では、凡夫と仏陀がそれぞれ、「無智の画師」と「有智の画師」として画家に喩えられています。

　「無智の画師」、すなわち愚かな画家に喩えられる凡夫は、すべての物事が「本不生」であることを知りません。そのために凡夫は、すべての物事を「妄りに生有りと見る」と固定的に考え、その結果、〈輪廻〉の世界である三界を自分自身でつくり上げます。〈十二因縁〉では、衆生は根本的な無知である〈無明〉を原因として生じ、老い、そして死んでいくと考えます。

　しかし、存在するものすべては本来「本不生」なのですから、そのことを知らない凡夫は、まさに自分でつくり上げた〈輪廻〉の世界で繰り返し〈苦〉を受けている、と言えます。ここではそのような凡夫のあり方を、自分で描いた恐ろしい夜叉の絵を見て気を失うようなもの、と比喩的に表現している

のです。

　一方、「有智の画師」である賢い画家に喩えられた仏陀は、すべての物事が「本不生」であることを知っています。そのために仏陀は、「自在に大悲曼荼羅を成立す」──すなわち

【図表100　因縁生の世界／本不生の世界】

「自由自在に大悲のマンダラ」を現し出します（図表100）。

　ここでは〈マンダラ〉が、「大悲のマンダラ」と呼ばれています。〈マンダラ〉は、大日如来が〈大悲〉によって現し出すさまざまな姿です。その中には、仏陀の姿もあります。

　しかし、地獄の亡者のような〈六道〉の衆生の姿さえも、その大日如来の現し出す姿の中にはあるのです。

　このときに注意しなければならないのは、凡夫が自ら陥っている〈輪廻〉の世界と、大日如来が大悲によって現し出す〈マンダラ〉は異なるものではない、ということでしょう。

　この両者の違いはただ、「本不生」すなわち「阿字の実義」を知っているかいないかにかかっているのです。

〈輪廻〉の生死から本不生

　たとえ〈六道〉で苦しむ凡夫の姿形をしていたとしても、〈マンダラ〉の諸尊は〈無明〉をはじめとする〈十二因縁〉によって生まれたものではありません。

　「本不生際」、すなわちすべての物事が「生じたり滅したりしない」を知る仏陀は、〈何かの原因〉によって生まれることがないからです。

　もしも仏陀が〈無明〉を原因として生まれるならば、また〈輪廻〉することになってしまいます。仏陀がこの世に出現する理由はただ1つ、〈大悲〉によって、です。

仏陀は、〈さとり〉を開いた場所に座って、このような〔すべての物事は本不生であるという〕真理をさとり終わって、すべての世界は始めからずっと、常に真理の世界であることを完全に理解して、すぐさま〈大悲〉の心を起こされた。「どうして生きとし生けるものは、〔すべてが本不生であるという〕仏陀の道から非常に近くにいながら、自分でそれをさとることができないのだろうか」と。この理由によって、仏陀はこの世界に出現し、もしくはこの〔本不生である〕不思議な真理の世界を用いて、さまざまな道を分けてつくり、さまざまな教えを開き示し、……自由自在に不思議な力を加え、真言の道をお説きになる。

（『大日経疏』巻第7）

『大日経疏』巻第7には、仏陀（大日如来）が「本不生」をさとった後、生きとし生ける者が「すべては本不生である」という真理に気づかないことに対して〈大悲〉の心を起こされ、この世界に出現された、と述べられています。

凡夫は「〈輪廻〉の生死」、すなわち〈無明〉を原因として〈三界〉に生まれます。しかし仏陀は「本不生」であることをさとり、〈大悲〉によってこの世界に出現します。

ただし、〈大悲〉によって出現する、とは言っても、それは凡夫の生死のようなものではありません。

『大日経疏』では、この点について次のように注意をうながしています。

〔仏陀は、聞き手の〕素質に応じるという因縁によって生じると言っても、〔本不生という〕真実のあり方からは動いてはいない。……みだりに〔仏陀が〕無明を原因として生じ、〔生じたから〕滅すると見るならば、さらに心の迷いが増すであろう。それは仏陀の本意ではない。

（『大日経疏』巻第7）

仏陀は、「本不生」に気づかない凡夫への〈大悲〉によって、さまざまな姿でこの世界に出現し、さまざまな教えをお示しになります。しかしその仏

陀、すなわち〈マンダラ〉の諸尊の出現は、凡夫のように〈無明〉を原因とする〈輪廻〉の生死というあり方ではありません。ここでは、もしも〈マンダラ〉の諸尊の出現をそのように見るならば、「さらに心の迷いが増すであろう」と述べられ、それは「仏陀の本意ではない」とも言っています。

〈マンダラ〉の諸尊の出現は、もはや「〈輪廻〉の生死のようなもの」ではない——。「本不生という真実のあり方からは動いてはいない」とあるように、それは「本不生」という境地、すなわち生じたり滅したりしないという境地からなされる出現なのです。そして、仏陀の出現を「〈輪廻〉の生死」と見るか、「本不生」と見るかは、あたかも文字の「字相」を見るか、「字義」を見るかの違いのように、凡夫の視点で見るか、仏陀の視点で見るかの違いでしかないと言えるでしょう。

3　真実の〈私〉

〈我（が）〉と魔字（まじ）

凡夫は、〈無明〉を〈原因〉として生まれ、年を取り、やがて死んでいきます。これを何度も繰り返すこと——それが〈輪廻〉です。

凡夫の生死の根本的な原因とされる〈無明〉とは、自分自身を実体、すなわち〈我〉・〈アートマン〉と思い込むこと、とされます。その意味では、〈我〉・〈アートマン〉とは、実体として思い込んでいる「〈私〉自身」、「自分自身」と言ってもよいでしょう。凡夫は、「自分自身」をありもしない実体・〈我〉として存在していると思い込むという〈無明〉によって、〈行（ぎょう）〉、〈識（しき）〉と縁起して、〈生（しょう）〉、〈老死（ろうし）〉へと至ります。そしてまた〈無明〉、〈行〉、〈識〉……というように、〈輪廻〉を繰り返していくのです。

これこそが、「生（う）まれ生（う）まれ生（う）まれ生（う）まれて生の始（はじ）めに暗（くら）く、死（し）に死（し）に死（し）に死（し）んで死の終（お）わりに冥（ひぞうほうやく）し」（『秘蔵宝鑰』巻上）と述べられていた凡夫の生死にほかなりません（8頁参照）。

一方、「本不生」をさとった仏陀は、もはや〈無明〉を原因としてはこの世界にあらわれません。仏陀はただ、衆生が「本不生」に気づかないこと、まさにそのことをあわれに思う〈大悲〉によってこの世界に出現します。し

かもその出現は「本不生」、つまり、生じたり滅したりしないという「真実のあり方」のあらわれなのです。

このように「〈輪廻〉の生死」と「本不生」とでは、〈我〉——つまり「自分自身」の意味が異なってくることになるのは当然でしょう。

空海は、その〈我〉について『吽字義』の中で次のように述べています。

四に麼字の義といっぱ、梵には怛麼と云う。此には翻じて我とす。我に一種有り。一には人我、二には法我。若し麼字門を見れば即ち一切の諸法に我・人・衆生等有りと知る。是れを名づけて増益と名づく。是れ則ち字相なり。

（『吽字義』）

【現代語訳】

四つ目に ma 字の意味とは、サンスクリット語では ātman（アートマン）という。ここでは翻訳して〈我〉とする。〔この〕〈我〉には二種類がある。一つ目は、人間的存在としての実体、二つ目はあらゆる物事（＝法）の実体〔である〕。

もしも ma 字を観察すれば、すべての物事に、〈我〉〔という実体〕や、人間〔としての存在〕、生きとし生ける者などが存在する、と理解する。これを「存在しないものを存在すると認識すること」と言う。これが〔ma 字の〕字相である。

ここではまず、デーヴァナーガリー文字の「麼（ᴎ /ma）」という字について、それがサンスクリットの「ātman（アートマン）」であり、〈我〉と訳される、とあります。

仏教では、その〈我〉には、「人我」すなわち認識と行動の主体に関する実体と、「法我」すなわち事物（＝法）に関する実体の二種類があるとしますが（29頁、図表8参照）、この箇所でも「我に二種有り」として、その「人我」と「法我」が紹介されています。

すでに触れましたが、古代インドの哲学において、「常・一・主宰」すなわち、常に存在し（常）、単独なるもので（一）、他のものを支配する（主宰）とされるもの、それが〈我〉にほかなりません。

自分自身をこのような〈我〉であると思い込むことによって、私たちは「自

218　第4章　生死の意味

分が〜」とか、「自分の物が〜」とかいった執着を起こします。「我執・我<ruby>見<rt>けん</rt></ruby>」や「<ruby>我所執<rt>がしょしゅう</rt></ruby>・<ruby>我所見<rt>がしょけん</rt></ruby>」と呼ばれる、自分や自分に属する物に対する執着の原因は、まさにこの〈我〉——自我にあると言えるでしょう。

　もっとも、この箇所では「<ruby>是れ<rt></rt></ruby>則ち<ruby>字相<rt>じそう</rt></ruby>なり」とあるように、字相、すなわち凡夫・生死の人の視点から見た〈我〉の意味になります。

　それでは、その「<ruby>麼<rt>ま</rt></ruby>（ma）字」の字義、すなわち仏陀の視点から見た〈我〉とはいったいどのようなものなのでしょうか。

<ruby>吾我不可得<rt>ご が ふ か とく</rt></ruby>

　その「麼字の字義」について、『吽字義』では次のように述べています。

第四に<ruby>麼<rt>ま</rt></ruby>字の<ruby>実義<rt>じつぎ</rt></ruby>といっぱ、<ruby>謂<rt>い</rt></ruby>わゆる「<ruby>麼字門一切諸法吾我不可得<rt>もんいっさいしょほうご が ふ かとく</rt></ruby>の<ruby>故<rt>ゆえ</rt></ruby>に」、<ruby>是れ<rt>こ</rt></ruby>を<ruby>実義<rt>じつぎ</rt></ruby>と名づく。謂わゆる我に<ruby>二種<rt>にしゅ</rt></ruby>有り。<ruby>一<rt>ひとつ</rt></ruby>には<ruby>人我<rt>にんが</rt></ruby>、二には<ruby>法我<rt>ほうが</rt></ruby>なり。人は<ruby>謂<rt>いわ</rt></ruby>く<ruby>四種法身<rt>ししゅほっしん</rt></ruby>、法は<ruby>謂<rt>いわ</rt></ruby>く<ruby>一切諸法<rt>いっさいしょほう</rt></ruby>なり。<ruby>一法界<rt>いっぽうかい</rt></ruby>・<ruby>一真<rt>いちしん</rt></ruby><ruby>如<rt>にょ</rt></ruby>・<ruby>一菩提<rt>いちぼだい</rt></ruby>より、<ruby>乃至八万四千不可説不可説<rt>ないしはちまんしせんふかせつふかせつ</rt></ruby>の<ruby>微塵数<rt>みじんじゅ</rt></ruby>の法<ruby>是れ<rt>こ</rt></ruby>なり。

（『吽字義』）

【現代語訳】

第四番目に、ma 字の真実の意味とは、いわゆる「ma 字で表されているのは、すべての物事の実体〔である〈我〉〕は求められないから」ということである。これを ma 字の真実の意味と言う。いわゆる〈我〉には二種類がある。一つ目は認識と行動の主体としての実体、二つ目は〔すべての〕物事の実体である。〔この場合の〕人間とは、<ruby>四種法身<rt>ししゅほっしん</rt></ruby>である。物事とは、存在するすべての物事である。一つの真理の世界、一つの真理、1 つの〈さとり〉から、八万四千の語ることもできないほど数の多いものにいたるまで〔のあらゆるもの〕が、この〔四種法身と存在するものすべて〕である。

　「麼字の実義」——すなわち仏陀の視点から見た「<ruby>麼<rt></rt></ruby>（ma）字」の真実の意味とは、「<ruby>一切諸法吾我不可得<rt>いっさいしょほうご が ふ かとく</rt></ruby>」です。これはそのまま読めば、「すべての物事の実体〔である〈我〉〕は求めることができない」ということを意味します。

その求めることのできない〈我〉について、今の箇所では「謂わゆる我に二種有り。一には人我、二には法我なり」と述べられています。これは先に見た「麼（𑖩/ma）字の字相」での〈我〉の定義と同じですが、「麼字の字義」ではその内容が、「麼字の字相」のときとはまったく異なっています。

麼字の実義

　まず、「麼字の実義」における「人我」ですが、『吽字義』ではそれを「人は謂く四種法身」と述べ、それが「四種法身」のことである、と規定しています。この〈四種法身〉とは、すでに何度も出ていますが、大日如来が〈大悲〉によって現し出す〈マンダラ〉の諸尊の姿です。ここではそれが、「人我」とされているのです（図表101）。

【図表101　麼字の実義①―人我】

自性法身
受用法身
変化法身
等流法身
〈四種法身〉＝〈マンダラ〉の諸尊

　したがってその意味では、仏陀の視点で見られた〈我〉――すなわち自分自身とは、「常一主宰の我」のような〈ありものしないもの〉では決してなく、人々を教え導くためにさまざまな姿で現れている〈四種法身〉、すなわち〈マンダラ〉の諸尊である、と言うことができるでしょう。
　次に「麼字の実義」における「法我」ですが、ここでは「一切諸法」としつつ、「一法界・一真如・一菩提」――唯一の真理の世界・真理・〈さとり〉から、「八万四千不可説不可説の微塵数の法」まで、としています（図表102）。

【図表102　麼字の実義②―法我】

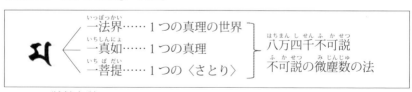

一法界……1つの真理の世界
一真如……1つの真理
一菩提……1つの〈さとり〉
八万四千不可説不可説の微塵数の法

　この「八万四千」という数は、仏陀が設けた教えの数とされます。釈尊は

聞き手の素質に応じて教えを説きましたので、その教えの数は聞き手の教えの数だけ存在することになります。それを総称して「八万四千の法門」と言いますが、今はその数が「法我」として挙げられているのです。

　すべての〈教え〉は、仏陀の〈さとり〉から始まります。仏陀はそれを聞き手の素質に合わせてお説きになり、〈教え〉が設けられますので、その意味では、まさに1つの真理の世界・1つの真理・1つの〈さとり〉から、「八万四千の法門」が設けられていると言えます。

　しかも、ここではそれらが「一切諸法」と言われていますので、「麼字の実義」では、存在するすべての物事が〈さとり〉や〈教え〉として存在していること、それを「法我」と呼んでいる、と言えるでしょう。

　すでに触れたように、〈我〉とはある物事に不変の実体があると思い込むことです。凡夫は自分自身に〈我〉があると思い込む〈無明〉によって〈縁起〉し、〈輪廻〉をくり返しています。しかし『吽字義』では、そういった〈我〉を「字相」、すなわち凡夫の視点からの理解とし、「字義」、すなわち仏陀の視点からすれば、全く異なった内容として論じているのです（図表103）。

【図表103　麼字の字相と字義】

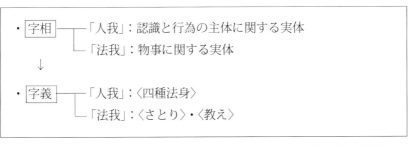

　このように、空海にとって〈我〉の真実の意味とは、「常・一・主宰」のような〈ありもしないもの〉などでは決してなく、人々の求めにしたがって自在に現れて教え導く〈四種法身〉であり、また〈さとり〉・〈教え〉として存在する数えきれないほどの一切諸法にほかならないのです。

遮情の実義
　本来は、色（物質）・受（感受作用）・想（想起作用）・行（形成作用）・識

（識別作用）の集まり——〈五蘊〉に過ぎない「自分自身」を、実体である〈我〉と思い込むこと、それが〈無明〉です。

　よく仏教では「無我」や「非我」、つまり〈我〉の否定を説くと言われますが、それは実体として思い込まれた〈我〉が、実際は〈五蘊〉に過ぎないことを意味しています。「自分自身」だと思い込んでいる〈我〉は、〈五蘊〉が仮に和合したものに過ぎない（31頁参照）。

　これは言い換えるならば、実体としての「〈我〉は求めることはできない」という、〈我〉に関する否定的な意味にほかなりません。

　その意味では、『吽字義』で「麼字の字義」とされる「吾我不可得」——「すべての物事の実体は求められない」も、一見、その仏教の従来説を述べているように思われます。実際、大乗経典の『摩訶般若波羅蜜経』を注釈した『大智度論』という注釈書では、「我不可得」という言葉の意味について、次のように述べています。

> 五つの集まり（五蘊）が和合するから、〔それを〕名づけて〈我〉とする〔だけのことな〕のであり、実際には〈我〉は求めることができない。
>
> 　　　　　　　　　　　　　　　　　　　　　　（『大智度論』巻第48上）

　ここでは、〈我〉とは本来は〈五蘊〉の集まったもの過ぎない、という点から「実際には〈我〉は求めることができない」と述べています。

　つまり『大智度論』では、「我不可得」という言葉を、「〈我〉は〈五蘊〉が和合したものに過ぎない」という〈我〉に対する否定的な意味として用いているのです。

　しかし空海は、仏陀の視点で捉えられた〈我〉の実義である「吾我不可得」の否定的な意味——「遮情の実義」について、次のように述べています。

> 是の如くの四種法身、其の数無量なりと雖も、体は則ち一相一味にして、此れも無く彼れも無し。既に彼此無し、寧ろ吾我有らんや。是れ則ち遮情の実義なり。
>
> 　　　　　　　　　　　　　　　　　　　　　　　　　　（『吽字義』）

【現代語訳】

このような四種法身（ししゅほっしん）は、その数は数えきれないほどであるけれども、その本質は同一の様相、同一のあり方であって、これ、と言われることもなく、それとかという違いもない。すでにそれとかこれとかの違いがないのであるから、どうして〈我〉ということがあるだろうか。これが〔麼字の〕否定的な真実の意味である。

「遮情（しゃじょう）」とは、物事の見方の否定的な側面を意味します。ここでは、先に〈我〉の実義とされた〈四種法身〉が、その本質においては「一相一味（いっそういちみ）」、つまり同じ様相、同じあり方をすることを指して「遮情の実義（じつぎ）」、すなわち〈我〉の実義における否定的な側面と説明されているのです。

無我の意味

〈四種法身〉の本質とは、私たちも含めた存在する者すべての本質である〈六大〉にほかなりません。その〈六大〉である大日如来が、〈四種法身〉というさまざまな姿形を現し出すのは、あくまでも「本不生（ほんぷしょう）」に気づかない凡夫への〈大悲〉によってです。したがって、その姿形は「其（そ）の数無量（かずむりょう）なり」、つまり救うべき凡夫の素質の数だけ存在すると言うことができます。

しかしながら、その〈四種法身〉を本質、すなわち〈六大〉の観点から見るならば、すべては大日如来、すなわち〈さとり〉の真理そのものに帰結します。

その本質という観点から見れば、「こちらの仏陀、あちらの仏陀」といった〈四種法身〉個々別々の〈我〉など存在しません。その意味では、まさに「一相一味にして此れも無く彼れも無し」となるでしょう。これが『吽字義』の言う「遮情の実義」、つまり「一切諸法吾我不可得（いっさいしょほうごがふかとく）」における否定的な意味にほかなりません（那須［1985］）。

この「我不可得」における否定的な意味を、「〈我〉は〈五蘊〉が和合したものに過ぎない」とする仏教の従来説と、今の「一相一味にして此れも無く彼れも無し」とで対比してみると、明らかに視点が異なっていることがわかります（図表104）。

【図表104 「吾我不可得」の意味の違い】

従来の解釈	……〈五蘊〉が仮に和合したものを〈我〉であると思い込んでいるだけで、実際は〈我〉を求めることはできない
空海の解釈	……〈さとり〉の真理そのものにおいては、〈四種法身〉にあれこれといった区別はないので、〈我〉を求めることはできない。

「実義を知る」——すなわち仏陀の視点に立つとき、「吾我不可得」という〈我〉の否定もまた、〈四種法身〉と仏の視点で見たすべての物事との関係で捉えられます。〈我〉を〈五蘊〉ではなく、そのすべてが大日如来のあり方である〈四種法身〉と見る。これこそが仏陀の視点から捉えられる「無我」の意味と言えるでしょう。

無我の大我

「麼字の実義」においては、「吾我不可得」——すなわち「〈我〉を求めることはできない」ということの否定的な意味が、仏教の従来説とは大きく変わっています。

ところで『吽字義』では、その「麼字の実義」における〈我〉の肯定的な意味について、次のように述べています。

一切世間は我我を計すと雖も、未だ実義を証ぜず。唯し大日如来のみ有して無我の中に於て大我を得たまえり。心王如来は既に是の如くの地に至りたもう。塵数難思の心所眷属、誰か此の大我の身を得ざらん。是れ則ち表徳の実義なり。

（『吽字義』）

【現代語訳】

すべての世間の人々は、人間存在の〈我〉と存在するものの〈我〉について考えはするが、いまだにその真実の意味を確信していない。ただ大日如来のみが、〈我〉は存在しないということの中に絶対的な〈我〉を獲得している。心の本体である〔大日〕如来は、すでにこのような境地に至っておられる。〔したがって〕数えきれないほどの心の作用である眷

属としての諸尊で、いったい誰がこの絶対的な〈我〉の身体を獲得しないということがあろうか。これが〔ma字の〕肯定的な真実の意味である。

　ここでは、「麼字の実義」における肯定的な意味──「表徳の実義」が述べられています。すなわち、世間の人々は「人我」や「法我」については考えるけれども、その真実の意味を確信していない。そのような中にあって大日如来は「無我の中に於て大我」を獲得しているのだから、数え切れないほどの諸尊もまたその「（無我の）大我の身」を獲得できるのである──。

　この大日如来が獲得する「無我の中の大我」は、大日如来の境地にあるものにしか認識できません。先に触れたように、実義を知る仏陀の視点で捉えられた「無我」とは、数えきれないほど多くの〈四種法身〉が「一相一味にして此れも無く彼れも無」い境地だからです。

　「唯し大日如来のみ有して無我の中に於て大我を得たまえり」──。「麼字の実義」における「表徳の実義」、つまり「吾我不可得」の肯定的な意味とは、私たち一人ひとりは仏の視点で見るならば、〈四種法身〉であって、それら〈四種法身〉すべてが大日如来、すなわち「大我」であるということを示しています。ただしそれは、「無我の中に於て」と言われているように、「一相一味にして此れも無く彼れも無」い境地における〈我〉です。したがってその意味では、個々別々の存在を内包する、大いなる〈我〉と言えるでしょう。

遮那の三密

　さて、その「無我の大我」について、空海は『性霊集』巻第10に収められた「叡山の澄法師の理趣釈経を求むるに答する書」という書状の中で、次のように述べています。

　若し我が理趣を求めば、二種の我有り。一には五蘊の仮我、二には無我の大我なり。若し五蘊の仮我の理趣を求めば、仮我とは実体無し。実体無くんば何に由ってか得ることを覓めん。若し無我の大我を求めば、遮那の三密即ち是れなり。遮那の三密は何の処にか遍ぜざらん。

　　（『性霊集』巻第10「叡山の澄法師の理趣釈経を求むるに答する書」）

【現代語訳】

もしも〈私〉の道理を求めるならば、〔〈私〉というものには〕２種類の〈我（が）〉がある。１つには五蘊が仮に和合したものである〈我〉、もう１つは無我の大我である。もしも〈五蘊〉が仮に和合したもの〔である〈私〉〕の道理を求めるならば、仮に和合したものには実体は存在しない。実体が存在しなければ、どうやってそれを求めることができようか。もしも無我の大我を求めるならば、大日如来の三密（さんみつ）がそれである。大日如来の三密は〔遍満していて〕至（いた）らない場所はないのである。

この書状は、「理趣釈経」の借用を求められた空海の返信であるとされています。今引用した箇所は、その中の一節です。

ここでは「我」には、「五蘊の仮我」と「無我の大我」の２種類がある、と述べられています。

【図表 105　五蘊の仮我と無我の大我】

- 五蘊の仮我　→「仮我とは実体無し」……〈五蘊〉が仮に和合した〈我〉
  　　↕
- 無我の大我　→「遮那の三密即ち是れなり」……大日如来の〈三密〉

「五蘊の仮我」とは、〈五蘊〉が和合して仮に存在しているに過ぎない〈我〉のことであり、その〈我〉は「実体無し」と言われます。この理解は、先にも触れた仏教の基本的な「無我」説です（図表105）。

一方、「無我の大我」とは「遮那の三密（しゃなのさんみつ）」、すなわち大日如来の〈三密〉である、とされます。「無我の大我」である大日如来は、〈大悲〉によって衆生を救済するための活動である〈三密〉をはたらかせます。その大日如来によって現し出しされる〈三密〉としての姿が、〈マンダラ〉の諸尊です。

したがって、『吽字義』の「誰（たれ）か此（こ）の大我（だいが）の身を得（え）ざらん」とは、大日如来の〈三密〉としての身体、すなわち〈四種法身〉としてのあり方を獲得し、大日如来の〈大悲〉を実現していないものなど存在しない、という意味になるでしょう。

大日如来の差別智印

　「無我の大我」である大日如来・〈さとり〉の真理そのものは、個々別々の〈四種法身〉として遍満しています。その「無我の大我」の具体的な身体である〈四種法身〉が個々別々のあり方を通して、「遮那の三密」である〈大悲〉の活動を実現している——。これが『吽字義』で述べられている〈我〉の真実の意味です。

　ところで、空海は『大日経開題』という著作の中で、次のように述べています。

上は、大日尊より、下、六道の衆生の相に至るまで、各々の威儀に住して種種の色相を顕す。並びに是れ大日尊の差別智印なり。更に他身に非ず。

（『大日経開題』）

【現代語訳】

上は大日如来から、下は六道の衆生の姿に至るまで、それぞれの立居振舞にとどまってさまざまな姿形を現し出す。これらはすべて大日如来の智慧の一つである。さらに他の身体があるのではない。

　ここで「大日尊の差別智印」とあるのは、大日如来の数限りない智慧の中の１つ、という意味です。

　『即身成仏義』で「各々五智無際智を具す」と述べられていたように、大日如来は数えきれないほどの智慧を備えた存在です。その大日如来の無数の〈さとり〉の智慧の１つひとつが「差別智印」にほかなりません。

　この『大日経開題』の中で空海は、大日如来の１つひとつの〈さとり〉の智慧には、大日如来から六道の衆生までのそれぞれの立居振舞があり、姿形がある、と述べています。

　それら「差別智印」としての姿が、〈四種法身〉の姿です。〈四種法身〉には、大日如来や四仏、釈尊といった自性法身・受用法身・変化法身といった仏陀の姿もありますが、修行者や六道の衆生の姿でもある等流法身の姿もあります（129〜131頁参照）。その〈四種法身〉の姿が、ここで「上、大日尊より、下、六道の衆生の相に至るまで」と言われる「大日尊の差別智印」の姿

にほかなりません。

　しかも、それらの〈四種法身〉は、実際の〈六道〉の衆生と別のものとして存在しているわけではありません。「更に他身に非ず」と述べられているように、等流法身としての六道の衆生と、実際の六道の衆生とは異なる存在ではないのです。

　存在するすべてのものが、大日如来の〈三密〉の現れである〈四種法身〉である――。と言うことは、私自身も、そしてその他すべての生きとし生けるものも、そういった存在するのものすべてが「無我の大我の身」であり、大日如来の〈大悲〉をあらわしだす〈四種法身〉である、と言えるでしょう。

互いに教え導き合う……

　〈四種法身〉は、大日如来が人々を教え導くために現し出す姿です。したがって、存在するすべてのものが〈四種法身〉であるならば、私自身も、そしてほかの人たちも、お互いに教え導き合うというあり方で存在している、と言うことができます。

　〈四種法身〉が互いに教え導き合う。そもそも「教え導く」ということは、必ずしも一方的な行為とは限りません。親と子、教師と生徒の関係を想像してみてください。確かに親が子に教え、教師が生徒に教えるという関係がそこにはあります。しかしその一方で、子のふとした行動や仕草から親が学ばされることもあれば、教師が生徒の何気ない言葉にハッと気づかされることもあるのではないでしょうか。

　生徒にも何かを教えているとき、教師は間違いなく教える存在として現れています。しかしその教師が教えている生徒から何ごとかを学ぶとき、そこには教師と生徒という現れ方を超えて教え導き合う関係があると言えるでしょう。存在するものすべてが〈四種法身〉であり「大日尊の差別智印」であるという空海の主張は、存在するものすべてが教え導き、教え導かれるという相互関係にあることを示唆しています。

　実際、『即身成仏義』では、〈四種法身〉の〈三密〉が、影響しあい関連しあっていることを「互相加入・彼此摂持」、つまり「加持」と解釈していました（172頁参照）。その〈四種法身〉の〈三密〉とは、〈マンダラ〉の諸

尊1人ひとりの、仏陀としての活動です。

　したがってその意味では、〈四種法身〉は互いに教え導き合うあり方で存在している、と言うことができるでしょう。そうであるならば、その〈四種法身〉である私たちもまた、お互いに教え導くというあり方で存在していると言えます。

　「いやいや、アイツは人に迷惑をかけてばっかりで、そんな奴が誰かを教え導く〈四種法身〉のはずがない……」などというのは、実義を知らない凡夫の理解・妄想に過ぎません。なぜならば、大日如来が人々を教え導くために現し出す〈四種法身〉の姿の中には、「地獄の亡者」の姿もあるからです。

　大日如来が地獄の亡者の姿で現れるのは、ほかの地獄の亡者と苦しみを共にすることで彼らを励ますためかも知れません。あるいはまた、そういった姿を見せることで周囲に「ああはなりたくない」と思わせる反面教師としてなのかも知れません。それを「地獄の亡者だから大日如来ではあり得ない」と思うことこそ、「実義」を知らない凡夫の理解である、と言えるでしょう。

　いずれにしても、私たちは互いに教え導き合う〈四種法身〉として存在している——これこそが「麼字の実義」で明かされる、〈我〉の真実の意味にほかなりません。

真実の〈私〉

　凡夫が自分自身であると思い込んだ実体——〈我〉は、「生死の人」である世間の人の視点から捉えられた〈我〉です。私たちは、実体としての自分自身と思いなし、それに執着することで〈業〉をつくります。

　身口意の〈三業〉によってなされる〈十悪〉は、畜生道や餓鬼道、地獄道におちる原因ですが、こういった〈悪業〉こそ、実体として存在すると思い込まれた〈我〉への執着によってひき起こされます。

　しかし、「麼字の実義」、すなわち仏陀の視点で論じられる〈我〉は、もはや凡夫が実体として思い込んだ「自分自身」などではあり得ません。それは、「無我の大我」である大日如来の〈大悲〉による活動、すなわち〈三密〉としての四種法身だからです。したがって、その「無我の大我の身」を〈我〉とするもの、言い換えるならば〈マンダラ〉の諸尊として存在するものは、

もはや凡夫などではなく、生きとし生けるものへの〈大悲〉によって活動する大日如来の〈三密〉と言えるでしょう。

「麼字の実義」——〈我〉の真実の意味とは、「本不生」であることに気づかない凡夫でも、仏陀の視点から見れば大日如来の〈三密〉ではないものはない、ということです。それは言い換えるならば、すべての生きとし生けるものは「無我の大我」である大日如来の現れとして存在するということです。

しかしながら、そうは言っても、私たちは日々「私」と「あなた」、「仏陀」と「凡夫」など、自分に理解できる範囲で物事を区別してしまっています。そういった凡夫の視点から仏陀の視点に至るために、真言行者は〈マンダラ〉の諸尊と一体になります。それは〈マンダラ〉の諸尊こそが、大日如来の〈三密〉の姿形にほかならないからです。そして、その〈マンダラ〉の諸尊と一体となる方法が、「手に印契を作し、口に真言を誦し、心三摩地に住す」（『即身成仏義』）と述べられていた、「三密行」なのです（173頁参照）。

4　不生と不滅

冒地の得難きに非ず……

大日如来は、「本不生」に気づかない凡夫への〈大悲〉によって、〈マンダラ〉の諸尊を現し出しています。それは、『大日経』に「過去・現在・未来を越えて」と説かれていたように（110頁参照）、今この瞬間もなされている大日如来の活動、すなわち〈三密〉にほかなりません。真言行者はその〈三密〉を、印契・真言・心の集中とする「三密行」によって、自分自身の上に〈マンダラ〉を現し出します。それが「即身成仏」——「この身のままで仏陀に成ること」——です。

【図表106　恵果和尚】

空海はその〈三密〉の教え——密教を、唐の都・長安にある青龍寺で、恵果和尚（746-806、図表106）から授かりました。恵果和尚は、「①大日如来—②金剛薩埵—③龍猛菩薩—④龍智菩薩—⑤金剛智三蔵—⑥不空三蔵」と

いう密教の系譜に連なる、第7代目の継承者、阿闍梨（skt. ācārya。師匠・先生の意味）です。

　空海は延暦23年（804）、31歳の時に遣唐使船に乗り、唐に渡っています。それは決して順風満帆な旅ではありませんでした。当時の遣唐使は命懸けで、実際、空海の乗った遣唐使船も嵐にあって遭難しています。漂流の末、予定よりもはるか南の福州の赤岸鎮に漂着した空海が、本来の目的地であった唐の都である長安に入り、恵果和尚に出会ったのは、唐の貞元21年（805。後に改元して永貞元年）5月ごろ——日本を出発してから10か月近く過ぎてからでした（武内［2015］）。

　空海はその恵果和尚から密教を授かっていますが、『性霊集』巻第2に収められた「大唐神都青龍寺故の三朝の国師灌頂の阿闍梨恵果和尚の碑文」（以下、「恵果碑文」）には、恵果和尚の言葉が次のように紹介されています。

常に門徒に告げて曰く、「……冒地の得難きに非ず。此の法に遇うことの易からざるなり……」。

（『性霊集』巻第2「恵果碑文」）

【現代語訳】

〔恵果和尚は、〕いつも弟子たちにおっしゃられていた。「……〈さとり〉を開くのが難しいのではない。この密教に出会うのが簡単ではないのである……」。

　この恵果和尚の言葉は、特に説明を必要としないでしょう。密教では「即身成仏」——「この身のままで仏陀と成ること」——ができます。したがって、〈さとり〉を開くことは難しいことではないのでしょう。むしろこの密教に出会うことのほうが難しい。恵果和尚はいつも弟子たちに、そのように話していたそうです。

　恵果和尚のこの言葉は、それを記した空海にとって非常な実感を伴うものだったのではないでしょうか。と言うのも、空海自身がまさに命懸けで〈密教〉に出会っているからです。

実際、空海は「恵果碑文」の別の箇所で、次のように述べています。

弟子空海、桑梓を顧みれば則ち東海の東、行李を想えば則ち難が中の難なり。波濤万々として雲山幾千ぞ。来ること、我が力に非ず、帰らんこと我が志に非ず。

【現代語訳】

弟子である〔私、〕空海は、故郷をかえりみれば東の海のさらに東であり、〔ここ長安までの〕道のりを思えば困難の中の困難であった。海の大波を幾万も越え、雲を突くような山々を幾千も越えてきた。〔ここ青龍寺に〕来ることができたのは、私の力ではなく、〔日本に〕帰ることも私の想いではない。

　ここで空海は、恵果和尚のもとにたどり着くのは「難が中の難」つまり「困難の中の困難」であった、と述懐しています。数々の困難を経て、ようやくたどり着いた青龍寺で密教を授かることができた——空海はここで「来ること、我が力に非ず」と述べ、それが自分自身の力によるではない、と言っているのです。

　不思議な力に導かれて恵果に出会い、密教を授かることができた——空海にとって恵果和尚との出会い、〈密教〉との出会いは、それほど大きく、かつ神秘的な出来事だったのでしょう（高木［2015］）。

恵果和尚の〈死〉

　空海は帰国直後に著した『御請来目録』の中で、その恵果和尚との出会いを、次のように書き残しています。

和尚、乍ちに見て笑みを含み、喜歓して告げて曰く、「我れ先に汝が来らんことを知り、相待つこと久し。今日相見る、大だ好し、大だ好し。報命竭きなんと欲すれども、付法に人無し。必ず須らく速やかに香花を弁じて灌頂壇に入るべし」と。

（『御請来目録』）

　恵果和尚は空海をひと目見て、密教をあなたに伝えようと言った、とあります。「我れ先に汝が来らんことを知り、相待つこと久し」——いろいろと解釈ができそうな恵果和尚の言葉ですが、ともかく恵果和尚の「速やかに……灌頂壇に入るべし」との言葉通り、空海は貞元 21 年（805）6 月に胎蔵の密教を授かるための灌頂、7 月には金剛界の密教を授かるための灌頂、8 月には密教の正当な継承者になるための灌頂を、恵果和尚から授かります。

　このときに空海が授かった「灌頂」（skt. abhiṣeka）とは、『華厳経』では第 10 法雲地の箇所で説かれる、「菩薩が仏陀に成るための儀式」です。密教では、この灌頂によって密教の教えを授かり、また密教の継承者になるとされ、大切な儀式として重要視します。

　恵果和尚から密教をすべて授かった空海は、密教の継承者となりました。大日如来から数えて第 8 代目の阿闍梨、空海がここに誕生したのです（武内〔2015〕）。

　「此の法に遇うことの易からざるなり」——空海に密教を授けた恵果和尚は、その数か月後の永貞元年（805）12 月、60 歳の生涯を終えます。二人の出会いがあと半年遅れていたら、空海は恵果和尚から密教を授かることはできず、空海が日本に持ち帰っていたものもまったく別のものだったかもしれません。九死に一生を得てたどり着いた長安で、恵果和尚との奇跡的とも言えるタイミングで授かった教え、それが空海にとっての密教だったのです。

　恵果和尚が亡くなられた直後、空海は弟子たちを代表して、恵果和尚の遺徳をたたえる碑文を書いています。それが、先に紹介した『性霊集』巻第 2「恵果碑文」です。その「恵果碑文」には、恵果和尚の最後について、次のよう

に記されています。

所化縁尽きて　　怕焉として真に帰す
<small>しょけえんつ　　　　はくえん　　しん　き</small>

（『性霊集』巻第2「恵果碑文」）

【現代語訳】

〔恵果和尚は〕人々を教え導くという縁が尽きたので、
もの静かに真理の世界へとお帰りになった。

「所化」とは、教え導く対象のことです。恵果は教え導くという役割を終えられたので、真理の世界に帰っていった……。これが空海の表現する恵果の〈死〉です。

さっと読み飛ばしてしまいそうな短い文章ですが、この中には、空海が恵果和尚をこの世界に出現した仏陀であると考えていたことが、はっきりと表れています。と言うのも、この恵果の〈死〉の表現は、〈マンダラ〉の諸尊の出現と消滅に用いられる表現だからです。

縁謝すれば則ち滅し、機興れば則ち生ず

大日如来が〈大悲〉によって〈マンダラ〉の諸尊を現し出すことを、〈神変〉と呼びます。この〈神変〉によって、「本不生」に気づかない人々が教え導かれるのです。

『大日経』の注釈書である『大日経疏』では、その〈マンダラ〉の諸尊について、次のように解説しています。

しかもこの出現した者は、大日如来の身体・言葉・心から生じるのではない。すべての時間・場所において出現し、消滅することはともに極まりなく認識することが出来ないのである。たとえるならば、幻術使いが呪術の力で薬草に不思議な力を加えてさまざまな不思議な現象を現し出し、五つの感覚器官（眼耳鼻舌身）の対象〔となることで認識できること〕によって人々の心を喜ばせるけれども、もし不思議な力のはたらきを捨ててしまえば、その後には〔不思議な現象は〕去ってしまうようなもの

である。仏陀の壊れることのない幻〔のようなさまざまな出現〕もまたこのようなものである。〔人々を教え導くという〕条件が無くなればすなわち消滅し、〔導かれる人という〕機縁があればすなわち出現するのである。

（『大日経疏』巻第1）

〈マンダラ〉の諸尊は、「人々を教え導くという条件がなくなればすなわち立ち去り、導かれる人という機縁があればすなわち出現する」とされます。『大日経疏』の原文では、これを「縁謝すれば則ち滅し、機興れば則ち生ず」と表現しています。

その〈マンダラ〉の諸尊、言い換えるならば〈マンダラ〉におけるさまざまな姿形は、大日如来の〈神変〉によって現し出された姿です。それら諸尊は、大日如来が創造神となってつくり出したものではありません。ですから、ここで使われている「生ずる」や「滅する」といった表現は、あくまでも我々〈凡夫〉の視点からの認識にすぎない、ということに留意すべきでしょう。そもそも存在するものすべては「本不生」、すなわち〈さとり〉の真理そのものだからです（212〜213頁参照）。

〈マンダラ〉の諸尊は、あくまでも「本不生」に気づかない人々の側の素質や、そういう人々がいるという条件、すなわち「機縁」によって出現しているに過ぎません。したがってその教え導く相手がいなくなれば、その姿は消えますし、また教え導くべき対象が現れれば出現する。これこそが大日如来の〈神変〉にほかなりません。それは例えるならば、幻術使いが現し出した幻のようなものである、と『大日経疏』は述べています。

この『大日経疏』の〈神変〉解釈を、空海が記した「恵果碑文」での恵果の〈死〉の表現を比べてみると、どちらも「教え導く人がいなくなったときには立ち去る（姿を消す）」という意味で、同じ内容を表現しています（図表107）。

【図表107 〈マンダラ〉の諸尊と恵果和尚の〈死〉】

・『大日経疏』……縁謝すれば則ち滅し、機興れば則ち生ず
・「恵果碑文」……所化縁尽きて　怕焉として真に帰す

「本不生」に気づかない者がいれば、その人の素質に応じた〈マンダラ〉の諸尊が〈さとり〉の真理から出現し、密教の教えによってその人を教え導きます。そして、その相手が「本不生」に気づけば、もはや教え導く必要はありませんから、その教え導くための姿は〈さとり〉の真理へと立ち去る。

しかしまた導くべき相手が現れれば出現する——これが「縁謝すれば則ち滅し、機興れば則ち生ず」という、大日如来の〈神変〉として出現した〈マンダラ〉の諸尊のあり方にほかなりません。

一方、恵果和尚は、空海に密教を伝えた直後にその最期を迎えられます。それを空海は、恵果和尚は教え導くことを終えて真理の世界へとお帰りになった、と表現しています（武内［2017］）。

この恵果和尚の〈死〉についての表現が、『大日経疏』に説かれる〈マンダラ〉の諸尊が生滅と同じ表現になっていることは明らかでしょう。空海は、自分に密教を授けてくれた恵果和尚を、人々を教え導くためにこの世界に出現した仏陀である、と考えているのです。

仏陀としての恵果和尚

空海は、『性霊集』巻第5「青龍の和尚に衲の袈裟を献ずる表」という文章の中で、恵果和尚について、次のように述べています。

> 伏して惟みれば和尚、三明円かにして万行足れり。法船牢くして人、具に瞻る。秋の月を懐いて巨夜に懸け、旭日を孕んで迷衢に臨む。謂つべし。三身の一身、千仏の一仏なりと。
>
> （『性霊集』巻第5「青龍の和尚に衲の袈裟を献ずる表」）
>
> 【現代語訳】
> 伏し拝んで考えるに、恵果和尚は〔過去のことを知り、未来のことを知り、現在のことを知るという〕〈さとり〉の智慧が完全であり、すべての修行を完成させている。〔密教という〕教えの船は堅固であり、人々はみな仰ぎ見る。秋の満月〔のような〈さとり〉の智慧〕を抱いて巨大な闇夜〔のような人々の〈無明〉〕の前にかかげ、太陽の光〔のような〈さとり〉の智慧〕を体得して迷いの中にいる人々の前に現れる。言うべきである。〔恵果

和尚は〕仏陀の身体である三身の中の１つ、この世に出現する仏陀のお一人である、と。

　ここで「旭日を孕んで迷衢に臨む」——すなわち「太陽の光〔のような〈さとり〉の智慧〕を体得して迷いの中にいる人々の前に現れる」と表現されている恵果和尚のイメージは、「衆生への憐れみによって」（79～80頁参照）、説法を決意され、人々の前に現れた釈尊と重なります。しかし、それだけではありません。空海は、そのような恵果和尚を「三身の一身、千仏の一仏」、すなわち仏陀である、と記しているのです。

　九死に一生を得てたどり着いた長安で、空海に密教を授けた恵果和尚は、その直後に亡くなります。その恵果和尚の〈死〉は、空海からすれば「自分に密教を授けるためにこの世界に現れた仏陀」が、その役割を終えて姿を消された——「縁謝すれば則ち滅す」という〈マンダラ〉の諸尊のあり方そのものだったのではないでしょうか。

不生の生・不滅の滅

　仏陀である恵果和尚は「所化縁尽きて　怕焉として真に帰す」、すなわち「衆生を教え導く」という役割が終わったので、〈さとり〉の真理へと帰っていきました。それが空海の表現する恵果和尚の〈死〉です。

　しかしながら、それは「凡夫の死」ではありません。と言うのも、『大日経疏』では〈マンダラ〉の諸尊が生じ滅することについて、次のように述べているからです。

〔大日如来が現し出す〈マンダラ〉の諸尊は〕仏陀と法界と機縁によって生じている。生じているとは言っても〔本当は〕「不生」であり、消滅すると言っても〔本当は〕「不滅」である。〔その生まれて消滅するものとは、〕すなわち幻術と同じであって、法界に異ならないからである。

（『大日経疏』巻第11）

　ここでは、大日如来の〈神変〉によって現し出されるもの——すなわち〈マン

ダラ〉の諸尊が現れるには、3種類の要件があると説かれています（図表108）。

【図表108　〈マンダラ〉の諸尊の出現】

・仏陀……大日如来

・法界……真理の世界、〈さとり〉の真理そのもの＝「本不生」

・機縁……教え導く相手の素質（機）や条件（縁）

大日如来は、「本不生」に気づかない人の素質に応じた姿形で〈マンダラ〉の諸尊を現し出し、その教え導きが完了すればその姿はなくなります。

このように〈マンダラ〉の諸尊は一見、生じ滅する、すなわち「生滅」しているように見えます。もっとも、〈マンダラ〉の諸尊も「本不生」ですので、「生じているとは言っても〔本当は〕「不生」であり、消滅すると言っても〔本当は〕不滅である」と述べられている通り、生み出されることもなければ消滅することもない「不生不滅」の存在です。

その意味では、〈マンダラ〉の諸尊とは、「不生」であるけれども生じているように見える「不生の生」として〈さとり〉の真理から出現し、「不滅」ではあるけれども消滅するように見える「不滅の滅」として〈さとり〉の真理へと立ち返っていく存在であると言えるでしょう（勝又［1971］）。それは、凡夫が無明を原因として生じ、そして死んでいく輪廻の生死とは決定的に異なっています。

〈大悲〉によって出現した仏陀は、人々を教え導くことが終われば、またその姿を消します。そしてまた導くべき相手が現れれば出現するのです。

しかしそれは、「本不生」を知る──すなわち仏陀の視点から見れば、生まれることでもなければ、消滅すること・死ぬことでもありません。

それはまさしく、「怕焉として真に帰す」──もの静かに真理の世界に戻る、ということなのです。

眼前の仏陀

空海は、自分に密教を授けてくれた恵果和尚を、まさにこの〈マンダラ〉の諸尊として表現しています。その意味では、空海は「仏陀の出現」を実際

に目の当たりにした、と言ってもよいでしょう（生井［2006］）。仏陀が空想の産物でも、遠い過去の存在でもなく、今この瞬間、現実に自分自身の目の前にいらっしゃる——空海は恵果和尚の下で〈密教〉を授けられたとき、まさにこのような感覚を体験したと思われます。

仏陀は現実に、しかも今この瞬間にも目の前にいる。しかし、すべてのものが「本不生」——すなわち〈さとり〉の真理であることに気づいていない私たちは、仏陀に出会っていたとしても、そのことに気づいていないのです。

仏陀に出会いながらも、そのことに気づかない——実は、釈尊の生涯の中に、このことを示すエピソードがあります。

釈尊は〈さとり〉を開いたとき、説法を躊躇され、梵天によって請われることで説法を決意します。その後、釈尊はかつての苦行仲間である五人の出家修行者（五比丘）に対して最初の説法（初転法輪）を行うのですが、実はその初転法輪に向かう途上、ウパカ（pāli. Upaka）という人物と出会っています。

ウパカは、「アージーヴィカ教徒（pāli. ājīvika）」という、一種の決定論者・宿命論者の立場の人でした。

そのウパカは、五比丘のところに赴く釈尊に道で出会い、その姿が素晴らしいので、「あなたの師匠はだれですか？」と声をかけます。

声をかけられた釈尊は、自分には師匠がいないこと、そして自分が「正しく目覚めた者」——すなわち仏陀であり、今から五比丘の所に行って教えを説くのだと、ウパカに告げます。

この両者の出会いは、まさに釈尊が仏陀と成られた直後のことですから、ウパカはまさしく「衆生への憐れみによって」人々の前に姿を現した仏陀を目の当たりにしています。しかしウパカは、仏陀であると宣言された釈尊に対して、「友よ、あるいはそうなのでしょう」（『律蔵』「大品」／宮元［2005：66］）と頭を振りながら別の道に行ってしまいます。

おそらくウパカは、「自分は仏陀である」という釈尊の宣言を、大言壮語と受け取ったのでしょう。仏教でも、〈さとり〉を得ていない者が自分を仏陀であると言い触らすこと（大妄語）を、「波羅夷罪」（skt. pārājika）という教団追放にあたる重罪としています。しかし、ウパカが出会ったのは、まさ

しく仏陀であったのです。

　この釈尊とウパカのエピソードは、しばしば釈尊の説法の失敗例として紹介されることがあります。もっとも、それ以上に興味深いのは、「私たちは仏陀に出会ってもそのことに気づかないことがある」という点でしょう。

哀れなるかな、哀れなるかな

　空海は、私たちはすべてのものが〈さとり〉の真理そのものであることに気づかないまま「生と死」を繰り返している、と述べています。仏の視点で見るならば、すべては〈四種法身〉・〈マンダラ〉の諸尊として存在しています。しかし、すべてのものが〈さとり〉の真理の現れであることに気づいていない凡夫は、たとえ仏陀と出会ったとしても、そうとは受け取らないのではないでしょう。

　そのような凡夫のあり方について、空海は『般若心経秘鍵』という著作の中で、次のように述べています。

哀れなるかな、哀れなるかな、長眠の子。苦しいかな、痛いかな、狂酔の人。痛狂は酔わざるを笑い、酷睡は覚者を嘲る。

（『般若心経秘鍵』）

【現代語訳】

哀れなことである、哀れなことである。〔〈無明〉の闇に〕長く眠っている者よ。苦しいことである、痛ましいことである。〈迷い〉の世界に酔いしれている者よ。痛ましいまでに〈迷い〉の世界に酔っている者は酔っていない人を笑い、眠りこけている者は目覚めた者を嘲笑する。

　自分自身をありもしない〈我〉として存在すると思い込んでいる者、すなわち「本不生」であることを知らない者は、自分自身を「本不生」と知る者を笑い、〈迷い〉の世界に酔いしれている者は、〈さとり〉の世界にある仏陀たちを嘲笑する。そのさまは哀れであり、痛ましい限りである……。空海はこのように述べています。

　大日如来は、「本不生」に気づかない凡夫への〈大悲〉によって、今この

瞬間も〈マンダラ〉を現し続けています。しかし私たちは、自分自身が「本不生」であることに気づかず、ただ単に生まれ、そして死んでいくだけ、と思い込んでいます。

　その結果、「本不生」として出現し、役割を終えてまた「本不生」の境地へと帰っていく〈マンダラ〉の諸尊の「不生の生」と「不滅の滅」というあり方を、単に凡夫が生まれ、死んでいったという風にしか見ていないのかも知れません。

　「哀れなるかな、哀れなるかな、長眠の子。苦しいかな、痛いかな、狂酔の人」——この空海の言葉は、自分自身が「本不生」であること、言い換えるならば、自分自身がすでに〈マンダラ〉の中にいる仏陀であることを自覚しない、そんな私たちのあり方を指しているのではないでしょうか。

同じく解脱の床に住す

　自分自身がすでに〈マンダラ〉の中にいる仏陀である——。「そんなことは、あり得ない」とは言うことはできません。なぜなら、大日如来の〈神変〉によって出現する〈マンダラ〉の諸尊には、餓鬼や地獄の亡者といった姿の仏陀（等流法身）もあるからです。

　そういった姿を「仏陀の出現」として見られないのは、存在するものの真実の意味——実義——を知らない凡夫の視点にほかなりません。

……是の故に三界・六道長く一如の理に迷い、常に三毒の事に酔って、幻野に荒猟して、帰宅に心無く、夢落に長眠す。覚悟何れの時ぞ。今仏眼を以って之れを観るに、仏と衆生と同じく解脱の床に住す。此れも無く彼れも無く無二平等なり。

（『吽字義』）

【現代語訳】

……このために〈三界〉や〈六道〉〔にいる凡夫〕は長い間〈さとり〉の真理に迷い続け、いつも〔貪り・瞋り・癡かさという〕三つの煩悩に酔っ払ったようになって幻の広野でいつまでも狩猟をし続け、〔〈さとり〉の真理そのものという本源にたとえられる〕家に帰ることを忘れて、

　夢・幻のような集落の中でいつまでも眠り続けているのである。〔このような衆生が〕さとりを開くのはいったい何時になるのであろうか。いま仏の眼をもってこのことを観察すると、仏陀も衆生も同じ〈さとり〉の境地にいることがわかる。〔仏と衆生とには〕これとかそれとかいった違いはなく、すべて無二なるものであり平等である。

　空海は『吽字義』の中で、〈三界〉・〈六道〉の凡夫は、夢や幻のようなものに過ぎない妄想の世界でさまよい、眠り続けているようなものである、と述べています。

　しかし「仏眼」――すなわち仏陀の視点に立つならば、仏陀も〈三界〉・〈六道〉の凡夫も同じように〈さとり〉の境地にいることがわかる。そのときには、仏陀も凡夫も平等なるものである、とされます（村上［2003］）。

　仏陀の視点、これこそが「実義を知る」ことにほかなりません。「あんな奴は仏陀ではない」、「こんな私は仏陀ではない」というのは、存在するものすべてが「本不生」、すなわち生じたり滅したりすることのない〈さとり〉の真理であることを知らない、言い換えるならば「実義を知らない」凡夫の視点に過ぎないのです。

　自分自身であれ、その他のものであれ、存在するすべてのものを〈さとり〉の真理そのものであると知ること、それこそが「実義を知る」ことであり、仏陀の視点で見ることです。そのような視点で生きるとき、そこはまさしく大日如来から六道の衆生までが等しく〈さとり〉の境地の現れとして存在する〈マンダラ〉であると言えるでしょう。

生死の意味

　〈マンダラ〉には、大日如来や四仏などの仏陀の姿だけではなく、地獄の亡者や餓鬼といった〈三界〉・〈六道〉の衆生の姿も描かれています。それらの姿が、迷い苦しんでいる凡夫なのか、凡夫の姿を取った仏陀なのか。それは繰り返し述べて来たように、「本不生」――すなわち存在するものすべてが、仏の視点からすれば〈さとり〉の真理であることを自覚するかどうかにかかっています。

自分自身が〈さとり〉の真理の現れであること知らない凡夫は、〈無明〉によって、〈三界〉・〈六道〉に生を受け、老い、死んで、また別の生を受け……を繰り返しています。その〈生〉も〈老死〉も自らがつくり出している〈苦〉にほかなりません（64頁参照）。

　その結果、凡夫は「然れどもなお生まれゆき生まれゆいて六趣に輪転し、死に去り死に去って三途に沈淪す」（『秘蔵宝鑰』巻上）と述べられていたように、自分自身も、そして存在するすべてのものも、始めもわからず終りも見えない〈輪廻〉の生死を繰り返し続けるのです。

　しかし自分自身が〈さとり〉の真理の現れであること、言い換えるならばすでに〈マンダラ〉の中にいる仏陀であることを自覚するならば、その姿はたとえ〈三界〉・〈六道〉の衆生であったとしても、その〈生〉は誰かを教え導くための仏陀の出現（不生の生）であり、その〈死〉は教え導きの完了（不滅の滅）です。誰かを教え導くために〈さとり〉の真理から〈出現〉し、その教え導きが完了すると〈さとり〉の真理へと立ち去り、そしてまた教え導く〈機縁〉があれば出現する……。自分自身を〈さとり〉の真理の現れと自覚する者にとっては〈生〉も〈死〉もなく、「衆生への憐れみによって」なされる「仏陀の出現」にほかなりません。それを凡夫は「我を生ずる父母も生の由来を知らず、生を受くる我が身も亦赤の所去を悟らず」（『秘蔵宝鑰』巻上）と言われていたように、生あり、死あり、と思い込んでしまっているのです。誰かを導くという〈大悲〉によって本不生なる者としてあらわれ、その誰かを教え導くという縁が尽きれば〈さとり〉の真理へと帰る――。これこそが、空海が密教を通して捉えた「生死の意味」だったのではないでしょうか。

　私たちは生まれてきて、年をとり、そしていつか死んできます。それは生命あるものとして、どうしようもないことなのかも知れません。しかし、空海がたどり着いた「生死の意味」、それは仏陀の方便としての生と死でした。仏陀にとっては、その生も死もすべてが衆生を教え導こうとする〈大悲〉によって設けられた手立て（方便）です。

　仏陀の方便としての生と死。それこそが、仏の視点から捉えた私たちの「生死の意味」にほかならないのです。

コラム⑥人は心を含む

　仏の視点で見れば、目の前のあの人も、大日如来の現れである……。そんなことを言われても、「あの人が本当に仏陀なのか？」とか、「そんな優れた人だったら、やっぱりひと目でわかるのではないか？」とか、そんな風に思われる方もいらっしゃるかもしれません。

　実は空海自身もこの疑問について、『秘蔵宝鑰』という著作の中で、空海自身の意見を代弁する「玄関法師」という僧侶を登場人物とした戯曲調の箇所を設け、次のように論じています。

> 師の曰く、物は心無きが故に相を現ず。人は心を含むが故に弁え叵し。
>
> （『秘蔵宝鑰』巻中）
>
> 【現代語訳】
>
> 玄関法師が言う。「物には心がないから、そのあり方が〔そのまま〕現れている。〔しかし〕人には心があるから〔その人が聖者や賢人のような優れた者であるのか、あるいはそうではないのかを〕見極めることは難しいのである」と。

　私たちは、「目の前のあの人が本当に大日如来の現れであるなら、それらしいところがあるはずだ……」と思ってしまいがちです。しかし空海は、そんな疑問に対して「人には心があるから、その人が聖者や賢人のような優れた者であるのか、そうではないのかを見極めることは難しい」と答えています。人には心があるけれども、それは外側からはわからない。そうであるならば、目の前の人もまた、見た目ではどんなにそうは見えなくても、その心は聖者や賢人のように優れているかもしれない……。

　ここで玄関法師（つまり、空海）は、外面や目につきやすいところだけで、その人の内面性は判断できない、と述べているのです。

終章　空海の"答え"

弟子空海、性薫我を勧めて、還源を思いとす。

（『性霊集』巻第7「四恩の奉為に二部の大曼荼羅を造る願文」）

還源を思いとす……

「〈私〉はなぜ生まれたのか」、「〈私〉が存在する意味はなにか」——これは誰しもが一度は考えたことのある問いでしょう。〈私〉は、他の誰でもないこの〈私〉として存在している。この問いで問われているのは、まさにそういった〈私〉が存在する理由にほかなりません。

もっとも、私たちはその答えを求めるにはあまりにも"忙しい"のかも知れません。日々の生活やさまざまなできごとに追われ、それに気をとられているうちに、「〈私〉が存在する意味」を問いかけること自体を忘れてしまう。私たちの日常は、このようなものではないでしょうか。

しかしながら、どんなに日常に忙殺されていたとしても、この問いは私たちに迫ってきます。ひと仕事を終えて手を休めたとき、なんとなくぼーっと景色を眺めているとき、雑踏の中でたたずむとき。そういったふとした瞬間に、この問いは私たちに迫ってきます。

「〈私〉が存在する意味はなにか」——この問いを、1200 年前を生きた空海も、問いかけていました。空海は、弘仁 12 年（821）9 月に著した「四恩の奉為に二部の大曼荼羅を造る願文」（『性霊集』巻第 7）の中で、次のように述べています。

弟子空海、性薫我を勧めて、還源を思いとす。径路未だ知らず、岐に臨んで幾たびか泣く。精誠感有って、此の秘門を得たり……。

（『性霊集』巻第 7「四恩の奉為に二部の大曼荼羅を造る願文」）

【現代語訳】

〔私こと仏陀の〕弟子空海は、本来備えている〈さとり〉の真理が私にはたらきかけて、〔自分自身の〕本源に還ることをその思いとした。〔しかしその本源にいたるための教えである〕道をいまだに知らず、さまざまな〔教えの〕岐路に立って涙をこぼした。真心をもって願っていたところ、仏陀がそれに感応して、密教の教えを得た……。

「還源を思いとす」——これは空海が、自分がどこから来たのか、言い換えるならば、自分の存在の意味はなにか、を問い続けていたことを物語って

います（武内［2015］）。ここで空海は、自分自身の存在の意味を問い、そのことで悩み苦しんでいた、と赤裸々に告白しているのです。

1200年前に「密教」を日本にもたらした空海──。時代も生きざまもまったく異なる空海もまた、「〈私〉が存在する意味はなにか」という、現代を生きる私たちと同じ問いを問いかけていたのです。

即身成仏

「〈私〉が存在する意味」──空海はその答えを、命を懸けて渡った中国で授けられた「密教」に見出します。

密教では、〈さとり〉の真理そのものである法身大日如来が、〈大悲〉によって、人々を教え導くための〈マンダラ〉を現し出します。その〈マンダラ〉は大日如来が生きとし生けるものを救おうとする活動、すなわち〈三密〉のあらわれであると同時に、教え導く相手の素質や願いに応じた大日如来の姿でもあります。

仏教では、仏陀が人々を救済するためにさまざまな姿を現し出すことを〈神変〉と呼び、仏陀が現し出す全生涯・全活動を「如来出現」「如来秘密」と解釈しますが、密教ではそれを大日如来の〈マンダラ〉の示現として説いているのです。

その〈マンダラ〉には、大日如来自身や阿弥陀如来、釈尊といった仏陀の姿から、餓鬼や地獄の亡者といった〈六道〉で輪廻する衆生の姿まで示されています。しかもそれらはすべて、〈四種法身〉とよばれる大日如来のあり方として示されているのです。

仏陀はもとより、〈六道〉の凡夫までが大日如来のあらわれである──。このことは、教え導かれる対象であるはずの〈私〉たち1人ひとりもまた、大日如来が人々を教え導くために、その相手の素質や願いに応じて現した姿である、ということを物語っています。

〈さとり〉の真理そのものである法身大日如来は、人々を教え導こうとする〈大悲〉によって〈マンダラ〉を現し出します。それはあたかも説法を躊躇した釈尊が、「衆生への憐れみによって」人々の前に姿を現し、教えを説くことを決意されたことと同じです。

「還源を思いと」し、自分自身の存在の意味を問うていた空海は、「〈私〉が存在する意味」を、この大日如来の〈マンダラ〉に見出したのではないしょうか。

　このことは、〈六大〉・〈法界体性〉をその本質とする真言行者が、「三密行」によって自分自身の上に〈マンダラ〉を現し出すことを、空海が「即身成仏」――「この身のままで仏と成ること」――として論じていたことからも明らかでしょう。

　密教では、仏陀の活動である「三密」を印契・真言・心の集中に置き換え、それを真言行者が「三密行」として実践することで〈マンダラ〉の諸尊と一体化すると説きます。

　真言行者と〈マンダラ〉の諸尊が一体化するとき、真言行者は大日如来となり、〈大悲〉によって、この世界に〈マンダラ〉を実現します。それはまさに密教の経典や空海の著作に記される法身大日如来の活動にほかなりません。

凡夫の生死／仏陀の生滅

　私たち、そして三界六道のすべては大日如来が現し出す〈マンダラ〉です。そして、このことは、私たちがあますことなく大日如来に導かれる対象であることを示しています。衆生の数は限りなく、必要とされる教えも千差万別であるということは、私によって導かれる誰か、私が導くべき誰かが必ずいる、ということを意味しています。

　その相手が誰なのか、またどこにいるのかは、わかりません。すでに出会っているかもしれませんし、これから出会うのかも知れません。ひょっとしたら、自分でも気づかないうちに誰かを〈さとり〉へと導いているかも知れませんし、あるいは自分自身も気づかないうちに誰かに導かれているのかも知れません。ただはっきりしていることは、そういった自分以外の相手がいなければ、〈マンダラ〉の諸尊は出現しない、ということです。

　〈マンダラ〉の諸尊は、導くべき生きとし生けるものの素質（機）にしたがってさまざまな姿で出現し、その導きという条件（縁）が完了すれば〈さとり〉の真理へと戻ります。そしてまた導く素質の者が現れれば出現する……。「縁謝すれば則ち滅し、機興れば則ち生ず」（『大日経疏』巻第1）と

いうのが、〈マンダラ〉の諸尊の出現と消滅です。しかもそれは、「不生の生」、「不滅の滅」というあり方であり、生じているとは言っても生み出されているわけではなく、滅しているとはいってもなくなっているわけでもないのです。そもそも、大日如来の〈大悲〉の活動である〈三密〉は、時間や場所に限定されることなく常に働いています。

　〈マンダラ〉の諸尊のあり方は、一見、私たちの誕生や死亡に似ているように見えるかもしれません。しかしそれは、「本不生」を知らない凡夫の視点に過ぎないのです。

　凡夫は、自分自身を実体視するという根本的な無知、〈無明〉によって生まれ、生まれることによって老い、病気になり、そして死ぬという〈苦〉の中に存在します。しかもその凡夫の生死は、また〈無明〉を生じ、それによって生まれ、老い、死んでいくというサイクルを繰り返すという〈輪廻〉に陥っているのです。

　「我（われ）を生（しょう）ずる父母（ぶも）も生（しょう）の由来（ゆらい）を知（し）らず、生（しょう）を受（う）くる我（わ）が身（み）も亦（また）死（し）の所去（しょこ）を悟（さと）らず」（『秘蔵宝鑰』巻上）と空海が評する凡夫の生死は、なぜ生まれるのかもわからなければ、死んだらどうなるのかもわからないまま、言い換えるならば「〈私〉が存在する意味」も知らないことによって繰り返される、〈苦〉としての生と死です。

　しかし、〈マンダラ〉の諸尊は違います。〈マンダラ〉の諸尊は大日如来の〈大悲〉によって、教え導く相手の素質や願いに応じてあらわれ、それが完了すればまた「本不生」という〈さとり〉の真理としてのあり方に戻るだけなのです。しかも、その活動は時間や場所を問いません。それが一見、ある時、ある場所のみに生じたり滅しているかのように見てしまうのが、自分自身を含め、あらゆる物事を実体視してしまう凡夫の〈無明〉なのです。

　〈マンダラ〉の諸尊——すなわち仏陀の生涯は、生まれて死んでいくように見えたとしても、それ自体が人々を教え導くために示される〈神変〉であり、「如来出現」・「如来秘密」なのです。

〈マンダラ〉を生きる

　私たちは、仏の視点で見たすべてのもの、つまり〈さとり〉の真理そのも

のであり、法身大日如来の現れである〈マンダラ〉の仏陀、〈四種法身〉である。このことは、私たちに「仏陀であることを自覚して生きること」を示唆しています。仏陀のように振舞い、仏陀のように語り、仏陀のように思う——。「仏陀であることを自覚して生きること」とは、まさしくそのことにほかなりません。

　「仏陀であることを自覚して生きること」とは、決して単純にすべてを肯定しているのではありません。それは、たとえ十分でなくても、不完全であろうとも、常に仏陀のあり方を心に留め、それを今、この世界で実践していく、ということなのです。

　〈マンダラ〉に修行者や餓鬼、地獄の亡者といった姿があるように、不完全であることを自認していても、そこはあえて不完全なあり方をする仏陀として、〈大悲〉によってそのあり方で誰かを導いている存在であることを自覚すること。それが「仏陀であることを自覚して生きること」ということなのです。

　阿閦如来に出会った光明皇后の説話のように、あるいは釈尊を素通りしてしまったウパカのエピソードのように、時空を超えて常に出現している仏陀を仏陀として認識できるかどうかは、ひとえに私たちの心によります。

　自分自身が仏陀である、すなわち〈四種法身〉であることを自覚して生きるならば、その世界は〈マンダラ〉です。そして、〈マンダラ〉は大日如来の現れなのですから、そのことを確信するならば、存在するものすべてが〈四種法身〉として現れていると言えるでしょう。ひょっとしたらその中には、およそ仏陀とは思えないものもいるかも知れません。しかしそういったものたちもまた、誰かを導くために出現した大日如来の〈四種法身〉なのです。

　すべてのものが誰かを教え導く〈四種法身〉として存在しているのであれば、私たちは互いに互いを教え導き、教え導かれるという関係にある、と言えます。お互いがお互いを教え導き合う存在であることを自覚的・主体的に引き受け、〈マンダラ〉の世界を生きることによってこそ、この世界に自分を教え導かない存在などないということを確信できるし、また自分自身も常に誰かを教え導いていると自覚することができるでしょう。それこそが「仏陀であることを自覚して生きること」にほかなりません。

空海の"答え"

　私たちは、自分自身がなぜ存在しているのかの意味を知らず、日々の忙しさにかまけてそのことを問いかけることすら忘れて生きています。それでも、この"問い"は私たちに差し迫ってきます。

　「私の人生の意味はなにか」、「なぜ私は生きているのか」──。こういった"問い"は、どんなに忘れていてもある日ふっと心をよぎるものでしょう。そんなとき、空海ならば「私は生きとし生けるものを教え導くために出現した仏陀である」と答えるのではないでしょうか。

　どんな人生でも、どんなあり方でも、それによってあらゆる衆生を教え導いている。そうやって互いに教え導き合う存在として〈私〉は存在します。

　それは、〈私〉たちの本質が〈六大〉・〈法界体性〉である大日如来だからです。大日如来は、生きとし生けるものへの〈大悲〉によって〈マンダラ〉を現し出します。その〈マンダラ〉には仏陀としての姿から地獄の亡者の姿まで、すべてのあり方が描かれています。

　「無我の大我」である大日如来の〈大悲〉として存在すること、それは「衆生への憐れみによって」人々を教え導くことを決意し、人々の前に姿を現した釈尊のあり方と同じである、と言えるでしょう。

　そのような自分自身の存在を、自覚的・主体的に引き受けること──。それは言い換えるならば、釈尊の生き方や大日如来のあり方、すなわち〈大悲〉こそが自分自身の存在の意味であると確信し、そのことを引き受けて生きることにほかなりません。

　そういった境地を心に抱き、心からそれを自覚するとき、私たちはもはや自分自身がなぜ存在しているのかの意味を知らないまま〈輪廻〉の世界で〈苦〉を受け続けている凡夫ではありません。そのような私は、生きとし生けるものを教え導くためにこの世界に出現し、その教え導きが完了したら「本不生」というあり方に立ち返る存在、「仏陀」にほかならないのです。

　「私たちは誰かを教え導くために出現した仏陀である」──。これこそ「還源を思いとし」（『性霊集』巻第7）ていた空海が見出した、「〈私〉が存在する意味」への問いの"答え"だったのです。

251

あとがき

　本書執筆のお話をいただいたとき、正直言って悩みました。と言うのも、本書で主題とした弘法大師空海は、やはり色々な意味でスーパースターであり、多くの先人がその思想や生涯について学び、研究されています。そんな空海の思想について、自分ごときが何ごとか書くことができるだろうか、またよしんば書いたとして、今更何か意味があるのだろうか、と考えてしまったからです。

　生来の臆病者で小心者の筆者が考えを変えたのは、「今の自分の考えを思いっきり書いてみたらいいんだよ」というセルバ出版の森社長のお言葉でした。森社長のこのお言葉がなかったら、にこのような形で自分の学んできた空海の思想をまとめることはなかったと思います。

　振り返ってみれば、高野山大学での卒業論文のテーマに空海の思想研究を選んだとき、念頭にあったのはM・ハイデッガーの存在論でした。実家に帰省していた際、たまたま兄の本棚にあった細谷貞雄先生訳の『存在と時間』を手にして、内容はチンプンカンプンだけれども「存在とは何か」という問いに向かって突き進んでいくその雰囲気に何とも言えない魅力を感じ、「この同じ"問い"を、空海の思想で考えることはできないか」と思ったのが、そもそもの切っ掛けです。そのときの目論見は、筆者の力不足でもろくも粉砕されましたが（笑）、それ以降も空海の思想や真言密教の教学を学ぶ中で、常に筆者の頭の片隅にあったのは「なぜ〈私〉が存在するのか」、「〈私〉が存在する意味はなにか」という"問い"でした。

　この"問い"が、実は空海も抱いていた"問い"であったのではないか、と考えるようになったことが、本書を執筆する上での軸になっています。理解力も文章力も乏しいため、自分の考える空海の思想を表現できたかははなはだ自信がないですが、仏教における生と死の解釈を通して、この"問い"に空海だったらどのように答えるのか、という試みは、ある意味新しい試みだったのではないか、と勝手に思っています。

　「思いっきり書いてみたらいい」とのお言葉に背中を押されて、ずっと持ち続けていたテーマを軸に書き出してはみたものの、空海の、密教の、そしてひいては仏教の思想の奥深さに足がすくんでしまい、執筆がまったく進ま

なくなったとき、思い出されたのは高野山大学でさまざまなことを惜しみなく教えてくださった先生方のことでした。

そのすべてを記すとそれだけで1冊の本になりそうなので割愛いたしますが、松長有慶先生、村上保壽先生、中村本然先生、生井智紹先生、武内孝善先生から教わったことは、今もなお大きな課題として自分の中に残っています。

また、いつも取り留めのない筆者の話を親身に聞いてくださり、アドバイスや示唆を与えてくれた学兄たち、鶴浩一先生、北川真寛先生、高柳健太郎先生、そして波多野智人先生にも、心から感謝申し上げます。さらに、小林拓夢さん、嶋田和日羽さんには、簡単に心がくじけてしまう筆者にさまざまなサポートをしていただきました。本当にありがとうございます。

最後になりましたが、ご縁あって本書を手にしてくださった皆さまの人生に、本書の内容がほんの少しでも何ごとかお役に立ちますならば、幸いでございます。

土居　夏樹

主 要 参 考 文 献

《序章》

M・ハイデッガー［著］、細谷貞雄［訳］　1994　『存在と時間』上（ちくま学芸文庫）、筑摩書房。

竹田青嗣　2017　『ハイデガー入門』（講談社学術文庫）、講談社。

武内孝善　2006　『弘法大師空海の研究』、吉川弘文館。

曾根正人　2012　『空海　日本密教を改革した遍歴行者』（日本史リブレット012）、山川出版社。

《第1章》

水野弘元　2006　『仏教要語の基礎知識』（新版）、春秋社。

城福雅伸　2002　『明解【仏教】入門』、春秋社。

松長有慶　2018　『訳注 秘蔵宝鑰』、春秋社。

中村　元　2000　『自己の探求』、青土社。

宮元啓一　2005　『仏教かく始まりき──パーリ仏典『大品』を読む』、春秋社。

中村　元　2017　『原典訳 原始仏典』上（ちくま学芸文庫）、筑摩書房。

竹村牧男　2004　『インド仏教の歴史「覚り」と「空」』、講談社学術文庫。

前谷　彰　2016　『ブッダのおしえ〜真訳・スッタニパータ〜』、講談社。

増永霊鳳　1937　「自説経（ウダーナ）」、『南伝大蔵経』第23巻、大蔵出版。

増谷文雄　2012　『阿含経典』1（ちくま学芸文庫）、筑摩書房。

梶山雄一・瓜生津隆真　2004　『龍樹論集』（『大乗仏典』14、中公文庫）、中央公論社。

梶山雄一　1992　『空入門』、春秋社。※2003年に新装版（『スタディーズ空』）発行。

平岡　聡　2016　『〈業〉とは何か　行為と道徳の仏教思想史』、筑摩書房。

定方　晟　1973　『須弥山と極楽 仏教の宇宙観』（講談社現代新書）、講談社。

定方　晟　2011　『インド宇宙論大全』、春秋社。

村上保壽　1998　「空海の十住心思想と六道輪廻」、『密教文化』第201号、密教研究会。

《第2章》

早島鏡正　1990　『ゴータマ・ブッダ』（講談社学術文庫）、講談社。

中村　元　2010　『慈悲』（講談社学術文庫）、講談社。

及川真介　2016　『仏の真理のことば註─ダンマパダ・アッタカター』（二）、春秋社。

中村　元　2010　『ブッダ最後の旅 大パリニッバーナ経』（改版、岩波文庫）、岩波書店。

杉本卓洲　2007　『ブッダと仏塔の物語』、大法輪閣。

梶山雄一　2012　「仏陀観の発展」、『梶山雄一著作集』第3巻、春秋社。

岡野　潔　2003　「第14経　偉大な過去世の物語──大本経」、『長部経典』Ⅱ（『原始仏典』第2巻）、春秋社。

吹田隆道　1993　「大本経に見る仏陀の共通化と法レベル化」、『渡邊文麿博士追悼論集・原始仏教と大乗仏教』上、永田文昌堂。

中村　元　1982　『仏弟子の告白 テーラーガーター』、岩波文庫。

中村元・早島鏡正　1963　『ミリンダ王の問い1 インドとギリシアの対決』（東洋文庫7）、平凡社。

武内紹晃　1995　「仏陀観の変遷」、『大乗仏教とは何か』第4章（新装版『講座大乗仏教』第1巻）、春秋社。

平岡　聡　2015　『大乗経典の誕生　仏伝の再解釈でよみがえるブッダ』、筑摩書房。

梶山雄一　2012　「神変」、『梶山雄一著作集』第3巻、春秋社。

荒牧典俊　2010　『十地経』（『大乗仏典』8、再版、中公文庫）、中央公論社。

高橋直道　2013　『如来蔵経典』（『大乗仏典』12、中公文庫）、中央公論社。

高崎直道　1996　「華厳思想の展開」、『華厳思想』第1章（新装版『講座大乗仏教』第3巻）、春秋社。

生井智紹　2000　「如来秘密──三密行との関わりから─」、『密教文化研究所紀要』別冊2、高野山大学密教文化研究所。

松長有慶　2001　『密教　インドから日本への伝承』（改版、中公文庫BIBLIO）、中央公論社。

生井智紹　2008　『密教・自心の探求『菩提心論』を読む』、大法輪閣。

小峰彌彦　2016　『図解　曼荼羅入門』（角川ソフィア文庫）、角川書店。

染川英輔（図版）、小峰彌彦・小山典勇・高橋尚夫・廣澤隆之（解説）2013　『曼荼羅図典』（縮刷版）、大法輪閣。

頼富本宏　2000　『《大日経》入門　慈悲のマンダラ』、大法輪閣。※ 2020 年、新装版発行

頼富本宏　2005　『《金剛頂経》入門 即身成仏への道』、大法輪閣。※ 2020 年、新装版発行

越智淳仁　2016　『密教概論 空海の教えとそのルーツ』、法蔵館。

高神覚昇　2004　『密教概論』（改訂新版）、大法輪閣。

《第 3 章》

馬場記寿　2018　『初期仏教　ブッダの思想をたどる』（岩波新書）、岩波書店。

高崎直道　1983　『仏教入門』、東京大学出版会。

小野塚幾澄　1976　「『真言宗未決文』における即身成仏の疑について」、『豊山学報』第 21 号、
　　　　　　　　　　真言宗豊山派総合研究院。

松長有慶　2019　『訳注 即身成仏義』、春秋社。

加藤純章　1980　「六大と六界」、『密教学研究』第 12 号、日本密教学会。

藤井 淳　2008　『空海の思想的展開の研究』、トランスビュー。

勝本華蓮　2005　「第 140 経　要素の解説──界分別経」、『中部経典』Ⅳ（『原始仏典』第 7 巻）、春秋社。

遠藤祐純　1981　「真言密教における生死観」、『日本仏教学会年報』第 46 号、日本仏教学会。

村上保壽　2016　『空海教学の真髄『十巻章』を読む』、法蔵館。

北村太道(太計夫)　1974　「弘法大師の四曼各々不離について」、『密教学研究』第 6 号、日本密教学会。

渡辺照宏　1977　「Adhiṣṭhāna（加持）の文献学的試論」、『成田山仏教研究所紀要』第 2 号、成
　　　　　　　　　　田山仏教研究所。

福田亮成　2000　『空海思想の探究』、大蔵出版。

Shingen Takagi & Thomas Eijō Dreitlein
　　　　　　2010　*Kūkai on the Philosophy of Language*, The Izutsu Library Series on Oriental
　　　　　　　　　　Philosophy 5, Keio University Press.

《第 4 章》

中島里菜　2018　「〈光明皇后湯施行物語〉の研究 : 阿閦仏登場の背景を中心に」、『龍谷大学大学
　　　　　　　　　　院文学研究科紀要』第 40 集、龍谷大学大学院。

村上保壽　2003　『空海と「ことば」の世界』、東方出版。

高木訷元　2016　『空海の座標 存在とコトバの深秘学』、慶應義塾大学出版会。

那須政隆　1985　『《吽字義》の解説』、成田山新勝寺。

伊藤浄厳　1974　「吽字義の思想」、『密教学研究』第 6 号、日本密教学会。

静 慈圓　1997　『梵字悉曇　慈雲流の意義と実習』、朱鷺書房。

武内孝善　2015　『空海はいかにして空海となったか』（角川選書）、KADOKAWA。

高木訷元　1997　『空海 生涯とその周辺』、吉川弘文館。

武内孝善　2017　「空海の生死観─帰るいのち─」、『空海研究』第 4 号、空海学会。

勝又俊教　1971　「密教の生死観」、『智山教化研究』第 3 号、智山教化研究所。

生井智紹　2006　「弘法大師空海と真言密教」、『高野山大学叢書』第 2 巻、小学館スクウェア。

《画像利用》

【図表 1】【図表 76】【図表 89】【図表 90】Wikipedia 画像。

【図表 70】高野山別格本山明王院蔵・赤不動。

【図表 71】『秘密曼荼羅品図尊分附図』（『大正大蔵経』図像 1、No.2)。

【図表 72】『両界種子曼荼羅図』（『空海と高野山』、91 頁、円通寺蔵)。

【図表 73】高野山金剛峰寺・根本大塔内部。

著者略歴

土居　夏樹（どい　なつき）

1974 年高知県生まれ。1997 年高野山大学文学部密教学科卒業。
2004 年高野山大学大学院文学研究科密教学専攻博士後期課程修了。
博士（密教学）。
現在、高野山大学文学部准教授。専門分野は空海思想および真言密
教の教学研究。論文等として、「空海の『大智度論』解釈について」（『空
海研究』2、2015 年）、「『弁顕密二教論』における〈宗極〉について」（『空
海研究』3、2016 年）、「真言密教における〈神変〉―衆生救済と即
身成仏―」（『京都・宗教論叢』10、2016 年）、「〈六大四曼互為能生〉
について」（『密教学研究』48、2016 年）、「〈等覚十地不能入室〉考」（『空
海研究』4、2017 年）、「『宗義決択集』における〈遍計所執捨不捨〉
について」（『高野山大学論叢』53、2018 年）などがある。

はじめての「生と死から学ぶ空海の思想」入門

2023年3月27日 初版発行　　2024年2月29日 第2刷発行

著　者　土居　夏樹　©Natsuki Doi
発行人　森　　忠順
発行所　株式会社 セルバ出版
　　　　〒 113-0034
　　　　東京都文京区湯島 1 丁目 12 番 6 号 高関ビル 5 B
　　　　☎ 03 (5812) 1178　　FAX 03 (5812) 1188
　　　　http://www.seluba.co.jp/

発　売　株式会社 三省堂書店／創英社
　　　　〒 101-0051
　　　　東京都千代田区神田神保町 1 丁目 1 番地
　　　　☎ 03 (3291) 2295　　FAX 03 (3292) 7687

印刷・製本　株式会社丸井工文社

Printed in JAPAN
ISBN978-4-86367-739-5